잃어버린
고향길을 찾아서

잃어버린 고향길을 찾아서

초판 1쇄 발행 2018년 12월 25일

지 은 이 김명배
발 행 인 권선복
편   집 전재진
디 자 인 유수정
전 자 책 서보미
발 행 처 도서출판 행복에너지
출판등록 제315-2011-000035호
주   소 (07679) 서울특별시 강서구 화곡로 232
전   화 0505-613-6133
팩   스 0303-0799-1560
홈페이지 www.happybook.or.kr
이 메 일 ksbdata@daum.net

값 15,000원
ISBN 979-11-5602-670-9 (43910)

도서출판 행복에너지는 독자 여러분의 아이디어와 원고 투고를 기다립니다. 책으로 만들기를 원하는 콘텐츠가 있으신 분은 이메일이나 홈페이지를 통해 간단한 기획서와 기획의도, 연락처 등을 보내주십시오. 행복에너지의 문은 언제나 활짝 열려 있습니다.

1950년 6월, 11살 명배의 나홀로 부모님 찾기

잃어버린
고향길을 찾아서

김명배 지음

전쟁의 기억 속에서
추억하는 따뜻한 인정…

도서
출판 행복에너지

내 나이 80세. 처음 써보는 장문의 글이다. 초등학교 졸업 후 중학교를 4개월 다닌 것이 내 학력의 전부이다. 그러니 글을 쓴다는 것이 건방진 일인지도 모르겠다. 누구나 이 나이까지 살다 보면 반드시 글로 남기고 싶은 인생사 한두 가지 정도는 있게 마련이다. 우리 세대에게는 그 강렬한 기억이 하필 처참한 전쟁이었다. 지금의 어린이들은 70년 뒤에 2018년을 떠올리면 화려하고 자랑스러운 평창올림픽 정도나 기억하지 않을까? 피로 얼룩진 조상들의 역사에 누구도 관심 가지려 하지 않을 것 같은 걱정이 앞선다. 1950년, 초등학교 5학년. 열한 살 때 내가 겪은 피란 생활을 자라나는 세대에게 알리고자 용기를 내어 졸필을 잡게 되었다. 6·25 피난생활 당시 우리나라 국민들 모두가 죽을 고생을 했었고, 나도 그 중의 한 사람이다. 학교에서는 교과서로, 또 선생님들에게 6·25에 대해서는 배우고, 책으로 접해 알겠지만, 여러분의 선생님들조차 이미 6·25세대가 아니다. 그러니 전쟁을 몸소 겪은 경험자의 목소리로 듣는 것만큼 실감 나게 느낄 수 있을까? 피난민들이 겪은 고생이나 체험을 우리나라의 미래를 짊어지고 자라나갈 여러분께 알리고 싶다. 지금은 KTX로 2시간 10분 걸리는 부산을 피난 화물열차에서 20일 동안 엄동설한에 떨며 가야 했다. 천리타향 여수에 혼자 떨어져 두어 달을 지냈던 일, 남의 나라 같이 생소한 제주도에서 1년 가까이 지냈던 일들을 회상하며 이 글을 한 자 한 자 연필로 써 내려 갔다. 나의 체험을 글로써 펼쳐내어 여러 어린이들에게 6·25의 참상을 알리는 데 도움이 되었으면 하는 바람으로 쓴 졸필을 이해해주시기 바란다.

2018. 10. 29
저자 김명배

목차

66

"영감 동무, 이 집은 부잣집이고 식구는 많은데 남정네는 노인 동무와 아이들뿐이니 다른 남정네들은 어드메 숨겼소?"

할아버지를 쏘아보며 날카로운 소리로 내질렀다.

"숨길 리가 있겠습니까?"
"야! 이 집을 샅샅이 뒤져라!"
"네, 넷!"
두 병사가 총부리를 앞세우고 신발을 신은 채 이 방 저 방 뒤지기 시작했다.

99

1장

6·25 전쟁과
아버지

7월의 문턱을 넘으려는 6월의 마지막 햇볕은 몹시 따가웠다. 동네를 벗어나 야산 쪽에 자리 잡은 큰 나무들은 학교 운동장을 둘러싸 안은 듯했다. 파랗고 야리야리했던 나뭇잎은 어느새 진녹색으로 변해가는 중이었고 건강해져 가는 중이었다. 강하게 변해가는 7, 8월의 햇빛과 더위를 이겨내려는 듯 무게감이 실려 있다. 학교 울타리 주변에는 6월의 덩굴장미들이 담벼락을 휘감아 초록과 붉음이 서로 뒤엉켜 한바탕 전쟁을 벌이고 있었다. 수십, 수백 년을 살아가는 나무들이 봄이면 새싹을 틔우고 여름이면 진녹색으로 변해 더위를 이기며, 가을이면 낙엽으로 변해 바람에 휘날리면서 한 해를 보낸다. 봄에는 몸뚱이에 새싹이 돋고, 여름이면 잎사귀로 빛을 받아 영양을 공급하고, 가을이면 열매를 맺어 훗날을 준비한다. 그리고 겨울이면 무성했던 잎을 털어내고 거름으로 돌아가 제 소임을 다한다. 변화는 무궁하지만 어느 것도 서로 다투지 않는다. 삼라만상의 이치다. 오직 사람만이 예외일 뿐…….

  "땡땡땡, 땡땡땡, 땡땡땡"

  느리고 청아한 종소리가 울려 퍼지자, 막혔던 둑이 터져 물이
쏟아져 나오듯 아이들이 쏟아져 나오며 운동장을 메웠다. 적막
하던 운동장이 잠에서 깬 듯 생동감이 넘쳐났다. 여자아이들은
나무 그늘 이곳저곳에서 고무줄을 하고, 개구쟁이들은 바람이
빠지고 덧대어 꿰맨, 잘 구르지도 않는 공을 차기도 했다. 어떤
녀석은 공보다 검정 고무신 짝이 더 멀리 날아가기도 했다.
  "우우우웅~"
  하늘에서 나는 둔중한 소리에 아이들은 하던 동작을 멈추고
고개를 젖힌 채 얼굴을 하늘로 향하고 있었다.
  "야! 비행기다. 비행기."
  "비행기이 봐라이~."
  책에서나 보던 비행기가 은빛 광채를 번쩍이며 머리 위를 날
고 있으니 신기할 수밖에 없었다. 맑은 하늘에 비행기는 손에
잡힐 듯 선명하게 보였다. 미꾸라지처럼 입이 뻥 뚫려서 하늘
의 공기를 온통 들이마시듯 쌔~하는 소리를 내며 날아가고 있
었다.
  "야~, 비행기가 저렇게 작은데 사람이 어떻게 타지?"
  "바보야, 높이 떴으니까 조그맣게 보이는 거지."
  "땡, 땡, 땡, 땡, 땡"

비행기에 정신이 팔린 아이들은 문득 평소답지 않게 계속 울리는 종소리에 이상하다는 눈빛들이었다. 누군가인지 종이 깨져라 계속 쳐대는 것이 여느 때와 달리 방정맞기까지 했다. 그때 갑자기 교단에서 핸드 마이크를 든 교감 선생님이 소리를 질러대셨다.

"모두 교실로 들어가라. 빨리빨리 교실로 들어가라!"

호랑이 교감 선생님이 뒤쪽으로 교실을 가리키며 고래고래 소리를 지르고 계셨다. 무슨 일인가 벌어지고 있다는 것을 감지한 아이들은 토끼눈을 뜬 채 교실로 달려 들어갔다. 평소 같으면 운동장 바닥에서 공깃돌을 주워 모으는 계집아이, 친구들과 장난을 치느라 정신없는 녀석, 달려오다가 교실 바닥에 자빠져 우는 놈 등등 교실에 들어가는 짧은 복도를 3박 4일 여행길처럼 이 일 저 일로 산만하게 걸어오던 아이들이었다. 그러나 오늘만은 달랐다. 철없는 코흘리개들도 직감이라는 게 있었다.

70여 명이나 되는 아이들이 모두 자리에 앉자, 담임선생님께서 무거운 표정으로 들어오셨다.

"여러분, 3·8선을 알고 있지?"

"네…."

"지금 3·8선 이북에서 인민군들이 쳐들어오고 있다. 전쟁이 일어났다는 말이다. 즉시 책보를 싸서 집으로 달려가야 한다. 집에서는 부모님들이 피난 갈 준비를 하고 여러분들이 오기를 목이 빠지게 기다리신다. 빨리 뛰어서 집으로 가라. 언제 다시

만날지 모르겠구나. 부디 건강하게 살아서 이 자리에 다시 모
이자.”

　담임선생님께서 심각하게 굳은 표정으로 이야기를 했다. 책
보를 싼 아이들은 평소와 달리 “잘 가, 내일 보자”라는 말도 없
이 겁에 질린 얼굴로 허둥지둥 모두 집으로 내달렸다.

　책보를 대각선으로 질러 맨 나도 집으로 달리기 시작했다. 대
부분 아이들은 집이 오류동이나 부근 동네였지만, 우리 집은
약 6km나 떨어진 구로동이었다.

　장호원에서 태어난 나에게는 동갑이지만 나보다 7개월이 빠
른 삼촌이 있다. 그런데 삼촌에게 취학 통지서가 나오자 함께
의지하고 다니라며 할아버지께서는 만 5년 3개월밖에 안 된 나
를 학교에 넣어버리셨다. 할아버지께서는 금융조합장·육성회
장이셨는데, 자세히는 모르겠으나 그 위세를 좀 빌어 나이도 안
찬 나를 학교에 넣으셨던 것이다. 그해가 해방이 되던 45년이
었고, 같은 해 가을에 아버지께서 먼저 서울에 자리를 잡고 어
머니와 내가 뒤따라 올라왔다. 구로동 학교가 너무 초라하다며
오류동 국민학교로 진학을 시킨 것이다. 여름엔 더위를 먹고,
겨울엔 손발이 얼어 터져 피가 줄줄 흐르기도 하면서 4년을 다
녀 5학년이 되고 열 살이 되었다. 그날이 50년 6월 26일이다.

　6km나 되는 거리를 4년이나 걸어 다녔으니 다리 하나는 누
구보다 튼튼했다. 한 시간도 안 되어 심장이 터질 듯 벌렁거리
는 것을 참고 집에 도착했다. 땀으로 목욕을 한 나를 등목을 시

키시며 어머니는 애를 굳이 먼 학교로 보냈다고 아버지를 원망하셨다. 아버지는 대학 유학도 보내 나를 판·검사도 시키시겠다는 꿈을 가졌기 때문에 몸 단련도 하고 좀 나은 학교를 보낸다고 시오리나 되는 곳으로 1학년 때 전학을 시킨 것이다.

새집을 경인가도 옆에 짓고 이사 온 지 한 달이 채 안 되었으나, 우리 집 대청에는 그날 20여 명이 넘는 동네 청년들이 모두 모여 있었다. 호롱불 하나 켜지 않은 채 달빛에 의지해 서로의 눈만 쳐다보며 모두가 긴장해 있었다.

"그럼 다시 한번 정리하겠습니다. 해가 지면 전등불은 켤 수 없고 부득이 켜야 하면 이불이나 두꺼운 천으로 창문을 가려서 불빛이 밖으로 새 나오지 않도록 해야 합니다. 불빛을 보고 적기가 공습을 하면 자신뿐만 아니라 동네 모든 사람에게 피해가 간다는 것을 잘 주지시켜야 합니다. 또, 공습 사이렌이 울리면 모두가 집 밖으로 나와 밭두렁, 논두렁 옆에 엎드려 해제 사이렌이 울릴 때까지 있어야 합니다. 지금 곧 헤어져 자기 구역 집집마다 모든 사람에게 알려주시기 바랍니다."

청년들은 모자를 쓰고 완장을 차고 호각 하나씩을 받아들고 헤어졌다. 아버지는 민보단 단장이셨고 단원들에게 적기 공습에 대비한 교육을 시킨 것이다.

민보단이라는 것이 무엇인지 지금의 학생들은 매우 생소할 것이다. 요즘으로 치자면 동네 곳곳에 조직된 자율방범대? 아니, 그와는 비교도 되지 않을 만큼 긴장된 시대였으니 공산군의 총칼 앞에서 내 가족 내 고향을 지키기 위한 최후의 대비책이었다고 해두자.

1948년은 우리민족에게 제주4·3사건이라는 비극적 불행이 일어난 해였다. 공산주의자들은 3·8선으로 나라의 허리가 끊어진 뒤에도 북으로 올라가지 않고 남쪽에 남아서 남한의 공산화를 위해 갖가지 일을 꾸미고 있었다. 하지만 성인 남자 10명이 있어도 작정하고 숨어들어오는 도둑 하나를 잡지 못하는 법이다. 이승만 정권은 공산주의와 극단적인 대립을 하고 있었으므로 남한 내에 남아있는 공산주의자들을 완전히 없애기 위해 혈안이 되어 있었으나, 좀처럼 이들 세력은 사라지지 않았다. 애초에 백두대간을 거쳐 지리산자락을 타고 남으로 남으로 내려왔던 그들은 제주까지 내려가서 소위 남조선로동당 소속의 공산주의자들로 활동을 하고 있었고, 이에 대항해 공산주의에 극렬하게 반대하는 서북청년단이 경찰과 협력하며 공산주의 토벌에 앞장서고 있었다.

그런데 경찰 중에는 일제 강점기에도 일본의 앞잡이 노릇을 하던 순사였던 사람이 해방 후에도 그대로 경찰 노릇을 하는 경우도 더러 있었다. 그러다 보니 해방된 후 민간인들 역시 이들 친일파 경찰에 대해 마냥 감정이 좋을 수만은 없었다. 그러던 와중에 1947년 3·1절 기념식에서 기마경찰의 말발굽에 어린아이가 다치는 사건이 발생했다. 아이가 다쳤는데도 쏜살같이 말을 타고 지나가버리는 경찰을 보고 분노한 시민들이 이를 항의하고자 경찰서까지 쫓아가는 일이 벌어졌다. 그런데 모여든 군중을 보고 당황한 경찰은 이를 습격으로 오인해 발포하여 무고한 희생자들이 다수 나왔고, 이에 시민들이 더욱 분노해 봉기하게 되었다. 물론 제주도에 내려와 있던 남로당도 일부 이 기회를 이용해 자기들의 공산주의 책동에 적극 끌어들여 곳곳에서 파업 운동을 벌였다.

상황이 걷잡을 수 없게 번져가자 이승만 정부는 위급함을 느끼고 이 상황 전체를 공산주의자들의 책동으로 규정해버렸다. 경비사령부를 제주도로 파견했고, 내막은 잘 모르는 채 반공의식으로 투철했던 민간인들 사이에서는 공산주의자를 몰아낸다는 마음으로 민보단이 조직되어 공산주의에 대항했다. 문제는 다음이었다. 미군정까지 제주도에 군대를 파견했고, 공산주의를 박멸한다며 민간인과 공산주의자를 구분할 새도 없이 무차별적으로 탄압이 진행되었다. 결국 몰아내야 할 공산당보다 무고한 양민들이 더 많이 죽었을지도 모르는, 우리 민족의, 그리고 제주도의 돌이킬 수 없는 비극이었다.

어쨌든 이후에도 민보단은 전국적으로 조직되어 남한 내에서 공산주의를 몰아내는 활동에 적극 협력해왔다. 그리고 아버지는 바로 그 민보단의 단장으로 누구보다 애국심과 반공정신이 투철하셨던 분으로 기억한다.

저마다 긴장된 눈빛으로 단원들은 사라졌다. 단원들이 흩어지자 아버지께서도 회사에 다녀온다며 나가셨다. 아버지께서 다니는 회사는 삼강 제강 주식회사였다. 당시 우리나라의 로는 인천 제철과 그 회사 두 곳 뿐이었고, 종업원 수도 100명 가까이 되었다. 식목일에 이승만 대통령이 기념식수도 해준 곳이니 요즘으로 치면 일류 기업이었다. 그때 일류 회사는 월급이 많고 잘 나오는 회사를 이르는 말이다.

그 회사는 일제 말기 때 일본인이 지은 회사다. 소년 시절에 일본으로 끌려간 송 아무개란 분이 근 30년간이나 일본 제철 회사에서 근무하여 일류 기술자가 되었고, 한국말을 할 줄 아는 사람이기 때문에 사장이 그 회사 생산 담당 책임자로 데리고 나왔으나 때마침 해방이 되자 한국 경영인이 경영을 하게 되었다. 그리고 그분이 생산 담당 공장장이 되었다. 그 송 공장장과 아버지는 의형제가 되었고 슬하엔 큰딸 '다마짱', 작은딸 '기꼬짱'이 있었으며, 그 사이에 대학을 다니는 아들도 하나 있었다. 큰딸은 큰누나, 작은딸은 작은누나라고 불렀으며, 대학 다니는 아들은 형이라고 불렀고 두 내외분을 할아버지, 할머니라고 불렀다.

아버지가 그분과 인연을 맺게 된 이야기를 해보자. 아버지는 이천 군내에서 손에 꼽는 부자의 맏아들로 태어났다. 한학을 공부했고 행서·초서*를 완벽하게 익히신, 덕망과 재산을 두루

---

* 서예의 여섯 필법(전·예·행·초·해서 등) 중 한 가지.

갖춘 분의 아들이셨다. 아버지가 세 살도 채 안 되었을 때 뜰 아래채에서 바느질을 하시던 생모가 뜻하지 않는 화재로 돌아가시는 불행이 찾아왔다. 부자에 새신랑처럼 젊던 할아버지께서는 상처한 지 3년도 되지 않아 중신아비들의 중매에 못 이겨 군내에서 손꼽히는 어느 미인 처녀를 맞이해 재혼하셨다. 혼자 기거하시던 할아버지도 아내의 손길이 필요한데다가, 어미 잃은 어린 자식도 돌보며 큰살림을 관리할 안주인이 꼭 필요한 탓에 명분이 충분한 재혼이었다.

손자의 새엄마가 들어오자 증조할아버지께서는 아들의 신혼 생활에 방해도 될 것 같고 사랑하는 손자가 행여 눈칫밥이라도 먹을까 걱정되어 바깥사랑채에서 잿불에 암죽을 손수 끓여 먹이며 손자인 아버지를 키우셨다. 그러나 별 영양가도 없는 암죽이나 먹으며 자라난 손자는 다섯 살이 되어도 사랑채 두 칸 방 중간에 있는 한 자(30cm) 남짓한 문지방을 못 넘는 약골로 성장했다.

나의 새 할머니는 연년생으로 아이를 낳았고, 아버지는 성장하면서 더더욱 안채는 드나들지도 않고 할아버지와 침식을 함께하며 밖으로만 나돌기 시작했다. 십대가 되면서 그런 증상은 점점 심해졌다. 그렇게 방황하는 손자를 지켜보던 증조할아버지께서는 손자의 마음을 다잡아주기 위해 장가를 들이기로 하고 중신아비를 풀어 혼처를 물색했다.

그리하여 진천 군내에서 면장을 지낸 향토사학자의 맏딸인 18세 규수를 선택했고, 함진아비를 앞세우고 나귀를 타고 간

16세 된 새신랑이 기름 바른 머리를 단정하게 빗어 넘기고 앞마당에 정좌한 장인어른께 싱글벙글하며 큰절을 올렸다. 그런 모습을 뜰 높은 안채에서 문틈으로 내다보는 열여덟 살 처녀의 가슴은 두방망이질을 쳤다고 어머니가 회상하셨다. 서로의 이름조차 모르던 신랑신부의 두 번째 만남은 구식 혼례 때였고, 일꾼이 셋, 유모·치모·식모를 비롯하여 20여 명이나 되는 대식구의 맏며느리가 된 것이다. 예리한 칼날 같은 시어머니 밑에서 고추보다 매운 시집살이가 시작된 것이다.

결혼을 한 신랑신부는 종일 얼굴도 볼 수 없고 말 한마디 나눌 수도 없고, 저녁에 바느질 다리미질로 새벽에 잠자리로 돌아오는 어머니를 붙들고 우는 날이 많았다고 한다. 아버지가 18세, 어머니가 20살 때 내가 태어났으나 아버지의 방황은 계속되었다. 자식을 본 후에도 집안에 별다른 애착이 없이 방랑벽은 깊어져만 갔다. 한번 집을 나가면 몇 날 몇 달을 보내고 만주와 일본 등지로 돌아다니며 해를 건너뛰기도 했다고 한다. 남편을 원망하기보다는 불쌍히 여기는 마음으로 밤마다 베갯잇을 적시며 지내는 어머니는 조석 때마다 시할아버지·시아버지와 겸상한 상머리에서 화롯불 석쇠에 돼지고기를 굽고 반주를 따르며 하루하루 힘겨운 나날을 보내고 있었다.

내게 젖을 먹이던 어느 날, 나보다 7개월이 빠른 삼촌이 엉금엉금 기어와 내가 젖을 먹는 모습을 보며 칭얼거렸다. 할머니는 여섯째로 출산을 하셔서 전혀 젖이 나오지 않아 유모를 두었으나, 유모에게도 따로 자식이 있으니 자기 자식과 나누어 먹이느라 젖이 넉넉하지 않았다. 나를 내려놓고 젖을 먹이고 있을 때, 때마침 들어온 할머니가 눈에 불이 나도록 뺨을 때리고 아이를 빼앗아 나갔다.

"네 새끼 먹이던 젖을 왜 먹이니, 더럽게….."

어머니께서는 생판 남인 유모의 젖은 먹여 기르면서 며느리 젖을 더럽다고 하니 시어머니지만 저런 인간도 있나 하는 생각이 들었다고 한다. 같은 여자로 시기심인지 질투인지 도무지 이해할 수가 없었다고 했다.

내가 국민 학교에 입학하던 1945년, 증조할아버지가 83세를 끝으로 돌아가셨다. 이천 군내의 호상*이었고 만장(輓狀)** 행렬이 끝이 없었다. 꽃상여 장식이 바람에 나부끼며 그렇게 증조할아버지께서는 소천하셨다. 증조할아버지는 아버지에겐 말할 것도 없지만 어머니에게도 크나큰 의지였고 버팀목이었다.

어머니가 자리끼를 떠다 드릴 때는,

"너희 둘이 불쌍해 눈을 못 감겠구나….."

하셨다고 한다.

세 살 때 어미 잃은 손자가 불쌍하여 20여 년이나 키웠기 때문에 손자와 손자며느리를 그토록 사랑하신 증조할아버지께서

---

* 복을 누리고 오래 산 사람의 상사
** 복을 누리고 오래 산 사람의 장례식

세상을 떠났을 때, 아버지와 어머니의 슬픔은 태산 같았다. 할아버지가 돌아가시고 얼마 후였다.

"여보, 내 얘기 잘 들어요. 진작 당신에게도 얘기 했었지만, 나는 어머니가 돌아가신 후로 할아버지 손에서 자랐소. 할아버지는 언제나 나를 불쌍하다는 눈빛으로 쳐다보고 키우셨어. 흐흐흑…."

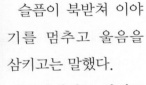

슬픔이 북받쳐 이야기를 멈추고 울음을 삼키고는 말했다.

"할아버지는 당신도 그렇게 대했어. 당신도 알겠지만 할아버지 돌아가시고 나니 나는 이 집에 더 있을 필요가 없고, 장남도 장손도 아니라는 생각이 들어. 도무지 이 집에 정 붙일 곳이 없다는 생각이 드는구려. 내가 서울로 올라가서 어떻게든 자리를 잡고 당신을 데리러 오겠소. 저 녀석도 학교에 들어갔으니 도회지로 가서 공부를 시켜야겠어. 시간이 얼마인지는 몰라도 당신을 이 지옥 같은 곳에서 구해낼 거야."

그런 결심을 하고 아버지가 떠나서 정착한 곳이 구로동이었고, 해방되던 해 가을에 어머니와 내가 서울로 따라 올라온 것이다. 아버지는 경인가도변에 '대서소'라는 간판을 걸어 놓고 대서일을 시작했다. 당시는 모든 관공서의 서식이 한문으로 되어 있고 문맹자가 많았던 시절이라 대서업도 곧잘 되었다. 전매품 소금을 배달용 자전거에 한두 가마씩 떼어다 서울에서 소매를 하며 먹고 사는 사람도 시말서를 써가야 하기 때문에 아버지의 소득원이 되었다. 그렇게 우리 가족의 서울 생활이 시작되었다.

그런데 대서업을 하고 얼마 지나지 않아 아버지는 대서 일로 찾아온 송 아무개란 분과 인연을 맺게 되셨다. 그리하여 서울에 온 지 2년 만에 대서업을 그만두고 그 회사에 취직을 하였고, 2년 후에 계장으로 진급도 하신 것이다.

전화위복이라고나 할까? 어머니 속을 썩이며 여기저기 떠돌아다니시기를 좋아하던 아버지의 방랑벽이 오히려 회사 생활에 장점이 되었나보다. 국내외를 두루 돌아다니시며 많은 것을 보고 느끼고 터득하신 게 무형의 자산이 되어, 외지에서 맨몸으로 정착을 하고 4년 만에 일류 회사의 계장까지 되신 것 같다. 놀라운 변신이고, 아버지의 뛰어난 능력이었다. 그 시절 평생을 일해도 지을까 말까 하는 번듯한 기와집까지 지었으니 참으로 대단한 분, 능력 있는 분이셨다. 요즘 학생들 입장에서 들으면 기와집 한 채 지었다고 무슨 능력이냐고 할지 모르나, 1950년 구로동 일대는 초가집이 즐비해 기와집을 짓고 살면 꽤 번듯하게 사는 편에 들었었다. 그날, 회사에 갔던 아버지께서 다급한 모습으로 들어오셨다.

"여보, 우리도 피난을 가야 하니 중요한 것만 챙겨 짐을 싸요."

"갑자기 피난이라니요 어디로…."

놀란 어머니가 묻자 아버지가 말했다.

"우선 형님네 식구하고 장호원으로 가기로 했소. 회사 차가 들어오는 대로 이리 오기로 했어. 내 친구 최 형사한테 전화가 왔는데, 되도록 오늘 중으로 서울을 떠나라고 하네. 내일은 서울을 빠져나가기 어려울 테니 오늘이라도 떠나래. 경무대(지금의 청와대)도 오늘 밤 중으로 떠난다고 하네."

뒤를 돌아보며 급하게 몇 마디를 하고 민보단 대원들에게 알려야 한다며 나가셨다. 최 형사란 분은 아버지와 절친한 친구였다. 충남 출신인 그분도 아버지와 비슷한 처지였다. 열일곱

▲ 6·25 당시 국군 도하장면

살 때 고무신을 신은 채 계모에게 쫓겨난 후 무작정 서울로 올라와 고생 끝에 경찰에 투신하게 되었고, 경찰서장이 꿈이라는 분이었다.

어머니께서 깨워 일어나니 열한 시가 좀 넘은 시각이었다. 주룩주룩 비가 내리고 있었다. 창문을 여니 완전 무장을 한 군인들이 경인가도 양옆으로 줄지어 인천을 향해 내려가고 있었다. 북에서 쳐들어오는데 군인들이 인천으로 가다니……. 대책 없이 후퇴를 하는 것이었다. 포장을 친 닛산 트럭에 싸 놓은 짐을 아버지와 문배 형이 지어 나르고, 우리 식구도 트럭에 올랐다. 두 딸은 부산 가는 기차에 태워 제주도로 보냈고, 두 내외분과 문배 형, 그리고 우리 네 식구가 다음날 장호원에 도착했다. 공장장 두 내외분을 할아버지, 할머니, 큰딸 "다마짱", 작은딸 "기꼬짱"이라 불렀다. 일본에서 태어났기에 붙인 이름이다.

우리가 장호원에 도착한지 3일 만에 서울이 인민군에게 넘어갔다는 소식이 들리고 서부, 중부, 동부로 인민군이 아군의 저항을 받지 않고 소련제 탱크를 앞세워 개선장군처럼 밀고 내려온다는 소식이 들렸다. 아버지는 문배 형을 데리고 피하는 것도 어렵다고 판단하여 공군에 지원 입대를 시키고 충북 진천 처가로 피신을 하셨다. 청년단 일을 보았고 펜대를 잡았으니 피신을 할 수밖에 없었다.

당시에 일반 국민들은 전쟁이 이렇게 쉽게 터질 줄도 몰랐고, 우리가 이렇게 쉽게 밀릴 줄 상상도 못했다. 이승만 대통령 당시 신성모 국방장관은 "아침은 서울에서 먹고, 점심은 평양에서 먹는다."라며 전쟁 승리를 자신했고, 채병덕 육군참모총장도 "전쟁이 나면 아침은 개성에서 점심은 평양에서 저녁은 신의주에서 먹는다."라고 호언장담했다.

　무슨 배짱이었는지 모르겠다. 그 당시 북한이나 남한의 병력은 숫자로는 10여만 씩으로 비슷하다고 하였으나, 전력의 차이는 엄청났다고 한다. 우리는 3·8선 부근에 105mm 곡사포 몇 문이 있는 게 중화기의 전부였다. 게다가 1948년도에 들어서 곳곳에서 일어난 이데올로기 싸움으로 이승만 정부의 정국은 어수선했다. 용공 세력에 의해 크고 작은 사건·사고가 전국 곳곳에서 벌어지고 있었다.

　일일이 열거할 수는 없지만, 1948년 여수·순천 반란 사건도 전부터 지리산 속에 있던 공산당 세력들과 이북에서 파견된 용공 세력이 군부대의 장교 중 일부가 되었기 때문에 일어난 사건이다. 공산주의를 실제로 해보니 전부 다 가난하게만 되었지 평등하게 나눌 쌀도 돈도 무엇도 제대로 되는 게 없다는 걸 지금은 다들 안다. 북한 김정은이 핵무기로 밥을 해 먹을 수 없다는 것을 이제야 깨닫고 문재인 대통령에게 손을 내미는 세상이다. 하지만 1940년대 당시에는 실천해 본 적도 없는 공산주의 이론에 현혹된 사람들이 더러 있었다. 좀 배웠다는 사람이나 사회에서 앞서가는 부류 중에도 상당수가 그랬다. 군대도 예외가 아니었다. 해방 이후 미군이 남한을 점령하면서 그 덕택에 미군과 함께 일하고 교육받은 우리 군대는 대한민국의 국가 조직 중에 가장 앞선 집단이었다.

머리가 좋은 만큼 새로운 사상을 먼저 받아들이고 그게 최고인 줄 착각하는 사람도 더러 생겨난 거다. 밭 갈고 김매기에도 바쁜 순박한 농사꾼들이 공산주의니 뭐니 하는 것을 받아들일 시간이나 있었겠는가? 북한의 남조선노동당(남로당)에서는 일부러 간첩을 보내 남한의 군인들을 공산주의 진영으로 끌어들이고 있었다. 바로 그 결과 일어난 군대 내부의 갈등이 여수·순천 반란사건이다.

여수와 순천에서 벌어진 이 사건으로 도시가 불타고 많은 시민이 희생되었으며, 그해에 창설된 국방군에 의해 진압되었다. 그러나 일부 공산주의자들은 함안, 진안, 부안, 보성으로 도주하여 지리산 빨치산이 되었고, 또 나머지는 배를 탈취해 제주도로 피신했다. 그들은 한라산 속으로 숨어들어 은거하며 먹을 것이 떨어지면 민가를 덮쳐 사람들을 살상하고 곡물이나 소나 말 등을 탈취해가는 폭도가 되었다.

그러던 중 1948년 3·1절 기념식에서 사고로 기마경찰의 말발굽에 어린아이가 다치고, 이에 분노한 시민들이 경찰서로 쫓아간 걸 습격으로 오인한 경찰이 발포하는 사건이 발생한다. 빨치산들은 사회 갈등을 틈 타 무고한 시민들이 더욱 분노하도록 부추기고 파업까지 주동해 사건을 크게 만들었다. 미 군정청은 이에 위기를 느껴 제주도 내의 공산당을 무차별 토벌하도록 지시했다. 결국 제주에 남은 공산당 세력과 미군정 사이의 갈등으로 애매하게 무고한 양민들이 무참한 학살을 당하는 비극을 남기고 말았다.

1945년 8월 15일, 해방이 되었다. 미·소 양대국에 의해 그어진 3·8선 이북은 김일성이 독재로 다스렸다. 그는 공산주의 맹주인 스탈린에게 찾아가 며칠 내로 남조선을 무력으로 통일시키겠다고 호언장담을 했다. 승낙을 받고 탱크와 야포 등 최신 무기도 지원받았다. 그리고 자동 소총으로 무장하여 잘 훈련된 게릴라를 백두대간을 따라 내려 보내 이들이 경찰지서나 면사무소 등을 습격하여 양민을 학살하는 등의 만행을 저질렀다. 아울러 사상 교육이 잘된 자들을 수없이 남한으로 남파하여 주도면밀하게 전쟁 준비를 하였다.

그러면 남한 정부는 무엇을 하고 있었을까? 찬탁이니 반탁이니 하며 늘 사회는 시끄러웠다. 정작 북한은 우리와 함께 단독 정부를 세울 생각이 전혀 없는데, 우리 내부에서 나뉘어 토론하고 싸우며 정신이 없었다. 남한 정부는 이념의 대결로 전쟁 준비는 고사하고 가지고 있는 무기라곤 2차 세계대전 당시 사용했던 M1 소총이나 카빈 소총이 전부였다. 2차 대전 당시 세계 최강이라 했던 러시아제 탱크를 물려받아 무장한 북한에게 대적할 수 없었다. 그러니 후퇴만 거듭하고 있는 형편이었다.

아버지께서 피신하시고 3일 후에 인민군들이 쳐들어왔다. 읍 소재지이지만 꽤 많은 병력을 남겨 놓고 청미천*을 건너 중부 전선 충북 땅으로 별다른 저항도 받지 않고 내려갔다. 북쪽으로는 이천, 광주, 서울로, 동쪽으로는 여주. 서쪽으로는 안성, 진천으로 그리고 남쪽으로는 음성, 괴산, 충주로 가는 사통팔달의 교통 중심지였기 때문에 많은 병력을 주둔시켰을 것이다. 6·25 당시 충청도는 피난가기에 정말 애매한 입장이었다. 짐을 싸서 더 내려가 봐야 별로 다를 것도 없었다. 서울은 전쟁 초반부터 겁에 질려 남으로 멀리 내려가려는 사람들이 대부분이었지만, 충청도는 더 내려가 봐야 얼마나 더 가겠는가 하는 심정이 있었다. 정부에서는 혹시나 피난을 안 가고 남아 있다가 인민군에게 잡혀 포로가 되거나 오히려 강제로 인민군 병력으로 이용될까봐 피난을 장려했지만, 애매한 입장이었다.

한편 인민군이 주둔하면서 세상은 하루 아침에 변했다. 서슬이 퍼런 머슴들이 주인을 호령하고 논이나 밭 한 떼기도 없는 자들이 어깨를 펴고 눈알을 부라리며 돌아다니는 세상이 된 것

---

* 용인에서 시작해 여주, 이천으로 흐르는 하천

이다.

요즘도 임금님표 쌀 어쩌고 하면서 경기도 이천이 유명하지만, 예전에도 이천은 살기 좋은 고장이었다. 물산이 풍부했다. 오죽 편안하고 좋은 땅이면 세종대왕의 왕릉이 여주에 있겠는가?

그런데 쌀 많이 나는 곳 치고 지주가 없는 곳이 있었겠나? 어디든 정도의 차이는 있지만 불평등이 존재한다. 일단 불평등을 받아들인 다음에 끊임없는 노력으로 극복하는 것이 세상 이치다. 그게 싫다면 우리는 총과 칼을 뽑은 폭도가 될 수밖에 없다. 세상은 어차피 불평등하다.

그런데 전쟁이 터졌다. 진짜로 폭도가 나오기 좋은 상황이 되었다. 잘 모르는 지역을 점령하려면 그곳 내부의 불만세력을 이용하는 것이 가장 효과적이다. 이미 일제 강점기에 일본이 우리나라 친일파를 이용하는 과정을 보고 배웠다. 인민군은 그 방법을 이용했다. 인민군 보위부에서는 평소에 지역에서 지주 등에게 원한을 갖고 있는 사람들을 포섭하여 붉은 완장을 채워주었다. 그리고 여맹*이란 곳에서는 식모나 못사는 사람들을 골라내 검정 치마 흰 저고리에 붉은 완장을 채워 주었다. 자

---

* '조선사회주의여성동맹'의 줄인 말

리가 사람을 만든다. 힘없던 사람이 하다못해 운전대만 잡아도 내면에 억눌린 폭력성이 튀어나오는 경우를 종종 본다. 운전대는 자동차만 조종할 수 있지만, 한 순간에 자기 아래로 수십, 수백 명을 내려다 볼 수 있게 해주는 완장의 힘은 그보다 더욱 강력했다.

"지금까지 여러분들은 개, 돼지 같은 취급을 받으며 살아왔고 당신들의 자식까지도 당신들처럼 사는 것이 자본주의 사상이다. 있는 자는 점점 더 잘 살고, 당신들처럼 없는 사람들은 평생토록 없이 살면서 핍박받는 것을 뜯어 고치기 위해 수령님의 명령을 받고 우리가 온 것이다. 이제부터는 누구나 똑같이 잘사는 세상이 되는 것이다. 충성을 서약하라!"

남반부(남한) 통일시켜 자식들 공부를 국가에서 무상으로 시켜주고, 주인이나 머슴 없이 똑같이 배급을 주어 잘 살게 해 준다는 그들의 세뇌 교육은 적중했다. 빨간 완장을 두른 자들은 그들의 충견으로 변했다. 작은 권력이나마 꿈에서도 누려볼 수 없는 사람에게 완장을 채워주니, 그들에게 서약을 한 자들이 빨간 완장을 볼 때, 그것은 소외 계층에게 꿈이자 희망이었다. 세상 부러울 것이 없었다. 어느 집의 누구는 선생이었고, 공무원이었고 하는 정보는 그들에게 과장되어 전달되기도 했다. 빨간 완장을 찬 사람들이 몽둥이를 쥐고 길에서 갈지 자 걸음을 걸으며 눈알을 굴리면 고개를 숙여야 했다. 마을 사람들은 인민군의 총칼보다 그들을 더 경계하고 두려워했다. 국밥집이나 술집에서도 "에헴!" 하고 앉으면 공밥에 공술을 주어야 했다.

여맹 위원들도 마찬가지였다. 그들의 비위를 건드리면 모함을 받아 끌려가 심한 고문을 당할 수도 있고, 집안이 풍비박산 나는 일도 더러 일어나고 있었다. 어느 날 우리 집에 빨간 완장을 앞세우고 권총을 찬 인민군 장교가 따발총을 멘 두 사병을 데리고 들이 닥쳤다. 대문, 바깥마당을 지나, 중문에 들어선 장교가 위협적인 눈초리를 하고 할아버지를 향하여 말했다.

"영감 동무, 이 집 식구들 모두 집합시키시오!"

애와 어른이 다 모였다. 모두를 일렬로 서게 했다. 그 이후에 장교는 각각 이름이나 나이, 직업 등을 조사했다. 그러곤 물었다.

"영감 동무, 이 집은 부잣집이고 식구는 많은데 남정네는 노인 동무와 아이들뿐이니 다른 남정네들은 어드메 숨겼소?"

할아버지를 쏘아보며 날카로운 소리로 내질렀다.

"숨길 리가 있겠습니까?"
"야! 이 집을 샅샅이 뒤져라!"
"네, 넷!"

두 병사가 총부리를 앞세우고 신발을 신은 채 이 방 저 방 뒤지기 시작했다.

"숨긴 자가 있으면, 영감 동무는 물론이고 식구 모두 총살이요 총살!"

"숨기다니요. 그렇지 않습니다."

"그럼 여기 아낙들, 남정네는 어데 갔소?"

눈에 불을 켜고 으름장을 놓았다. 임신을 하여 배가 부른 어머니와 숙모를 가리키며 하는 소리다.

"예. 큰 아들은 서울에 살고 있고 작은 아들은 머리가 실성실성하여 작년에 집을 나가 죽었는지 살았는지 모르고 있습니다."

"안내원 동무, 그게 사실인가?"

"네. 그렇습니다.

빨간 완장이 뜻밖의 대답을 하자, 할아버지와 식구들은 가슴을 쓸어내렸다.

20대 중반인 숙부는 우리를 피신시켜주었다. 차조차 들어갈 수 없을만큼 길이 좁은 데다가 몇 가구도 채 살지 않는 마름네로 말이다. 할아버지가 둘러댄 것을 인정해 준 빨간 완장의 사내는 우리 집에서 20년 가까이 일꾼 노릇을 한 사람이었다.

【빨간 완장 이야기】

어느 날 키 큰 소년이 열 살쯤 된 계집아이를 데리고 대문에서 "밥 한술 줍쇼." 하고 외치고 있을 때 할아버지 눈에 띄었다. 할아버지는 어떤 사람에게라도 사람이 사람 대하는 격을 아는 분이셨다. 우리 집에선 바가지에 밥을 주는 일이 없었고, 바깥사랑채 툇마루에 제대로 독상을 차려 밥을 먹여 보내는 것이 전통이었다. 다리 밑에 살았던 거지들이 타령을 해도 꼭 그렇게 대접을 해 보내니 오죽하면 그들도 미안하여 자주 못 온다고 했다.

원래 할아버지는 엄청 검소한 분이셨다. 어려서도 표지까지 다 쓴 공책이라야 새 공책으로 바꾸어 주셨고, 연필도 깍지를 끼워 더 이상 쓸 수 없을 때라야 반납을 하면 새 연필로 바꾸어 주셨다. 그 대신 깎다가 부러지는 국산 연필이 아니고 매끈매끈하게 글씨도 잘 써지는 일제 톰보 연필을 주셨다. 매사에 빈틈이 없고 철두철미하고 현명한 분이셨다. 심지어 쌀뜨물 속에 밥풀만 보여도 난리가 날 만큼 지독하게 검소한 분이였지만, 거지에게는 꼭 고봉밥을 차려 먹이게 했다.

두 남매가 밥을 먹는 것을 보고 사연을 물었더니, 아버지는 병들어 죽었고 어머니는 실성을 하여 집을 나갔다는 것이다. 불쌍해서 그냥 보낼 수가 없어 사내는 일꾼 사랑방에 기거하게 하고 계집애는 식모와 함께 지내게 한 것이다. 골격이 큰 사내 녀석은 일도 잘하고 힘도 좋아 계속 일꾼으로 데리고 있었고,

얼굴이 살짝 얽은 계집아이는 17세 어느 집 재취로 시집을 보냈다. 밭 한 뙈기를 떼어주고 논도 서 마지기를 주었다.

그 일꾼에게만 그런 것이 아니었다. 다른 일꾼들도 단오, 칠석, 백중날엔 새 바지와 저고리 한 벌씩 해주고, 쉬도록 하며 용돈도 넉넉히 주어 우리 집 일꾼으로 들어오길 서로 원했다.

사실 할아버지의 품은 사람에게만 넉넉한 것이 아니었다. 가을걷이가 끝나면 여름내 지친 소에게도 겨울에 정성을 다해 먹이셨다. 콩을 대충 털고 콩깍지에 쌀겨와 쌀뜨물로 쇠죽을 쒀주면 메주콩을 섞어놓은 것 같은 쇠죽을 겨우 내 먹여 털에 기름기가 번들거렸고 살이 투실투실했다.

그런 인품인 데다가 일꾼들의 새경을 전부 계산하여 살게끔 도와주니, 그 은혜를 잊지 못하고 명절 때마다 인사를 오고, 큰일이 있을 땐 친척처럼 일을 도와주는 사람이었다. 학식이 풍부하고 남에게 배려를 아끼지 않는 할아버지의 은혜에 보답고자 할아버지의 거짓을 인정해준 것이다. 인민군들은 모든 정보가 그들에게서 나오니 그들이 인정하는 것은 의심의 여지가 없이 믿었다. 우리 집안 내력을 소상히 알고 있는 사람이었지만 배신하지 않고 은혜를 갚은 것이다.

"그 다음은 누구요?"
"내리 세 딸인데 모두 출가를 했습니다. 저 큰 아이가 열세 살이고 밑으로 세 형제요, 나머지는 손자들입니다."

장교는 배가 만삭이 다 된 어머니를 지휘봉으로 가리키며 말했다.

"여성 동무는 아이를 가졌는데 이 집 맏며느리요?"
"예⋯."
"이녁 남정네는 어데 있소?"
"네. 서울에 있습니다."
"서울에 있다? 음⋯, 그럼 여성 동무만 피난을 왔소?"
"예. 저는 산달이 돼서 보름 전에 내려왔습니다."
"이녁 남편은 뭐하는 사람이요?"
"예. 공장에 다니고 있습니다."
"무슨 공장이오?"
"철공장입니다."
"음, 그럼 **뺀대*** 잡았겠고망⋯."
"아닙니다. 기술자입니다."
"기술자⋯? 부잣집 맏아들이었으니 공부를 시켰을 텐데⋯. 말이 되나?"

믿어지지 않는다는 듯이 고개를 갸우뚱했다. 위기를 감지한

---

* 펜. 사무직 직업을 상징함.

할아버지가 한 걸음 다가섰다.

"그게…, 자식 일이라 좀 창피합니다만, 제가 말씀드리겠습니다. 어려서는 공부를 싫어했고, 크면서는 여자 꽁무니나 따라다니느라 학교는 다니지 않고 망나니짓만 했습니다. 공부를 시키려고 별짓을 다했지만…."

장교는 손을 들어 할아버지 말을 중지시키고는 말했다.

"하아! 그래서 자본주의 체제가 잘못되었다는 거요. 그 잘못되고 썩어빠진 정신 상태를 뜯어고치기 위해 위대한 수령 동지께서 우릴 내려 보내신 거요. 누구나 똑같이 공평하고 잘 살게 하는 것이 사회주의 사상이오. 알겠소?"

지휘봉으로 자신의 왼손바닥을 때리며 소리를 내질렀다. 그때 사랑채, 뜰아래채, 뒤 창고까지 다 뒤지고 온 두 사병이 거수경례를 하고 말했다.

"쥐새끼 한 마리도 없습니다."
"으음"

지휘봉으로 자신의 권총을 툭툭 때리고 있었다.

"술 한 잔 대접하겠으니 마루로 오르시죠."

"술? 허어…."

"얘들아, 술상 준비를 하거라. 저녁도 짓고…."

"네, 네."

"영감 동무, 예의가 바르구먼. 야들아 올라가 보자."

　무엇인가를 찾아내려 기를 쓰는 장교의 태도를 불안하게 느끼신 할아버지가 위기를 넘기려고 하신 소리다. 반들반들 길이 들어있는 쪽마루에 올라앉은 장교가 한 아름이나 되는 적송 대들보와 기둥의 붓글씨를 둘러보고는 말했다.

"영감 동무 글씹네까?"

"예. 신통치 않습니다."

"허, 그기 무슨 소리요. 명필이십네다. 놀라는 표정을 지었다."

"하, 대단한 명필이십네다. 부잣집에다 식견도 높고 고양에 계신 우리 아바이도 붓글씨를 잘 쓰시는데 영감 동무 글씨만 못하오."

　이런 저런 이야기를 하는 중에 교자상이 올라왔다. 할아버지가 주전자를 잡자 장교가 사양을 한다.

"아, 아닙네다. 내레 먼저 따라야지요. 동방예의지국인데 어른이 먼저 따르는 것은 주법에도 어긋납네다."

장교가 할아버지 잔에 술을 따르자 이어 완장 찬 사나이가 주전자를 건네받았다.

"고럼, 고럼, 안내원 동지가 따라야지."

빨간 완장이 술잔을 채웠고 장교는 술잔을 들고 고개를 숙여 예를 표하고는 몸을 옆으로 돌리며 한 모금 마시고는 말한다.

"하, 술 맛이 기가 막힙네다."
"예. 찹쌀로 고두밥을 지어 누룩으로 담근 술입니다. 많이 드셔도 별 탈이 없을 겝니다. 천천히 많이 드십시오."

장교가 술잔을 시원하게 주욱 비웠다.

"내래, 평생 처음 먹어보는 술입네다."

그는 방금 전과는 다른 부드러운 음성으로 예를 차렸다. 고추장 양념에 재웠던 비계가 있는 구운 돼지고기 한 점을 입에 넣고 장교는 다시 감탄하는 모습이었다.

"남반부 음식은 먹을 만합네다. 고소하고 씹을수록 아주 맛이 있습니다."

맛을 음미하는 모습이었다. 군대에서는 먹어 볼 수 없고 이북에서 접해 보지 못한 음식이라서인지 맛있게들 먹었다.

"이 집은 대단한 부잣집인데 어찌 이리 부자가 되었습네까?"
"부자도 아닙니다. 해방이 되면서 농지개혁법으로 모든 땅을 소작농들에게 나누어주고 이젠 겨우 밥이나 먹고 사는 형편입니다."

완장을 찬 사내가 고개를 주억거렸다. 사실을 입증한 셈이다. 술이 몇 순배 돌고 거나해진 장교가 붓글씨를 가리키며 말했다.

"붓글씨를 보니 고향에 계신 아바이 오마니 생각이 납네다. 지금 나이 오십이 갓 넘었는데 영감님 동무 글씨만은 못해도 잘 쓰시디요."

술이 거나해지니 부모와 가족 생각이 나는 모양이었다.

"예. 결혼은 했습니까?"
"예. 열 살, 여섯 살 아들만 둘 두었디요."

딱딱하고 살벌한 모습은 사라지고 부드러운 표정으로 노인장·어르신 동무로 호칭도 바뀌었다. 이어 푸짐한 밥상에 놀랐고 기름기가 반들반들한 밥맛에 또 한 번 놀랐다. 아끼바리* 쌀밥이었다. 할아버지는 맛있다는 밥맛에 맛있다는 굴비 맛에 대해 설명도 해주었다.

"여기 이천 쌀은 남한에서 제일로 치는 쌀이오. 옛날엔 임금님께 진상했던 쌀입니다. 이 굴비는 서해안 영광 법성포라는 곳에서 잡은 것을 해풍에 말려 맛이 좋습니다."

"우리가 오늘 임금님 같은 대접을 받는 셈이구만요. 이북에선 명태는 많이 나지만 굴비는 보지 못합네."

이북 척박한 곳에서 나는 쌀이 이천에서 나는 쌀과는 비교가 안 될 터이고 그나마 몇 년 묵은 군량미로 지은 밥을 먹는 자들로서는 밥이 입속에서 녹아드는 듯할 것이다. 그들은 북으로 돌아가서도 그 맛은 잊지 못할 것이다. 죽을 때 까지도….

"노인장 동무, 오늘 대접 잘 받았습네. 무슨 일이 있으면 내무서로 연락하시라요. 내레 내무서 책임자입네."

그들은 손바닥이 보이는 거수경례를 하고 떠났다. 내무서는 우리의 경찰 역할을 하는 곳이고 점령지의 치안 유지와 반동분

_____

* 쌀의 품종, 서늘한 기후에서 자라는 일본 원산지의 쌀

자라고 그들이 일컫는 지식인이나 상류층을 조사하는 곳이다. 큰 아들이 청년당 간부라는 것이 알려진다면 집안이 풍비박산 날 일이다. 은혜를 배신하지 않은 완장의 사나이에게 고마운 일이다. 그들이 들어온 지 며칠이 지나자 제공권을 장악한 미군 비행기가 나타나기 시작했다. 넉 대씩 편대를 이룬 비행기에서 "드르륵, 드르륵" 기관총 소사를 해대고 검은 중폭격기도 수시로 나타나자 인민군도, 차량도 산으로 숨어들어 밤에만 활동을 했다.

우리는 세이버 전투기를 "쌕쌕이*"라고 부르고 검은 무스탕기를 "구르마"라고 불렀다. 비행기가 한번 휘젓고 지나가면 사람이 얼마나 죽었고 집이 몇 채가 부서지고 불탄다는 소문이 들려왔다.

장호원읍은 야산도 없고 주로 논밭이지만 많은 인민군이 주둔했던 관계로 수시로 비행기가 나타났고 B29 폭격기가 새우젓 독처럼 생긴 폭탄을 투하하기도 하여 읍사무소가 폭격을 당해 송두리째 흔적도 없이 사라졌다. 폭탄이 떨어진 자리엔 집도 흔적도 없이 사라지고 큰 웅덩이가 생겨났다.

수시로 공습 사이렌이 울려 집을 뛰쳐나가야 했고 불안하여 더 이상 지낼 수가 없어 7.8km쯤 떨어져있는 시골로 피난을

---

* 1950년대 미국 공군의 대표적 제트 제공전투기(制空戰鬪機). 형식명은 F-86F이다. 비행 시 '쌕~'하는 소리를 낸다고 하여 '쌕쌕이'라는 별칭으로 부르기도 했다.

가야했다. 많은 식구가 친척집으로 쌀을 이고 지고 피난을 가 마루나 마당에 맷방석*을 깔고 지냈다. 집이 몇 십 호 되지 않으니 폭격은 없었으나 그곳은 나무가 많은 야산이라서 많은 인민군들이 매복을 하고 있었고 밤이면 나와서 활동을 했다. 해가 지면 성황당 같은 곳에 사람들이 모여서 김일성 찬가나 사상 교육을 받아야 했다. 적화통일을 이루고 주민들 사상도 재무장하기 위해서다. 전기는 들어오지 않는 곳이었고 모기가 극성을 부려도 모깃불조차 피우지 못하게 했다. 날이 지나고 달이 지나며 이고 지고 간 쌀이 떨어져 보리밥에 밀밥으로, 다시 밀밥에서 삶은 감자로 식량이 바뀌어 갔다. 그나마 햇감자가 나올 때라서 다행이었다. 장호원 창고엔 쌀이 쌓여 있었지만, 우마차는 움직이지 못하게 했고 사람도 되도록 움직이지 못하게 했으니 쌀을 가지러 갈 수도 없었다. 더운 여름철이니 마당에 걸친 가마솥에 무언가 끓여야 하는데 나무도 떨어져 갔다. 자루 하나씩을 가지고 동갑 삼촌과 소나무밭이 있는 산으로 솔방울을 주우러 갔다. 동구 밖 작은 개울 옆 모래밭을 갈 때였다.

드르륵, 드르륵 소리와 함께 우리 둘 옆으로, 앞으로 기관총탄이 떨어지며 먼지가 일고 낮게 뜬 쌕쌕이가 하늘로 솟아오르며 날아가고 있었다. 쌕쌕이가 머리 위를 지나가고 나서야 "씨이잉" 하고 날카로운 소리가 고막을 찢는 듯하며 날아갔다. 놀

---

* 매통이나 맷돌을 쓸 때 밑에 까는, 짚으로 만든 방석. 멍석보다 작고 둥글며 전이 있다.

란 두 아이는 앞에 보이는 솔밭으로 뛰어 들어갔다.

"서랏!"

소리와 함께 따발총을 우리에게 겨누고 인민군이 나타났다.

"에미나이, 간나 새끼들 죽여버린다!"

순식간에 우리 둘은 두 손을 번쩍 들었다. 열대여섯 되어 보이는 애와 같은 녀석이었다. 비행기에 발견되지 않으려 솔밭 속에 숨어 잠을 자는 인민군들의 보초를 서고 있던 자였다. 두 손을 들고 간장이 오그라드는 듯 벌벌 떨고 있을 때 기관총 소리에 깬 장교가 나타나 사병의 총을 아래로 내리게 하고는 물었다.

"너들, 왜 왔나?"
"솔방울 주우려고요."

떨려서 말이 잘 나오지 않았고, 들고 있던 흰 쌀자루를 보였다.

"솔방울? 솔방울을 뭐하나?"
"화덕에 불 때려고요."

겨우 기어들어가는 목소리로 대답을 했다.

"몇 살인가?"
"열 살이요."
"어드메 사냐?"
"저 동네요."

손으로 동네 쪽을 가리켰다.

"집으로 빨리 들어가고 낮에도 동네를 벗어나지 마라. 우리
가 여개 있단 걸 이야기하면 너들 식구들이나 동네 사람들 모
두 죽인다. 날래 뛰어 가라우."
"네. 네."

뒤에서 "따꿍" 소리가 날 것 같은 공포감으로 뒤를 돌아보지
도 못하고 한 달음에 동네로 뛰어들었다. 우리 둘은 집 문 앞에
서 숨을 헐떡이며 주저앉았다.

"쌕쌕이가 왜 우릴 쐈지?"
"애들인지 알았으면 안 쐈겠지 뭐."
"빠르고 높으니까 애들인지 인민군인지 알겠어?"
"명사수가 아니니까 우리가 산거야."
"진짜로 죽을 뻔 했네."

"솔밭에 인민군이 숨어 있다고 알려 줘야 하는데….”
"어따가 알리냐…. 집에 들어가서도 아무 소리 하지 말라구.”

우리가 집에 들어서자 어른들도 기관총 소리가 났으니 무서
워 그냥 돌아온 줄 알았다. 한편, 진천 처가로 피신한 아버지는
남의 눈에 띌 것을 염려하여 늦은 밤이 되기를 기다려 외삼촌
댁을 찾아들었다.

그곳도 인민군이 들어온다면 남의 눈에 띄지 않는 것이 안전
하다고 생각했기 때문이다. 외삼촌들이 아버지가 민보단 단장
이라고 자랑을 하여 자주 가진 않았어도 작은 동네이기 때문에
아버지의 신분은 노출이 되어 있었기 때문이다. 바깥출입도 못
하며 이틀을 보냈지만 집 안에 있을 형편도 못되었다. 인민군
이 진천읍내까지 들어왔으니 이곳도 그들의 손길이 미칠 것이
뻔했다. 그러나 더 이상 이대로 피신을 할 곳도 없었다.

집 뒤에 쌓여있는 짚 동가리 옆에 외삼촌과 구덩이를 밤에 팠
다. 야산 자락이니 그 뒤로는 집이 없고 사람이 다니는 길도 없
으니 남의 눈에 띌 리도 없었다. 한 사람이 앉거나 누울 만하게
파고 짚단으로 자연스럽게 위장을 했다. 먹을 것은 2-3일에
한 번씩 주먹밥 · 찐 감자 · 옥수수 등을 외삼촌이 늦은 밤에 갖
다 주는 것으로 지낼 수밖에 없었다. 누웠다, 앉았다 하는 공간
이니 깊은 밤중에 나와 가벼운 운동을 하며 몸을 풀거나 용변
을 보고 지낼 수밖에 없었다. 낮이나 밤이나 개미가 못 살게 달

려들어 잠을 잘 수가 없어 고통스럽게 보내니 몸은 점점 쇠약해져 가고 있었다.

세수도 못하고 수염도 깍지 못하니 한 달, 두 달이 지나자 사람 몰골이 아니었다. 외삼촌이 며칠에 한번이라도 내려와 방에서 편히 자라고 했으나 아버지는 듣지 않았다. 마을 구장 이장을 보는 데마다 잘 사는 입장이니 사람이 수시로 드나들고 하는데 잘못하여 남의 눈에라도 띄는 날이면 집안이 풍비박산이 날것이기 때문이었다. 그 시골 마을도 빨간 완장이 기세등등하게 활동을 하고 있었기 때문이었다. 만삭이 된 어머니도 궁금하고 전쟁 며칠 만에 인민군이 물밀듯 밀고 내려왔는데 두어 달이 지나니 공산군이 지배하는 세상이 되는 게 아닌가 하는 불안감만 커져가고 있었다. 바깥세상 소식을 전혀 접할 수가 없었기 때문이다.

'유엔군이 참전했으니 지지는 않겠지.'

그런 믿음이 희망을 주었다. 우리군은 대전·대구를 지나 낙동강에서 최후 전선을 지키고 있던 9월 유엔군 총사령관 맥아더 장군이 인천상륙 작전에 성공하여 9월 28일 서울을 수복했다. 허리가 잘린 인민군은 많이 희생되었고 백두대간을 타고 이북으로 넘어갔거나, 미처 못간 자들이 지리산에서 빨치산으로 활약하기도 했다. 인민군이 자취를 감추자 우리 식구들은 장호원 집으로 돌아왔고 그런 와중에 어머니는 남동생을 낳았다. 6·25 둥이다. 근 3개월을 움막에서 지냈던 아버지는 앞도 보지 못하고 일어서지도 못하는 상태로 외삼촌 등에 업혀서 내려왔다. 뼈만 남다시피 한 아버지는 20여 일간이나 외삼촌 내외의 지극한 보살핌을 받고 겨우 걸을 수 있을 정도로 회복이 되자 서울로 올라가셨다. 아버지는 새로 지은 지 25일 만에 피난을 가느라 버려두었던 집이 잿더미로 변한 것을 확인하고, 공장 사택으로 들어가셨고 우리 식구도 서울로 올라왔다. 피난을 가고 4개월여 만에 서울로 올라온 것이다.

어머니는 잿더미로 변한 집터에 앉아 대성통곡을 하셨다. 아버지가 지옥 같은 곳에서 어머니를 구하겠다고 굳은 다짐을 하고 구로동에 자리를 잡고 좋은 회사에 취직을 하여 계장으로 진급하면서 새 집도 짓고, 장작을 추녀 밑까지 그득 쌓아 놓았었는데, 25일을 살고 피난을 갔다 와보니 잿더미로 변한 것이다. 이 세상에 태어나 가장 행복했던 4년의 세월이었다. 두 분이 꿈꾸던 행복한 삶을 김일성이 송두리째 앗아갔다. 그나마 다행스럽게도 우리는 공장장이 사는 사택에서 당분간 같이 살기로 했다.

서울이 질서가 잡혀가면서 경찰은 인민군들에게 세뇌당한 적색분자들의 색출을 위해 혈안이 되어 있었다. 치안 유지와 함께 최우선으로 발본색원해야 할 일이다. 아버지가 서울에 올라와 제일 먼저 만났다는 최 형사가 어느 날 집으로 찾아왔다.

"보름 전에 보았을 때보다는 많이 좋아졌네. 그때는 바람만 불어도 넘어질 것 같더니⋯. 빨리 건강을 찾아야지."

술상을 가운데 놓고 최 형사가 하는 소리다. 두 분은 술잔을 기울이며 피난 생활을 이야기했다.

"자네 집이 불에 탔으니 이리로 왔겠지?"
"집은 다행히 이층이니까 우선은 같이 살아야지."
"그래도 있을 집이 있으니 다행이야. 요즘 우리도 관내에서 빨갱이 노릇 한 놈들 잡으러 다니느라 정신이 없어. 자수 기간이 다 되어 가는데 자수하는 놈들이 있어야지⋯."
"간첩이니 사상범이니 하니까 겁은 나겠지. 어쩔 수 없이 한 짓이지만⋯."
"진짜 빨갱이 짓을 한 놈들은 대개 그들을 따라갔지⋯. 여기 남아서 살 길이 없다는 걸 알기 때문에 따라 올라갈 수밖에 없을 거고. 어쩔 수 없이 그놈들 앞잡이 노릇을 한 자들이 자수를 하고 뉘우치면 방면이 될 텐데. 배우지 못해 무식하니 겁먹고 자수를 못 하는 거지."
"그럼 구로동에도 용의자가 있다는 말인가?"
"있지."

아버지의 물음에 최 형사가 한 대답이다.

"이 동네도 아래위로 제법 큰 동네인데 유독 자네 집만 불에 탔단 말이야. 그동안 경찰에서 조사한 것을 종합해 보면 특별한 시설물이 없는 동네에서 폭격을 맞지 않고 불에 탄 집들은 공통점이 있더라고. 주로 청년 단체에서 일했거나 공무원 노릇을 한 사람의 집은 그 자들이 퇴각하면서 모두 불을 지르고 갔거든. 피난을 가지 않았던 동네 사람들에게서 신상 정보를 받았다는 이야기지. 그래서 자네 집도 그놈들이 불을 지르고 간 거야."

최 형사는 담배를 깊게 빨아들이며 아버지에게 눈길을 보냈다. 아버지는 대답 없이 고개만 끄덕이셨다.

"이 동네서 피난을 가지 않은 집이 다섯 집이고, 식구가 서른한 명이야. 그래서 그네들을 조사할 텐데, 혹 자네 들은 소리가 없나?"
"나름 들은 소리는 있지. 자, 술이나 들고 이야기하세."

두 분은 술잔을 부딪치고 비운 다음 상에 놓았다.

"'김'이란 친구는 좀 배우기도 한 사람인데 그놈들에게 열성적이었고 그들이 후퇴할 때 가족을 다 두고 따라 갔다는군….'"

"음… 그것도 알고 있어."

"내 신상에 대한 것은 그자가 이야기했을 테고, 우리 집이 깨끗하니 사용을 하다가 떠날 때 불을 질렀다고 하더군. 불을 질렀다며 이 '이'란 사람이 며칠 전에 날 찾아와 죽을죄를 지었다며 사과하고 돌아갔어. 들어보니 어쩔 수 없는 일이더라고. 그러니 그 일은 이제 끝내자고…."

아버지는 술잔을 단숨에 넘기셨다.

"불을 질렀다. 죽을 죄를 졌다는데 그만두라니…."

이해할 수 없다는 강경한 태도였다.

"그래. 경위를 얘기하지. 그 사람은 나이 40이 넘었고, 배운 것도 직장도 없이 남의 집 일이나 해주며 살아가고 있어. 영등포역에서 지게 품팔이를 하며 아이 다섯을 먹여 살리고 있는 처지라니 피난 갈 곳도 없고, 눌러있었지. 그놈들이 힘든 일 같은 게 있으면 불러다 시키고 한 모양인데 철수하던 날 추녀 밑에 장작을 마루 위로 나르게 하고 기름을 뿌리더니 성냥을 켜대라는 거야. 왜 새집을 태우느냐고 했더니 불을 지르든지, 총에 맞아 죽든지 둘 중에 하나를 선택하라는 거야. 따발총을 들이대면서 그런 상황에서 어쩌겠어. 속으로 '아우님, 죄송하네.' 했다고 하는군. 휴…."

"우리가 잡아가도 어쩔 수 없겠네. 자네한테 자수했으니 그냥 가지. 너무 속상하게 생각하지 말라고. 몸이나 잘 회복하라고!"

　최 형사는 아버지 설명을 듣고는 어쩔 수 없다며 돌아갔다. 공장 사택은 일본식으로 지은 이층집이었고 우리 식구는 다다미가 깔린 2층에서 기거했다. 제철 회사를 지을 때 함께 지은 집이었다. 아래층에는 공장장 내외분과 세 살짜리 사내아이가 딸린 20대 중반의 수양딸이 함께 살고 있었다. 공장장은 본래 제주 분이셨는데, 직업이 없는 동네 후배를 회사에 데려와 일하게 하셨다가 후배가 사고를 당해 죽었다고 한다. 남편이 죽자 오갈 데 없는 초년 과부를 수양딸로 삼아 데리고 함께 살고 있었고, 그 여자에겐 세 살짜리 아들이 하나 있었다. 공장장은 그토록 마음씨 좋은 분이셨다. 우리는 아래층에 다 같이 모여 식사를 함께했다.

"

"추운데 입어라."

　아버지 옷을 받아 쥐자 끌어안고 왈칵 눈물이 터졌다. 옷에서는 아버지 냄새가 났다. 담배 냄새 그리고 머리 냄새 같았다. 그것이 아버지 냄새라는 걸 처음 알았다. 나도 아버지도 서로 모습이 보이지 않을 때까지 손을 흔들었다. 할머니가 시무룩한 채 눈물을 흘리는 내게 옷을 입혀 주셨다. 일본말로 '세비루'라고 부르는 그 옷은 순모라서인지 아주 따뜻했다. 아버지 체온도 전해지는 것 같았다.

"

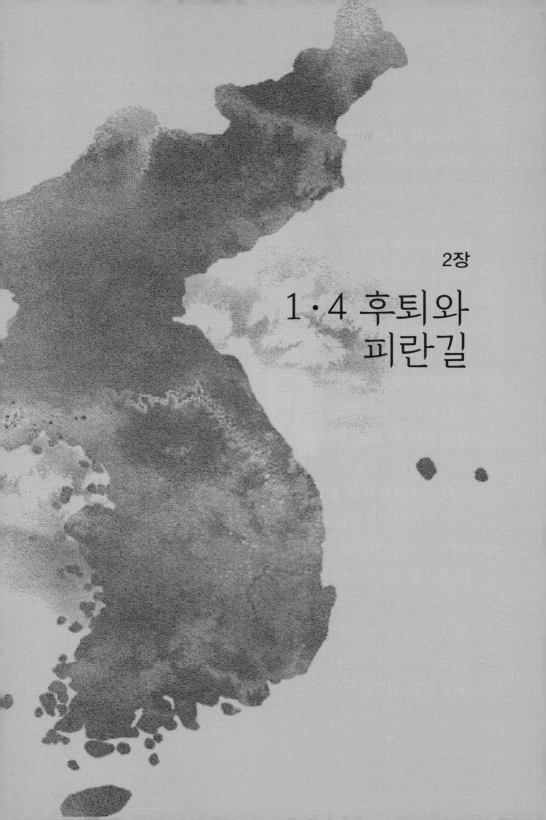

2장

1·4 후퇴와
피란길

전쟁이 난 지도 어느덧 반년이나 된, 1950년 12월 하순이었
다. 식구들이 아래층에 모여 저녁 식사를 하고 있을 때였다.

"찌르릉, 찌르릉 —"

거실 벽에 걸려 있는 전화벨이 울리자 식사를 하던 아버지께
서 한동안 전화를 받더니 심각한 표정으로 자리에 돌아왔다.
아버지는 수저를 들 생각도 하지 않고 넋이 나간 사람처럼 말
씀하셨다.

"형님. 최 형사 전화인데요. 또 피난을 가라네요."
"으응? 또 피난을 가라니? 평양까지 쳐들어갔다고 하더니!
갑자기 무슨 소리야?"
모든 식구가 피난 소리에 식사를 멈추고 다 놀란 표정으로 두

분을 바라보았다.

"중공군이 전쟁에 가담했다네요."

"중국 군대 말인가?"

"예."

"아니. 그자들이 왜 남의 나라 전쟁에 끼어드나?"

"민주주의 대 공산국가의 싸움이니 소련은 무기를 대고 중국은 군대를 보내는 것이겠지요. 미국이 이북을 쓰러뜨리고 국경선까지 점령하면 중국이 좀 불편하겠지요. 전쟁에서 이기진 못해도 이북을 완충 지대로 삼겠다는 거지요."

"음. 그렇기도 하겠네. 그럼 언제 피난을 가라는 거야?"

"되도록 빨리 가라는 건데, 어데로 가야할지 모르겠네요."

두 분 모두는 아주 심각한 표정으로 피난 갈 곳을 생각하는 모양이다.

중공군이 참전한 지 며칠 된 모양인데 워낙 많은 병력이 산으로만 밀고 내려오면서 밤에는 북, 꽹과리, 피리를 이곳저곳에서 두드리고 불고 야단이니 미군이나 한국군도 싸울 용기를 못 낸다고 하네요. 그놈들이 이산 저산에서 짐승 우는 소리도 내고 해서 사기를 떨어뜨린대요. 인해전술이라네요.

"옛날 중국에서 자기들끼리 싸울 때 하던 짓들을 하는군. 중국 전국시대 때 그 짓들을 했더군. 삼국지를 보니…."

중공군이 참전한지 며칠 됐지만 후방에서는 아직 그 소식을 알지 못하고 있었다. 골똘히 생각에 잠겼던 할아버지가 아버지를 향해 말씀하셨다.

"중공군까지 쳐들어오면 이번엔 아예 제주도로 가자. 자네 고향으로 가야 숨어 다니기도 어려울 테고 지난번하고는 다를 것 같잖아?"
"형님 고향으로요?"
"그게 안 낫겠어? 이번엔 전쟁이 아주 끝나면 오자고!"

아버지는 수긍한다는 듯 고개만 끄덕거렸다.

형님 말씀대로 하겠지만, 저는 남보다 먼저 떠날 수는 없으니 형님이 여자들과 먼저 떠나세요.
"아우 생각도 좋은 생각인데 나도 회사 내팽개치고 남보다 먼저 갈 수 없으니 차편을 알아봐서 여자들을 우선 떠나보내고 부산 사촌 동생네 집에서 만나기로 하세."

피난 계획은 그렇게 끝이 났다.

"나는 당신과 떨어져서는 절대로 피난을 못 가요."

이층으로 올라오신 아버지에게 어머니가 단호한 목소리로 말씀하셨다. 낳은 지 3개월 된 핏덩이를 업고 두 아이까지 딸려서 떠나보낸다는 것도 무리라며 나만 먼저 할머니를 따라 보내자고 했다. 들락날락하던 아버지가 이틀 뒤 할머니와 세창이 모자, 나를 데리고 영등포역으로 나갔다. 우선 네 사람이 1진으로 먼저 출발하는 것이다. 그날은 크리스마스 며칠 전이었는데 날씨는 포근했지만 종일 흐리다가 오후가 되자 바람이 일면서 눈발이 날리기 시작했다.

역에 도착해 보니 사람은 별로 없었고 철로엔 긴 화물차가 서 있었다. 빈 드럼통이 두 줄로 쌓여 있고 그 위에 피난민들이 앉아 있었다. 화물 열차는 먼 곳에서 왔는지 피곤해 보이는 사람들이 고개를 숙인 채 기운 없는 표정을 짓고 앉아 있었다. 비교적 덜 붐비어 보이는 칸으로 아버지의 도움을 받아가며 열차에 올랐다. 석유 냄새가 느껴졌고 그 위에 가져온 이불 한 자락을 깔고 앉았다. 화통에서 나오는 흰 연기를 잔뜩 찌푸린 하늘로 뿜어내는 것이 평화롭게 보이기까지 했다.

시간이 흐르며 눈발은 점점 거세지기 시작했다. 날도 어둑어둑 땅거미가 지고 시그널에 불이 흐릿하게 들어온 밑에 아버지는 흰 모자를 쓴 듯 머리에 수북이 눈이 쌓인 채 우리를 바라보고 있었다.

"빼애액, 빼애액"

기차 화통이 찢어질 듯한 소리를 내었다. 소리를 내는 쪽을 보니 시커먼 연기를 화가 난 듯 푹푹 하늘을 향하여 토해내고 있었다. 앞에서부터 "덜커덩, 덜커덩" 하는 소리가 내려오며 기차가 움직이기 시작했다. 기차가 움직이자 눈 모자를 쓰신 아버지가 겉옷을 벗어 말아 쥐고 달려오더니 옷을 내게 던졌다.

"추운데 입어라."

아버지 옷을 받아 쥐자 끌어안고 왈칵 눈물이 터졌다. 옷에서는 아버지 냄새가 났다. 담배 냄새 그리고 머리 냄새 같았다. 그것이 아버지 냄새라는 걸 처음 알았다. 나도 아버지도 서로 모습이 보이지 않을 때까지 손을 흔들었다. 할머니가 시무룩한 채 눈물을 흘리는 내게 옷을 입혀 주셨다. 일본말로 '세비루'라고 부르는 그 옷은 순모라서인지 아주 따뜻했다. 아버지 체온도 전해지는 것 같았다.

"아버지도, 엄마도 며칠 후엔 부산에서 만날 텐데 왜 그러니?"

할머니가 내 얼굴에 흐르는 눈물을 손바닥으로 닦아주며 하는 소리다. 아버지는 나를 참 엄하게 키우셨다. 그런 나는 아버지가 무서워서 애틋한 정도 느끼지 못할 정도였다. 공부를 열심히 하라는 주문이고 끝까지 공부를 시켜 판·검사 같은 법관을 만들겠다는 꿈을 가지신 분이었다. 아버지 성격은 가랑잎에 불붙듯 급했고 인정 또한 남달랐다. 무엇이든지 누구에게든지 잘 베푸는 편이셨기 때문에 가끔은 어머니와 충돌하셨다. 아버지를 친형처럼 따르는 동네 후배가 집에서 함께 저녁 식사를 할 때였다.

"형수님, 김치 맛은 이겁니다."

김치를 한입 가득 우걱우걱 씹으며 엄지손가락을 치켜세우고 하는 소리였다.

"우리 집사람은 영 솜씨가 없어서 파이라, 파이*!"

하며 도리질을 했다.

"여보, 아우에게 김치 한 양동이 퍼줘요."
"아이고, 형님. 지난번 쌀도 한 가마니나…."

아버지가 눈을 껌벅거리자 말을 멎었다. 그분은 내 부모님을 형님, 형수님하고 잘 따르던 사람으로, 부모도 모시고 아이도 여럿인데 직장이 신통치 않아 형편이 어려웠다. 어머니에게 이

---

* 좋지 않다는 의미의 경상도 사투리

야기하지 않고 쌀도 사준 것을 주책없이 터트리니 아버지가 눈을 껌벅이며 신호를 보낸 것이다.

　냉장고가 없던 시절 한겨울 김장은 겨울을 지내는 중요한 먹거리였다. 겨우 내내 먹을 채소로 김장김치가 유일하기 때문에 양식이나 다름없다 하여 정성을 다해 집집마다 김장을 하는 것이 큰 행사였다. 그러니 손이 부어가며 갖은 정성을 다해 해둔 김장을 한통 퍼주는 것도 여자로선 마음이 썩 내키는 일이 아닌데 쌀까지 한 가마니씩이나 사주었다니 기가 막히는 일이었다. 그 일 이후 친형제도 아닌 남에게 과다한 선심을 쓰는 것은 너무 지나치다는 어머니 생각 때문에 며칠간 아버지와 냉전이 계속 되었다. 불이 타고 난 후에는 소방 호스를 대어봐야 효과가 없었다. 싸락눈이 내리는 어느 겨울날 퇴근을 하신 아버지가 벌벌 떨며 통 저고리 바람으로 들어오셨다.

　"이 추운 날 점퍼는 어쩌고 통저고리 바람으로 들어와요?
　"응. ○○이네 집 앞을 오는데 거지 노인이 추녀 밑에 앉아서 깡통에 밥을 먹는데 손이 떨려 입으로 겨우 밥을 떠 넣더라고. 겉옷도 못 입었는데 밤에 얼어 죽을 것 같아서 그냥 올 수가 있어야지….."
　"아깝네. 그 비싼 양털 점퍼를…. 그래도 잘했어요."
　"당신이 보았으면 이불이라도 갖다 주었을걸…."
　"그래서 잘했다잖아요. 아깝긴 해도…."

어머니도 진심을 담은 말이었다.

"예수는 안 믿어도 당신 같은 사람은 천당 갈 거야. 호호."

【휴전 후 이야기】

한 가지를 더 해보자. 둘도 없는 친구 최 형사가 병원에 입원했다. 며칠에 한 번씩 병문안을 다니던 아버지께서 병원이 너무 추워 환자가 지내기 어렵겠다 싶으셨는지 어머니가 없을 때 장롱에 있던 이불 한 채를 메어다 주셨다. 그 이불은 어머니가 시집올 때 외할머니가 목화를 따다가 직접 솜을 틀어서 만들어 준 이불이었고, 시집올 때 너무 많아 친정에 두었던 것을 6·25 때 집이 불에 타자 가져다 놓고 아까워 쓰지 못했던 것이었다. 저녁에 들어오신 아버지가 눈물을 흘리고 계시는 어머니를 보고는 말씀하셨다.

"당신. 이불 때문에 그러는 거지. 그 친구 병실이 너무 추워서 갖다 주었소. 미안해요."
"그래도 그렇지. 할머니가 해 주신 거라 아까워 덮지도 못했는데…흐으윽."
"당신이 반대할 것 같아서…. 미안하오."
"그래도 그렇지. 다른 이불을 사다 주어도 되잖아. 당신이 나를 너무 무시하는 거야. 그 이불 사연도 알면서…."

외할머니께서는 어머니가 시집온 지 얼마 후에 돌아가셨는데, 그 솜이불은 유일하게 마지막으로 외할머니 손길이 담긴 이불이었고 그래서 아끼고 아꼈던 것이었다. 누구라도 아버지가 지나쳤다고 했을 일이다. 그 일로 냉전이 계속되었고 한 달쯤 지나서였다. 술을 평소에 즐기지 않던 아버지가 몸을 가누지 못할 정도로 취해 들어오셨다. 자리에 몸을 부리듯 주저앉으면서….

　"여보. ○홍이가 죽었어. 어린 새끼 셋이나 두고, 처하고 어떻게 살라고 미친놈이 죽었어."

　앞으로 고꾸라지며 오열을 했다. 생전 보지 못한 아버지의 행동이었다. 친구의 죽음에 그렇게 슬퍼할 줄은 몰랐다. 어머니가 아버지 어깨에 손을 얹고는 말씀하셨다.

　"여보. 내가 잘못했어요. 당신 그런 마음도 모르고…."

　한동안 숙연한 시간이 흐르고 아버지가 정좌를 하고 앉으셨다.

　"내가 3일 전에 병원엘 갔었지. 겨우 일어나 앉더라고. 그러더니 이러더구만."

　'환아, 나 오늘 술 좀 한잔 마시고 싶다.'

'응? 자네가 어떻게 술을 마셔? 말도 안 되는 소릴 하네.'

'여보게. 내 마지막 소원이야. 나는 이제 살아날 가망이 없어. 자네도 알지만 난 폐병쟁이이잖아. 병원에서도 내가 가망 없는 걸 알지만 내가 경찰 나부랭이니까 내쫓지 못하는 거야. 기왕에 못 사니 내가 빨리 편하게 죽게 해달라고 사정도 해보았어. 곧 죽을 몸이지만 정신은 말짱하잖아. 어린 새끼들하고 마누라 살아갈 일이 걱정되니까 너무 괴로워. 자네도 알지만 내 주위엔 아무도 없잖아. 그래서 너무 괴롭다고…. 미칠 것 같아. 모든 걸 잊어야 하는데 잊히지는 않고 죽는 건 받아둔 밥상이고. 취하도록 술을 먹고 죽는 게 내 소원이야. 그렇게 눈을 감으면 얼마나 행복하겠어. 내 소원을 들어줄 사람은 이 세상에 자네뿐이잖아. 술 한 잔 마시고 마음 정리하구 오늘 밤은 편하게 자고 싶어.'

평상시에도 그렇게 이야기를 조용히 하며 가쁜 숨을 몰아쉬었다. 어차피 못 살 테고 마지막 소원이라니 그 소원을 안 들어줄 수도 없어 술 한 병과 마른안주를 사서 안주머니에 넣고 들어오셨다. 종이컵에 술을 따라 잔을 마주친 두 사람의 눈물이 주르륵 흐르다가 입으로 가져가는 잔으로 떨어졌다. 다 마시고도 빈 잔을 든 채 서로 마주 보고 있었다. 무슨 경건한 예식을 치르는 듯했다.

"술이 들어가니 기분이 날아갈 것 같네."

죽이나 겨우 넘기니 금세 속에서 요동을 칠 것이다. 그러면서도 기분이 좋다고 하며 석잔 씩을 마셨다.

"환아, 내일부터는 오지마라. 오늘 밤은 편안히 잘 것 같아. 나 좀 뉘어주고 어서 가게. 고맙다."

3일째 되는 날 이상한 예감이 들어 병원에 갔더니 환자는 어제 화장터로 갔다고 한다. 허망하기는 하지만 잘된 일이란 생각이 들었고 경찰서로 서장을 찾아갔다. 죽은 최 형사의 친구라고 서장이 만나주었다. 화장터로 가며 영구차가 경찰서를 한바퀴 돌았고 서장은 구내식당이나 매점 중 한 가지를 미망인에게 마련해 주겠다는 이야기를 했다고 한다.

"저는 서장이 되고 나는 사장이 되라는 놈이…. 흐윽."

죽기 전날 이 세상 가장 가깝고 피를 나눈 형제보다 더 진한 정을 나누는 친구였고, 병이 들기 전 계장 진급도 했다.

"자네 처한테도 죄만 짓고 가는구나. 살지도 못하면서…."

이불을 들어 보이며 미안하다는 소리도 전해 달라고 했다 한다.

"미안해요. 여자 좁은 맘으로 내가 너무 했어요."

어머니도 눈물을 글썽이며 아버지를 위로했다.

기차가 달리니 오는 눈은 눈보라로 변해 갔다. 얼마 후 도착한 수원역에 기차가 정차를 하자 눈보라는 함박눈으로 얌전하게 변해 소복소복 내리고 있었고, 우리는 이불을 등에 둘러싸고 집에서 싸 온 김밥을 먹기 시작했다.

"얼지는 않았다만 너무 차다. 더운물도 없으니 입안에 넣고 죽이 될 때까지 오래 씹어야 한다. 체하면 큰일 난다."

할머니가 씹을 때까지 씹어 한 덩이를 입에 넣고 죽이 될 때까지 씹고 또 씹었다. 이불에 쌓인 눈이 물이 되었다. 한없이 기다려도 기차는 갈 생각을 하지 않았다. 부산이나 목포로 배로 들어오는 병력이나 전쟁 물자를 먼저 올려보내야 하는 때문이었다. 아버지 겉옷은 아주 따듯하여 발만 시릴 뿐 춥지 않았다. 부모의 품을 떠나 본 일이 없어서인지 불안하고 언제 만나게 될 건지 짐작이 가질 않았다. 이 생각 저 생각 하다가 할머니 품에 안긴 채 잠이 들었다. 얼마를 자다가 눈이 떠졌다. 주위는 어둡고 기차는 서 있는 채였다. 눈도 오지 않았다.

"할머니 부산 다 왔어요?"
"으응, 부산은? 아니 밤에 조금 왔는데, 평택이란다."
"왜 기차가 안 가지?"

부산이나 목포에서 배로 오는 전쟁 물자나 군인들을 먼저 보내느라고 그런 거란다. 언제나 부산에 도착할랑가 모르겠다.

나한테 기대서 할머니도 주무세요.

"호호, 그 녀석. 내게 기대면 네가 성하겠니? 오징어 되지. 호호, 앉아서 자다 깨다 했으니 괜찮다. 신통한 녀석."

인자한 웃음을 지으며 내 머리를 쓰다듬어 주셨다. 친할머니 정을 못 느끼고 자란 탓에 할머니의 포근한 정을 느꼈다.

"할머니, 내려가서 오줌 누고 올게요."

"아, 안 된다. 기차가 언제 떠날지 모르는데 여기서 쪼그리고 앉아서 누어라."

내가 멈칫거리자, 이불 한 자락을 들친 채 말씀하셨다.

"어른들도 다 이렇게 눈다. 어서 누어라."

생전 처음 여자처럼 쪼그려 앉아 드럼 사이로 오줌을 누었다. 오줌은 그렇게 누더라도 똥 눌 생각에 걱정이 되었다. 얼마가 지나서 날이 서서히 밝아지더니 동쪽 산 위로 해가 얼굴을 내밀었다. 따사로운 햇빛이 느껴졌다. 해가 떠오르자 남은 김밥을 어제처럼 먹었다. 공장장 수양딸인 세창이 엄마는 품 안에서 녹인 김밥을 조심스럽게 떼어 아이에게 먹였다. 젖을 뗄 때가 되어 잘 나오지 않으니 보충해 먹이는 것이다. 썰린 김밥 서너 덩이를 싸서 세창이 엄마 품속에 넣어주시곤 이젠 밥 대신 생식을 먹어야 한다고 했다. 원래 할머니는 채식과 생식을 하시는 분이었다. 아침 한 끼는 반찬과 함께 식사를 하고 그 외엔 생식을 했다. 가을에 햅쌀을 쪄서 말린 쌀을 두고 한 움씩 입에 넣고 불려가며 앞니로 한 알씩 오독오독 씹는 것이 그 분의 식사 방법이다. 그 다음 식사로는 한 줌의 쌀로 식사를 대신했다. 물과 함께 한 번에 넘길 만큼 한 줌으로 조금씩 입에 넣고 할머니가 하는 대로 앞니로 오독오독 씹는 것이 식사다. 세창이는 엄마가 입 속에서 씹은 쌀을 혀를 내밀어 받아먹었다. 신랑이 죽은 지 1년도 안 된 수양딸이 아이에게 먹이는 모습이 안 되었는지 그윽한 눈길을 보내며 아이를 토닥였다. 물도 없이 찐쌀 한 움큼이 한 끼 식사였다. 다행히 전혀 움직이지 않아서인지 다행히 배고픈 것은 별로 느껴지지 않았다.

기차는 가다 서기를 반복하며 일주일이나 걸려 늦은 오후에 대전역에 도착을 했다. 춥기도 하거니와 먹을 것을 돈을 주고도 구할 수가 없으니 많은 사람들이 내렸다. 찾아갈 곳도 없는 사람들이 객지 피난 생활을 하느라 고되기는 어디를 가나 마찬가지일 테고 기차 위에서 춥고 배고프니 아니 내릴 수도 없는 처지이다.

기차는 잘해야 내일 새벽에나 출발한다는 전갈이 왔다. 기차 위에서 며칠을 지내다 보니 기관사가 아는 정보를 피난민에게 알려주면 앞쪽에서 뒤쪽으로 소식을 전달해 주는 것이다. 앞 아만 있으니 일어섰다 앉았다 하는 운동을 하는 사람들이 있 어 터널을 지난다고 기적을 두 번 울려 주는 것도 모두 알게 되 었다. 할머니와 내가 먼저 내렸다. 철길 옆 좌우에는 상상할 수 없는 진풍경이 펼쳐졌다.

남녀노소 가릴 것 없이 궁둥이를 드러내 놓고 모두 독 오른 얼굴들을 하고 있었다. 며칠 동안 제대로 먹지도 못해 뱃가죽 이 등에 붙어 있으니 버릴 것이 제대로 나올 리가 없다. 모두가 변비 환자가 되었기 때문이다. 정 버릴 수 없으면 빈 드럼통 네 개의 사이에 빈 공간에 버리기도 했지만, 사람들 틈에서 그 일 을 보는 것도 쉬운 일이 아니다. 그러니 참고 참았던 것을 배설 하기 위해 얼굴이 빨개지도록 용을 쓰고 있는 것이다. 그렇게 젖 먹던 힘까지 짜내 밤톨만 한 덩어리 두 개를 풀밭에 어렵사 리 적선하고 올라왔다. 내가 올라온 후, 아주머니는 세창이를 내게 맡기고 어렵게 철사다리를 내려갔다. 어스름이 엷게 깔릴 무렵 열차가 도착했지만 겨울 짧은 해는 이내 칠흑 속으로 사 라져버렸다. 어둠 속에서 "세창아! 명배야!" 하는 소리가 들려 왔다. 할머니 목소리였다.

"할머니! 여기요 여기."

할머니가 우릴 발견하고 올라오셨다. 나만해도 쉽게 오르내 릴 수 있지만 치마를 입은 여자들이나 나이가 든 분들은 일자

곧은 사다리를 오르내리기가 쉬운 일이 아니었다. 남의 도움이 없이는, 특히 첫째 칸을 오르거나 내릴 때는 여간 힘든 게 아니었다. 화물 열차를 처음 탔으니 '아○○○○' 하고 숫자가 적혀 있는 열차 칸 번호를 모르고 내렸기 때문에 여기저기서 부르는 소리가 들렸다.

피난을 가는 사람들이 수중에 돈은 가지고 있을 테고, 열차가 지체 하는 시간이 충분하니 먹거리를 구하러 내려갔던 사람들이다. 할머니는 불린 찹쌀 두 됫박을 사 오셨다. 어렵게 떡집을 찾아갔으나 몰려든 사람들로 떡은 동이 났고, 내일 떡을 한다고 물에 담가 놓은 불린 쌀 두 됫박을 반 말 값을 쳐주고 사정해 사 왔다고 했다. 불린 쌀은 씹기도 편했고 약간 찝찔했다. 겨울이니 쉴 염려는 없어도 소금을 조금 얻어 넣었다고 한다. 생식을 하시는 분위기였기에 떡 쌀이라도 사 온 것이다. 부산까지 하루 이틀에 갈 수도 없고 앞으로 몇 날 며칠이 걸리려는지 모르니 불린 쌀이나마 사 오신 것이다.

【열흘은 먹을 수 있다】
먹지 못해 일어나지도 못하는 사람을 보았기 때문에 불린 쌀이나마 사 올 생각을 한 것이다. 먹을 것이 있더라도 많은 양을 사 올 수도, 두고 먹을 수도 없고 용변 문제도 그렇고 하니 현명한 판단을 한 것이다. 이튿날 날이 밝기도 전에 기차는 출발하여 가다 서다를 반복하여 닷새쯤 후에 대구에 도착을 했다. 해가 떨어지기 전 열차는 도착했고 항아리를 이불에 싼 채 아주머니들이 억센 억양으로 소리를 질러댔다.

　"콩국 사이소! 콩국"
　"뜨끈뜨끈한 콩국 사이소!"
　"콩국? 콩국이 뭐야?"
　"글쎄, 첨 들어보는 소리네. 콩물로 끊인 국인가?"

　중부 지방 사람들로서는 모두 생소한 소리다.

　"뜨끈하다니 일단 먹어보세."

　주위 사람들이 하는 소리다. 먹을 것을, 뜨끈한 것을 판다는 소리도 반가운 소리다. 어른 두 길 쯤 되는 높이니 돈을 내려주면 양은 양재기에 콩국을 담고 통에 넣은 것을 줄로 달아 올리는 것이다. 콩잎을 넣고 구수한 된장을 풀어 끊이고 밥을 한 덩이 넣어 주는 것이 콩국이다. 콩잎이 입안에서 거칠고 뻣뻣한 것 같았지만 씹으면 구수했다. 채 친 두부가 있는 둥 마는 둥 했고 밥이 적은 것이 아쉬웠지만, 주린 뱃속이고 추위에 떨다가 먹으니 맛은 기가 막혔다.

　"저 양반들이 탁배기도 좀 팔잖구. 에이, 장사할 줄 모르네."

옆 사람이 아쉬운 푸념을 토해냈다. 김이 무럭무럭 나는 콩국을 남자들이 지게로 지어 나르고 있었다. 그때 먹은 콩국 맛이 아직도 혀 끝에 감돈다.

"지금 전황이 어떻습니까?"

콩국을 지고 온 남자에게 어느 사람이 물었다.

"아래깨 서울을 인민군 놈들한테 내줬다 카드먼요."

허탈한 표정으로 내뱉듯 했다. 그 소리를 들은 사람들은 서로 마주 보며 할 말을 잊은 듯했다. 그것이 1·4 후퇴였고, 오늘은 해가 바뀌고 1월 6일 쯤 됐다고 할머니가 계산을 하셨다. 다음 날 이른 오후에 기차가 출발했다. 어두워지고도 웬일인지 막힘 없이 잘 달렸다. 달리던 기차가 고함을 질러댔다.

"빼애액, 빼애액"

두 번 울리는 기적 소리는 터널로 들어갈 테니 앉아있으라는 신호였다. 터널은 아주 길었고 속력이 점점 줄어들더니 "칙, 치이익" 하는 소리와 함께 "덜크덩, 덜크덩" 하는 소리가 앞에서부터 들려오며 기차가 섰다. 터널 속이라 덜크덩 거리는 소리는 더욱 크게 들렸고, 화통에서 쏟아져 나오는 무연탄 연기는

금세 터널 속을 채웠다. 숨도 쉴 수가 없을 만큼 연기는 끈적끈
적했고 눈도 뜰 수가 없었다. 눈을 떴어도 아무것도 보이지 않
고 꼭 감은 듯 했다. 말 그대로 암흑천지였고, 지옥이었다.

할머니가 이불로 네 사람을 뒤집어씌운 다음 이불자락을 여
미고는 얼굴을 대고 숨을 쉬라고 했다. 기차도 가려고 발버둥
을 치고 있었다.

"칙칙 폭폭 후우"

그럴 때마다 덜크덩 거리기를 반복했다. 그러면서 더욱 세차
게 뿜어내는 연기로 농도는 점점 더 짙어져 손발도 제대로 못
움직일 것 같았다. 여기저기서 비명 소리가 들려왔다. 차마 배
겨낼 수가 없어 굴 밖으로 탈출하려고 뛰어내리다가 부딪쳐 나
는 단말마와 같은 비명 소리도 들렸다. 연기로 꽉 찬 터널 속은
한 치 앞도 안보이니 무슨 일이 일어나는지조차 알 수 없었다.
기관사들도 젖 먹던 힘까지 다해 기차를 굴 밖으로 끌어내려고
안간힘을 쓰고 있는 모양이다.

"칙, 칙, 폭, 폭, 푸우~"
"덜커덩"

사는 길은 바닥으로 내려가 엎드려 굴 밖으로 나가는 것 뿐

이란 생각이 들었다. 그러나 눈을 꼭 감은 것 같은 어둠 속에서 들리는 단말마의 비명소리는 바닥으로 내려간 사람들이 내는 것이었다. 보이지 않는 공포가 비명으로 인해 더욱 강력해졌다. 결국 어디에도 빠져나갈 곳 없는 칠흑 같은 어둠이었다.

그렇게 목숨을 포기하다시피 한 상태로 30분인지 한 시간인지 모를 시간을 흘려보낸 후, 기차는 다시 서서히 움직이기 시작을 했다. 얼마 후 앞에서 환호 소리가 들려왔다. 이어 콧속으로 사이다 같은 맛이 느껴졌다. 터널을 벗어나고 있었다. 지옥에서 허우적거리다 누군가의 도움으로 빠져나온 것 같았다. 터널 속은 그대로 지옥이었다. 숨쉬기 어려운 고통이 지속되면 죽는 것이 당연한 것이 아닌가. 눈물, 콧물, 재채기가 수없이 터져 나왔다. 무슨 대회라도 치르는 듯했다. 기차도 지친 듯 천천히, 아주 천천히 가고 있었다. 못 참고 내린 사람이 타도록 배려를 하는 것인지도 몰랐다. 좌, 우로는 산들이 짐승처럼 웅크리고 있었다. 하늘에 수많은 별들이 환영해주는 듯 했다. 그 아름다운 별들을 보고 눈물이 주르르 흘러내렸다. 그것이 살았다는 '환희'였나 보다. 그렇게 초롱초롱하고 깨끗한 별을 본 일은 없는 것 같았다. 느낌이었던 것도 같지만 겨울밤 산속에서 보는 별들이 정말 초롱초롱한 것도 사실이다.

구사일생으로 터널을 빠져나오자 사람들은 이성을 되찾고 이번에는 하나 마나 한 고장 원인 분석을 하고 있었다. 경사가 졌기 때문이라느니 전쟁 중이라 정비를 못해서 그렇다느니 피난민이 너무 많이 탔기 때문이라느니 하며 제각기 떠들어댔다.

"어머니, 지옥에서 천당으로 온 것 같네요."

남편이 죽은 지 몇 달 되지 않아 말 수가 없던 세창이 엄마가 감격스러운 듯 하는 소리다. 터널에 자욱했던 그 연기 속에도 화학 성분은 있었겠지만, 현대와 같은 독성이 심한 화학물질이었다면 기관차는 그 자체로 수백 명을 태운 무쇠 덩어리 관이 되었을 것이다.

대구를 출발한 기차는 좀 더 빨라졌고 역에서 지체하는 시간도 별로 길지 않았다. 부산역에 도착하자 사람들은 보름이 넘었다느니 20일이 됐다느니 했지만 정확한 날짜를 아는 사람은 없는 듯했다. 화물차에서 내리니 길 양쪽으로 줄지어 가는 청년들이 전황을 물었다.

"기차에서 20일은 보낸 것 같으니 우린들 뭐 알겠소?"

할머니의 시큰둥한 대답이었고 자기들도 20일이 걸려서 걸어왔고 제주도로 간다고 했다. 그분들은 제주도로 가서 훈련을 받았던 제주도 군번의 소유자들이었다.

우리가 찾아간 집은 서면 로터리 옆에 있는 일본식 이층집이었다. 열려있는 대문을 들어서니 넓은 마당 한쪽에 트럭 두 대가 서 있었고 마당 주변에는 몇십 년 묵은 나무들이 자라고 있었다. 운수업을 하는 집이라는 것도, 부자라는 것도 알 수 있었다. 현관문을 열고 들어서니 40은 되어 보이는 중년 부인이 호들갑을 떨며 맞이했다.

"아이고, 서울 행님 아이라! 피난 오능교."

할머니의 두 손을 모아 잡았다.

"중공군이 쳐들어온다고 제주도로 가자네."
"무지 고상 했네베. 모두 몰골이 영 형편없네."
"화물차 위에서 20일이나 걸려왔네 생쌀 먹으면서."
"아이고야 죽지 않은 게 다행이고라. 아지머이 어서 밥 좀 지으소!"

식모에게 밥을 하라고 했다.

"아고 불쌍한 거. 세창이 어메 어짜노."

세창네를 끌어안으며 울먹였다.

"시간이 가면 차차 잊히겠지. 죽은 사람이 불쌍하지."

할머니가 소파에 앉으며 하는 소리다.

"그런데 저 아는 못 보던 아인데?"

"응. 영감 의형제 아들인데, 지난번 피난 때는 저 애네 고향
으로 피난을 갔었는데 하 고생을 해 이번엔 제주도로 가기로
했네. 중공군도 쳐들어온다니 여기 기다리다 제네 식구, 영감
이 오면 갈라비."

"형님. 여개 있으소 고만. 이 큰 집에 나도 혼자고만."

"제부는 어데 갔나?"

"그 양반이 어데 집에 있는고 어느 여시한테 빠졌능가?"

"그럴 리가 있겠어? 사업하니 바쁘겠지."

이런저런 이야기를 하고 있을 때 푸짐한 밥상이 나왔다.

"밥이 다 된갑비. 우선에 식사부터 하시고 집 나가 왼쪽으로
쪼매 가면 욕탕이 있응께 목욕부터 하시소."

참으로 오랜만에 맛있는 밥을 먹었다. 그런데 로터리를 벗어
나 100m 쯤 되는 여탕 앞에서 할머니와 실랑이가 벌어졌다.

"할머니 전 남탕으로 갈께요."

"어엉. 안 된다. 널 어떻게 혼자 보내우."

"괜찮아요. 아버지하고 다녔는데요."

"그래도 여기선 안 된다."

할머니는 정색 하고 내 손을 낚아챘다. 여탕으로 끌려 들어갔다.

"할머니, 전 목욕 안 할래요. 밖에 나가 기다릴게요."
"이 녀석이 쓸데없는 고집을 부리네. 할머니가 때도 닦아 주어야 해."
"옷을 벗다 말고 내 옷을 벗기기 시작했다."

할머니에게 손목을 잡혀 욕탕으로 끌려 들어갔다. 안개가 핀 듯 공기가 차 있으나 여인네들 나신이 눈앞에 드러났다. 좋기 보다는 그 모습에 숨이 멈출 것 같았다.

"어머머. 네 사나 아이가?"

내 또래 두 아이가 장난을 치다 나를 발견하고 눈을 동그랗게 떴다.

"어머. 머슴아가 미쳤노?"

또 한 계집아이가 내 고추를 보고 소리를 지르며 도망갔다. 할머니는 아무 상관없다는 듯 나를 벽면을 향해 앉혀놓고 몸을 씻어주기 시작했다.

"보소. 와 다 큰 머슴아를 델꼬 여탕엘 들어오능교?"

목소리가 날카로웠다.

"아이가 망측해라."
"서울서 피난 왔는데 혼자 남탕엘 보낼 수 없어서 얼른 씻겨
내보낼게요."

부지런히 날 씻겨가며 하는 소리다.

"남탕에 가면 누가 애를 잡아가능겨? 빨랑 내 보내시오."

또 다른 여자가 내보내라고까지 했다.

"내 자식이 아니고 남의 자식이라 그럽니다. 미안합니다."
"아이고 망측타. 다 큰 사나를 아들이 다 도망가고 난리네."

말을 받아주면서 할머니는 화가 난 듯이 빠른 손놀림으로 머
리도 감기고 때도 닦아 주었다.

"망측타. 여계가 터끼탕인줄 아나베."
"터끼탕이 뭐꼬?"
"여자, 남자 함께 목욕하는 곳이라데"

"그런 곳도 있당가?"

"그럼 여개도 터낀가 토끼탕인가 돼 부럿구먼."

경상도 아지매들은 억양도 세고 목소리도 컸다. 고개를 숙이고 눈을 감은 나는 쥐구멍이라도 들어가고 싶었다. 어차피 엎질러진 물이니 어쩔 수 없다는 듯이 할머니는 더 이상 말대꾸도 변명도 하지 않고 부지런히 나를 씻기고 비누칠을 하고 물을 뿌리고는 탈의실로 나왔다. 몸에 물기를 닦아주며

"혼났구나. 그래도 할미가 닦아줘야지 씻은 것 같지."

"…"

옷까지 다 입혀주고는 밖에 나가 꼼짝 말고 기다리라고 했다. 목욕탕을 나와 가로수 두 개를 지나서 기대섰다. 머리가 덜 말라서인지 오랜만에 깨끗하게 씻어서인지 썰렁하고 시원하기도 했다. 그 소굴 같은 곳에서 나와 더 그랬을 것이다. 눈을 하얗게 떴던 계집아이가 나오며 한대 쥐어 박아주고 싶지만 앙칼진 목소리를 생각하니 오히려 당할 것도 같았다. 목소리처럼 독할 것 같았다. 할머니에게 좀 야속했지만 이내 마음이 돌아섰다.

"남의 자식이라 그렇습니다." 하는 소리가 떠올랐기 때문이다.

길 너머 "땡, 땡, 땡" 소리를 내며 전차가 오고 가는 것이 보였다. 오래 있다 보니 그곳은 전차 종점인 걸 알 수 있었고 '서

면'이란 이름표를 이마에 붙이고 들어오는 것을 보니 그 종점이 서면이라는 것도 알게 되었다. 그렇게 대중탕 소동은 끝이 났다. '남녀칠세부동석'이란 말도 있었는데 내가 눈을 감고 앞을 못 보는 장님 연기를 했다면 그 망신을 당하지 않았을 것이란 생각이 들기도 했다.

66

"아부지, 저 애는 왜 혼자 울어?"

서너 살쯤 되어 보이는 아이가 길바닥에 앉아 우는 것을 보고 한 소리다.

"엉. 글쎄 어른들이 볼일 보러 갔나?"
"무슨 볼일…?"

대답은 궁했지만 눈물, 콧물을 흘리고 울고 있는 아이를 보며 재차 묻는 소리였다.

99

3장

다섯 식구가
세 길로

수원 병점을 지난 국도 변에는 앞으로도 뒤로도 피난민 행렬의 끝이 보이지 않았다. 흰 물결이 아주 천천히 흐르고 있는 듯했다. 어린 아이를 업고, 머리 위에 올려진 짐에 목이 보이지 않고 지게 위에 올린 짐 위에 아이는 지게의 뾰족한 새고자리 부분을 두 손으로 꼭 잡고 있었다. 조금 큰 두 아이는 엄마 손과 아버지 손을 각각 잡고 힘없이 걷는 중이었다. 꼭 필요한 짐만 이고 지고 아이 넷을 데리고 어디론가 피난을 가는 것이다.

　추위를 견디기 위해 옷은 몇 겹씩 입었지만 한데서 잘 것을 대비한 이불 짐이 지게 위에 있을 것이요, 아낙의 머리 위 보퉁이엔 무엇인가 먹을 것이 들어 있으리라. 아버지와 할아버지도 그들의 뒤로 말없이 따르고 있었다.

　"자, 이제 좀 내려놓게. 나하고 교대 좀 하세."

명자를 힘겹게 업고 가는 아버지 팔을 공장장 할아버지가 잡았다.

"조금만 더 갈게요."
"아니야 이제 이틀째 걷는데 시작이야. 몸도 시원찮은데. 병나면 큰일이야. 어서 내려."

아버지는 쪼그려 앉아 멜빵을 벗겨 냈다. 만 세 살이 좀 넘었으니 걸려서는 못 갈 것이고 지고 가야 되겠다는 생각으로 기저귀를 이용해 멜빵을 손수 만든 것이다. 기저귀로 고리를 만들고 아이가 앉을 수 있도록 이어 대어 양다리를 넣고 앉고 윗부분은 양 어깨에 걸치는 것이다. 아이 허리 위에 맞도록 천으로 뒤쪽 두 군데와 앞쪽 두 군데를 꿰매어 가슴팍에서 묶어주면 업혀 있는 아이가 졸아도, 혹 잠이 들어도 안전했다. 그래서 두 분이 교대로 한두 시간쯤 업고 걷는 것이다. 그러나 그나마도 잠시뿐, 멜빵에서 내려놓으면 아이는 고통스러워했다.

"아버지, 궁둥이 아파…."
"으응, 오래 업어서 그러니까 할아버지하고 아버지 손잡고 조금 걸어 보자. 다리 아프면 다시 업구. 으응?"
"응."

두 분이 아이 손을 잡고 걷기 시작했다. 어제 아침부터 그런

식으로 걷는 것이었다. 매일 걸어야 하고, 언제까지 걸어야 할
지도 모르고, 배도 주리고 지쳤으니 피난민 행렬은 느리게 움
직일 뿐이다.

"아부지, 저 애는 왜 혼자 울어?"

서너 살쯤 되어 보이는 아이가 길바닥에 앉아 우는 것을 보고
한 소리다.

"엉. 글쎄 어른들이 볼일 보러 갔나?"
"무슨 볼일…?"

대답은 궁했지만 눈물, 콧물을 흘리고 울고 있는 아이를 보며
재차 묻는 소리였다.

"똥 누러 갔나 보지 뭐…."
"변소도 없잖아…?"
"응. 사람이 있으니까 길 건너 사람이 안 보는 곳으로 갔나
봐."
"아빠, 똥 누러 가면 나도 따라갈 거야."
"냄새나잖아…"
"그래두 따라간다고."
"그래, 그래. 알았어."

아이도 더러 떨어져 울고 있는 아이를 보고 이상한 생각을 한 것 같다. 어린아이뿐 아니라 더러는 나이가 많은 노인이 길 옆에 누워 힘겨워하는 모습도 눈에 띄었다. 다른 나라도 아닌, 동족 간에 싸우는 6·25 전쟁의 잔혹한 참상은 너무도 비극적이었다. 우리 군인과 UN군이 4백만에 가까이 희생당했으니, 길 위에서 얼어 죽고 굶어 죽은 사람은 또한 얼마나 많을까? 5천 년 백의 민족. 당나라, 청나라, 일본에게 조공을 바치고 수탈당하고, 식민지의 핏빛 상처로 얼룩진 나라다. 일본 놈들의 침략으로 36년간, 정확히는 '34년 11개월 19일' 동안 식민지 생활 속에서 당시 2천만이 좀 넘었던 남한 인구 중 400만 명 가까이 희생당했고 얼마나 많은 피눈물을 뿌렸던가?

진주만을 공격하고 일본의 특공대 가미카제가 폭탄을 싣고 미국 함대에 돌진하는 최후의 발악을 하자, 미국 트루먼 대통령의 명령으로 히로시마와 나가사키 두 곳에 세계 최초로 원자폭탄을 투하하기에 이르렀다. 군수품을 만들던 두 곳은 폐허가 되었고 인명 피해도 20만에 가깝다고 한다. 핵무기의 위력은 전 세계에 충격을 주었고 히로히토 일본 천황이 드디어 무릎을 꿇었다.

"일본 제국은 미국의 연합군에 무조건 항복하겠습니다."

1945년 8월 15일 정오의 방송이었다. 만세 소리가 지축을 흔들고 우리나라도 36년 식민지에서 해방되었다. 그러나 미·소 양 대국이 3·8선을 그어 놓았다. 3·8선은 작은 우리나라를 두 동강을 내었고 이북은 공산주의, 남한은 민주주의라는 이념으로 또다시 두 동강으로 나누어 놓았다. 원한의 3·8선. 원인과 동기를 제공한 것은 일본이었다. 3·8선은 한 가닥의 철조망이었지만 동·서독을 갈라놓은 돌담장보다 더 견고했다.

육중한 돌담은 헐렸지만 철조망은 아직도 그 자리를 지키고 서 있다. 그 철조망으로 인해 수많은 인명이 희생되었고 수많은 이산가족의 쓰라린 슬픔도 만들어 놓았다. 녹슬어 없어질 때도 되었건만 아직도 그 자리에 버티고 서 있다. 눈이 오나 비가 오나 바람이 불어도 그 자리를 지키고 있다. 우리 민족의 원한 맺힌 3·8선이다. 전쟁을 일으킨 원흉은 신격화되어 죽었어도 죽은 것이 아니었다. 지금도 금수산태양궁전에서 자고 있을 뿐이다. 3대 세습으로 권력을 물려받은 그 별난 손자는 국민의 생활은 관심이 없고, 제 권좌를 영원히 지키겠다고 핵을 개발하느라 혈안이 되어 있다. 세계 평화를 위협하는 망나니가 되어 간다. 지구상에 영원한 독재자는 없고 독재자들은 비참한 생애를 맞아야만 했다. 그들이 망할 날도 머지않았다. 망하고 싶지 않으면 저들도 변해야 한다.

얼마쯤 걷던 아이는 다리가 아프다며 주저앉았다. 멜빵을 넘겨받은 할아버지가 짊어지듯 아이를 업었다. 공장장 할아버지는 아버지보다 스무 살이나 더 많은 아버지뻘이었다. 아버지도 죄스러운 마음은 들었으나 토굴 생활에서 죽어가던 몸이 회복하지 못한 상태이니 아이를 업고 가는 것은 너무나 힘에 벅찼다. 소금과 깨를 넣고 뭉쳐진 주먹밥을 넉넉히 싸왔기 때문에 허기는 면했지만, 지칠 대로 지친 상태로 3일 만에 천안에 도착을 했다.

시내에 들어서니 국밥집 간판도 보이고 여관 간판도 보였다. 피난을 가지 못하거나 피난을 안 가도 되는 나이 많은 분들이 집을 지키고 있는 것이다. 따뜻한 국밥 생각이 간절했지만 주저앉거나 눕고 싶은 지친 마음이 여관으로 유혹을 했다. 이른 저녁을 마치고 따뜻한 물로 목욕을 하니 피로에 눈이 감겼다.

얼마만인지 모를 시간이 흐른 후, 창호지를 바른 장지문을 두드리는 소리에 잠이 깬 아버지가 일어나 문을 밀었다. 수염도 기르고 60은 되어 보이는 여관 주인장이 소반과 술 주전자를 들고 들어섰다. 아버지가 두 손으로 소반을 받아 내려놓았다. 상 위엔 노랗게 부친 두부와 김치, 빈 공기 3개가 놓여있었다. 주전자를 소반 위에 놓으며 주인장이 가부좌 틀고 앉았다.

"피로가 좀 풀리셨습니까? 집에서 담근 술인데 별 맛은 없어도 고단하실 텐데, 한 잔 하시고 푹 쉬시라고 좀 가져왔습니다."

술을 따르려는 노인장의 주전자를 얼른 받아 든 아버지가 차례로 잔을 채웠다. 냄새도 향긋한 노란 약주였다.

"내가 술을 좋아해서 우리 집사람이 언제나 술을 담가 놓습니다."

"아이고, 고맙습니다. 이렇게 객을 생각해 주시다니 역시 충청도 인심입니다."

할아버지가 허리를 꺾으며 인사를 하자 아버지도 고개를 숙였다. 미지근한 술맛은 달짝지근하고 입에 착착 감겼다.

"그런데 두 분은 부자지간은 아닌 것 같고, 어데로 가는 길입니까?"

"예, 잘 보셨습니다. 저는 '송'가이고, 이 사람은 '김'가 입니다. 우린 의형제 간이고 부산으로 가는 길입니다."

"어이구, 부산으로 그 먼 길을 어찌 걸어갑니까? 집안이라도 있나요?"

"사촌이 그곳에 살고 있는데 먼저 떠난 아녀자들과 그곳에서 만나 제주도로 갈까 합니다."

노인이 빈 잔에 차례로 술을 따르며 말했다.

"제주도까지 피난을 갑니까?"

노인은 놀랍다는 듯이 물었다.

"지난 번 피난 때는 아우 고향 장호원으로 갔었는데 하도 고생을 해서 이번엔 아주 제주도 내 고향으로 가 전쟁이 끝나면 올까 합니다."

"그런데 어찌 가족들이 함께 가질 않고 따로 갑니까?"

이해가 안 간다는 표정으로 다시 물었다.

"예. 이 아우는 민보단 단장 일을 보니 남보다 먼저 피난을 갈 수 없고 나는 회사 책임자라서 아녀자들과 아이들 먼저 보내게 되었습죠….."

"아, 그러시군요. 우리 둘째 아들도 대방동에 살고 있는데 어제 그제 이리도 피난을 왔는데 민보단이라던데….."

"천안도 안전할 수가 없을 텐데요."

"내가 자식 셋인데 얼마 안 떨어진 곳에 사는 딸네 다섯 식구가 오늘내일 여기로 오기로 했지요. 큰자식이 천안에서 쌀 도매상을 하는데 그 차로 열댓 식구가 목포로 떠납니다."

"어르신도 함께 가시겠군요."

아버지의 물음이었다.

"우리 내외는 안 갑니다. 작년에 환갑을 지낸 늙은이를 잡아야 가겠습니까? 길손 잠이나 재워주는 숙박업을 하는 늙은이를….."

들고 보니 인민군이 들어와도 잡혀갈 이유는 없는 노인이었다. 고개를 끄덕이던 할아버지가 어렵사리 제안을 했다.

"돈을 드릴 테니 우리도 그 차로 함께 갈 수 없을까요?"

애원하는 투로 의사를 타진해 보았다.

"두 분은 부산으로 가는 길이라고 했잖습니까?"
"부산으로 가는 길이긴 한데 목포에서 제주도로 갈까 해섭니다. 걸어간다는 것이 캄캄하고 엄두도 나지 않습니다."
"으음. 그렇긴 한데 댁내들이 부산에서 기다릴 것 아닙니까?"
"기다리다 안 오면 제주도로 오겠지요. 최종 목적지는 제주도니까요. 걸어갈 엄두도 안 나고⋯."

노인이 고개를 끄덕이며 말씀하셨다.

"하기야 부산까지 걸어서 간다는 건 어려울 테지요. 더구나 아이까지 딸렸으니 음⋯. 그럼 두 분이 천천히 마시고 계십시오. 듣고 보니 사정도 딱하니 내가 자식한테 가 사정을 알아보고 오리다."

충청도 양반이라더니 후덕하게 생긴 노인이 도와줘야 하는 의무감이라도 있는 표정으로 나갔다.

"아우야, 내 예감이 일이 잘될 것 같은데…."
"네. 저도 그런 생각이 드네요."

고생스러운 피난길을 위로해 주려고 술상을 가져온 영감님의 심성이면 가능할 것이란 믿음을 준 것이다.

"그 차를 타면 더 말할 것도 없이 좋겠는데 제수가 걱정이구나."

걱정스러운 표정으로 한숨을 쉬어가며 하는 소리다.

"형님. 걱정하지 마세요. 하루 만에 대전까지는 갔을 테니 어떻게 되겠지요. 돈도 넉넉히 가지고 있으니…."
"이 사람아 돈이 있어도 그렇지 차편을 구할 수도 없을 테고 여자 몸으로 갓난아이도 딸렸고 사회 경험도 없으니 걱정이지."

걱정이야 당사자인 아버지 마음이 몇 배 더했지만 말을 못 할 뿐이다. 결혼 전에도 체면을 중시하는 어른 밑에서 바깥출입도 못 하며 자랐고, 시집을 와서도 집안일이나 하고 살았으니 세상이 돌아가는 이치를 알 리가 없으니, 어떻게 어려움을 극복해 부산까지 갈 것인지 암담했다. 엄두가 나지 않기 때문에 죽어도 혼자는 안 가겠다고 버틴 연약한 여자였다. 대전에 도착한 후로는 어떻게 됐을까 하는 조바심이 들어 후회도 막심하고 잠도 오지 않았다. 무모한 일이었다고 가슴도 쳐봤으나, 이제는 어쩔 도리가 없게 된 노릇이었다.

"에헴."

인기척을 내며 한참 후에 노인이 밝은 표정으로 들어왔다. 두 분은 긴장한 채 노인을 응시했다.

"내가 가니 마침 딸네 식구들이 도착을 했고, 내일 아침 아홉 시까지 여기로 온다고 했습니다. 두 분 사정 이야기를 했더니 같이 모시고 가겠다고 했습니다. 우리 큰애나 작은애도 돈 얘기는 꺼내지도 말라 합니다."
"정말 고맙습니다. 자손들도 어르신 후덕하신 천성을 닮은 듯합니다. 전쟁이 끝나면 한번 찾아뵙도록 마음속에 간직하겠습니다."

아버지도 방바닥에 양손을 대고 구부려 인사를 했다. 전쟁 중이라 인심도 흉흉하지만 이렇게 아름다운 인간애로 꽃피우는 인정도 있었다. 노인은 아들네 집에서 가져온 듯 조끼 주머니에서 곶감 세 개를 꺼내 놓고 내일 아이를 주라며 일어섰다. 아버지가 소반을 들고 나갔다 오셨다.

"아. 자리에 제수씨가 있어야 하는데, 휴⋯."
"형님, 너무 걱정하지 마시고 푹 주무세요."
"그러세. 잘되겠지 뭐."

이튿날 쌀가마니와 짐이 실려 있는 화물차를 타고 온종일 달려 늦은 밤에 목포항 부근에서 내렸다. 비포장도로를 덜커덩거리며 열서너 시간을 달려서 도착한 것이다. 포장이 쳐진 어둠 속에서 가벼운 이불을 뒤집어쓰고도 벌벌 떨리게 추위와 먼지가 달려들었다. 걸어서 수없이 많은 날을 보낼 것을 생각하면 고맙게 받아들여야 했다. 30~40분은 더 가야 한다니 항구 쪽으로 돌아와 준 것 같았다. 돈은 받지 않을 테고 아버지는 여러 아이들에게 지폐 한 장 씩을 쥐어주고 내렸다. 전쟁이 끝나면 천안 그 여관에 꼭 한번 찾아가야겠다는 다짐을 마음속에 곱씹었다. 그 후덕한 어른을 만나 목포까지 오게 된 것은 천운이었다. 능력도 아니고 운이 좋았기 때문에 단숨에 목포까지 도착했으니 그것이 바로 '천운'이란 생각이 든 것이다. 여관에서 하룻밤을 보내고 이튿날 여객선 편으로 제주에 도착했다. 제일 늦게 걸어서 서울을 떠난 사람들이 교통편이 없는 난리 통에 닷새 만에 제주에 도착한 것이 천운이고 기적이었다.

제주에 도착한 다음 날 서울을 다시 빼앗겼다는 소식을 들었다고 했다. 제일 먼저 떠난 나의 일행은 부산에서 기다리다 제주도로 올 것이라고 판단을 했다고 하셨다. 그때 우리가 탄 피난 열차는 대전도 못 가고 문턱에서 허덕일 것은 꿈에도 상상이 안 되는 일이었고 어머니 행적만 짐작을 할 수 없었다. 하루 전에 목포역에 도착한 어머니와 하루 늦게 목포항 부근에 도착한 아버지가 같은 목포 시내 한 하늘 아래서 하룻밤을 지낸 것은 역시 꿈 속에서도 상상을 못 할 일이었다.

할머니에게 딸려 나를 제일 먼저 보내고 일주일이나 지난 후 차편을 알아보던 아버지는 대전까지 가는 차편의 한 사람만 갈 수 있는 자리에 어머니와 생후 4개월 된 6·25둥이를 태워 보냈고, 이틀 뒤인 12월 31일 공장장 할아버지와 출발을 한 것이다. 아버지 자신도 그렇지만 아이를 낳은 지 4개월 남짓밖에 안 되었고 그간 몸조리도 제대로 못 한 어머니가 아이를 업고 걷는다는 것은 무모한 일이었다. 어머니에게 세 살 난 명자까지를 딸려 보내는 것은 무리라는 판단이 되어 동생은 아버지가 데리고 가기로 했다. 어머니는 혼자서 죽어도 안 가겠다며 아예 여기 앉아서 죽자는 으름장까지 놓았다. 그나마 집에 있던 돈을 거의 다 채워드리고 겨우 차편에 태워 보낸 것이다. 세 사람이 갈 차편을 수소문하다 겨우 한 사람이나마 갈 수 있게 된 것이다. 그것이 우리 다섯 식구가 세 갈래로 흩어져 피난 생활을 하게 된 연유였다.

대전까지 가는 차였으나 조치원을 채 못 가서 고장이 나 길에 서게 되었다. 무슨 부속이 타서 움직일 수 없다고 했다. 고칠 수 있다는 희망은 전혀 없으니 걷는 수밖엔 도리가 없었다. 사람들 틈에 섞여 서너 시간을 걸어 도착한 곳이 조치원역이었다. 멀리 가야 되는 사람들이 행여 기차라도 얻어 탈까 하고 기차역을 기웃거리는 것이다. 역 대합실에 겨우 비집고 들어가 한쪽 자리를 잡고 앉았다. 약간이나마 날리는 눈발을 피해야하기도 했지만, 남으로 걸어가는 행렬을 따라 걸을 자신도 없었다. 2~3일 걸어서 갈 수 있는 길이 아니었고, 20~30일을 걸어서 부산에 간다는 것은 도저히 불가능할 것이란 생각이 들었다. 열차라도 얻어 탈 희망이라도 가져야 한다.

하룻밤 하룻날이 지나갔다. 그동안에 주먹밥 두 개로 지냈다. 대전까지라면 무엇이든지 사 먹을 수 있을 것이라는 생각으로 주먹밥도 세 덩이만 준비해 온 것이다. 대합실 벽에 걸린 시계가 11시를 가리키고 있었다. 두 번째 주먹밥을 아침에 먹었으니 배도 고파 왔지만 참을 수는 있어도 어린애 젖을 먹여야 하니 마냥 굶을 수도 없는 노릇이다. 내일은 나가서 먹을 것을 구해볼 양으로 하나 남은 것을 꺼내 들었다. 사람들은 서로 기대어 졸거나 고개를 숙이고 고주박잠*을 자다 깨다 했다.

---

* 등을 구부리고 앉아서 자는 잠

밥을 입으로 가져가려 할 때 고개를 무릎에 처박고 있던 남자가 고개를 슬그머니 들더니 바른손 등에 왼손을 받치고 어머니 앞으로 내민 채 고개를 숙였다. 기가 막힌 상황이다. 얼마나 배가 고프면 모르는 여자에게, 그것도 주먹밥 한 덩어리를 보고 손을 내밀까? 절반을 떼어 그 남자의 손바닥에 놓아 주었다. 한 번 베어물고 우물거리더니 마저 입에 밀어 넣은 것이 1분도 안 걸린듯 했다. "게 눈 감춘다"는 말이 생각났다.

"고맙습네다. 아주마니. 내레 물 좀 먹고 올끼니 아를 여개 내려 놉세다."

자리를 보아 달란 뜻인데 이북 말씨였다. 인민군에게 들었던 말이라 이북말인 것을 알 수가 있었다. 민간인이 이북 말씨를 쓰니 간첩인가 하는 생각도 들었다. 나이 40은 넘었을 것 같은데 탈영한 인민군도 아닐 것이다.

"물을 잔뜩 먹었으니 이제 좀 살 것 같습네다. 삼 일을 굶었는데 아즈마이가 살래주셨습네다. 고맙습네다."

정중히 고개를 숙였다. 진심으로 고마워하는 것 같았다.

"내래, 북조선 사람이외다. 사상범으로 찍혀 도망 다니다가 전쟁이 나서, 남반부로 도망쳤소. 휴…."

꺼질 듯 한숨을 쉬었지만 이야기를 나누고 싶지는 않았다.

"아주마씨는 어데로 갑니까? 피난갑네까?"

어머니는 고개만 끄덕였다.

"어데까지 가는지 내와 동행하믄 어떻갔소. 내레 처자식이 이북에 있으니 혼자 몸이고 아지마씨도 어린 아 델꼬 혼자니 서로 도우면 좋지 않겠소?"

진심인 듯했다.

"남편이 있는 곳으로 갑니다."

단호한 음성이었다. 같이 갈 수 없다는 뜻도 담겼다.

"아지매 가는 곳까지 같이 가자는 게요. 내레 딱히 갈 곳도 없고⋯."

혼자 몸이니 자기가 보호해 줄 수 있다는 뜻이기도 했다. 얼굴도 시커멓고 깡마른 인상의 남자가 이북 사람이니 무서운 생각도 들었다. 더 이상 대화를 하지 말라는 듯 고개도 돌리고 몸까지 돌려 앉았다. 남자는 고개를 무릎에 올린 채 잠이 들은 것 같았고 아이가 마침 깨어 칭얼거렸다. 대합실엔 지친 피난민이 잔뜩 차 있지만 무거운 침묵이 흐르고 아이가 칭얼대니 안고 밖으로 나왔다. 밖엔 진눈깨비가 조금 내리고 바람도 약간 불었지만 별로 추운 날씨는 아니었다. 진눈깨비를 피해 벽에 기대어 아이에게 젖을 물렸다.

곰곰이 별 생각을 쥐어짜 보아도 그 상황에서 방법이 나올 리가 없는 일이다. 수십 명이 함께 있으니 그 사람들과 함께 있을 수밖엔 없는 것 같았다. 그럴 수밖엔 없는데 옆에 있는 사람이 께름칙했다. 어머니는 제법 많은 돈을 몸속에 지니고 있는 것도 걱정이 되었다. 그 사람이 이북에서 도망 다니다가 전쟁 통에 넘어왔다면 오갈 데도 없을 것이고 돈도 한 푼 없을 것이 확실하니 마음이 불안하기만 했다. 주먹밥을 떼어주지 않고 돌아앉았어야 하는데, 후회해도 소용없는 일이다. 그 당시엔 그럴 수도 없었다. 어쨌든 역사로 들어와야 했다.

아이를 품에 안고 일어서 우연히 철길 쪽을 보니 긴 무개차가 웅크린 듯 서 있고 앞쪽 화통에선 흰 연기가 오르는 것이 희미하게 보였다. 화통에서 연기를 피우고 있다면 살아있는 것으로 생각이 되었다. 가는 것이란 판단을 할 수 있었다. 가면 아래쪽이고 부산으로 갈 것이다. 어둠 속을 헤치고 천천히 다가가 보았다. 레일 하나가 넘어서 있었다. 지붕은 경사지고 문은 닫힌 채 긴 줄이 이어져 있었다. 순간 놀라운 것을 발견했다. 경사진 지붕에 올라갈 일도 없을 텐데 한 칸에 한 곳씩 철사다리가 붙어있고 그 철사다리엔 사람이 매달려있는 것을 확인했다. 언제 왔는지 언제 갈 것인지는 몰랐지만 분명히 아래쪽으로 간다는 확신은 있었다. 아래쪽을 향해 화통이 있고 연기를 피우고 있으니 의심할 것이 없었다. 도적질을 하는 사람처럼 한 칸 한 칸 더듬어 내려가니 사람이 매달려 있고 어떤 사람은 내려서 쭈그리고 앉아 담배를 피우고 있기도 했다. 칸칸이 사람이 있으니 맨 뒤쪽으로 돌아갈 생각을 하고 끝 칸까지 가니 그 끝 칸엔 사람이 보이지 않았다. 철사다리를 두 손으로 잡고 올라가려 했으나 턱없는 일이었다. 주위를 둘러보아도 딛고 올라갈 것이 있을 리가 없다. 다시 안간힘을 다해 시도를 해보았으나 맨 끝 칸에 한 발을 올려놓을 수는 없었다. 아이만 아니라면 될 것도 같았지만 아이를 내려놓고 할 수는 없는 노릇이었다. 앉아서 생각을 해보니 아이를 업고 매달린들 한 시간도 못 버틸 것 같았다. 기저귀 보따리를 끌러 몇 개를 목에 다 걸고 한 장을 가슴 높이에 한쪽 끈을 묶고 발이 닿을 만큼 늘어트리고 또 한쪽 끝을 묶었다. 두 손으로 잡고 끈을 밟고 올라서고 다음 발로 철사다리에 올라선 것이다. 그런 경우를 보고 궁하면 통한다고 하는 말이 생겨났을 것이다. 맨 끝 칸에 올라서기를 성공하자 바른 팔로 철사다리를 감고 목에 걸었던 기저귀로 몸을 묶기 시작했다. 허리에서 어깨를 대각선으로 둘러 아이 궁둥이 밑 다리까지 다섯 장을 다 묶고 나니 손을 놓고도 설 수가 있게 되었다. 바람이 불고 진눈깨비가 내렸지만 다 끝내고 나니 이마에 땀이 났다. 아이와 어머니는 아이가 깔고 덮는 얇은 솜이

불을 머리에 뒤집어쓰고 끈으로 또 묶었다. 기저귀 끈은 소창[*]으로 길이가 2m쯤은 되고 끊어질 리도 없었다. 그 작업을 다 끝내고 나니 살았다는 생각도 들었고, 겨울 밤 열차가 달리면 그대로 동태가 돼 죽을 것 같다는 생각도 들었다. 또 한편으론 이곳 철사다리 주인이 나타나 끌어내릴 것 같은 불안감도 들었다. 집안에서 살림만 하던 연약한 여자가 어찌 그런 일을 할 수 있을까. 극한 상황에 닥치면 있는 힘을 다해 그 상황에서 벗어나려 한다. 에둘러 하는 얘기로 발악이라고도 한다.

칙칙한 밤이니 흐르는 시간을 가늠할 수도 없었다. 한 시간인지 두 시간인지 흘러가고 기적소리도 없이 덜커덩 소리를 뒤로 하며 기차가 출발을 했다. 내일이면 부산에 도착할 텐데 세 살짜리 딸을 데리고 부산을 향해 걸을 아버지가 걱정이었다. 아이는 업어야 할 나이고 아버지 건강은 말이 아니었다. 그런 생각을 하니 가슴이 먹먹했고 자신을 먼저 태워 보낸 아버지가 너무 고맙고 그 큰 사랑에 가슴이 저미었다. 두세 시간쯤 가다가 기차는 어느 역에서 섰고, 한 시간인지 두 시간인지 지나 또 가기 시작했다. 그렇게 철저하게 묶었으니 아이가 칭얼거려도 젖을 물릴 수가 없었다. 몸속으로 스며드는 추위로 몸이 굳을 것 같았지만 아이가 칭얼거리니 살아있다는 생각이 들었다. 오줌을 싸기도 했겠지만 배가 고파 칭얼거린다는 것을 모성 본능

_____

* 이불의 안감이나 기저귓감 따위로 쓰는 피륙

이 알려주었다.

기차가 서 있을 때는 조용하게 자고 있는 것을 보면 하나님이 도와주시는 것으로 생각되었다. 아이가 칭얼대며 울 때는 젖을 손바닥에 짜서 최대한 옆으로 돌린 갓난 아이 입에 대 주었다. 젖 냄새를 맡은 아이가 입에 닿은 젖 묻은 손을 빨았다. 잘 나오지 않는 젖을 계속 짜서 그렇게 했다. 젖 냄새는 나는데 입에 들어가는 게 없으니 아이는 계속 칭얼댔다. 잘 나오지는 않지만 빨리지도 못하는 엄마의 마음은 칭얼대는 아이 마음처럼 저미어왔다. 한동안 그렇게 하더니 아이도 지쳤는지 반응이 없다. 지칠 대로 지쳐 잠든 것 같다. 몇 시간 전 역에서 젖을 먹었으니 잘못될 것 같지는 않았다.

두 번째 섰던 열차는 해가 정오를 가리킬 쯤에 출발을 했다. 기차가 서 있을 때는 조용하던 아이가 출발하고 얼마 안 되었을 때 칭얼거리기 시작했다. 기차가 서 있을 땐 엄마의 체온으로 추위를 모르다 차가 달리면 배도 고프지만 춥기도 해서 우는 것 같았다. 어른도 찬바람이 사정없이 몸을 휘감으니 얼어버리기라도 할 듯 더욱 추운 것을 느꼈기 때문이다. 그 추위를 해결하는 방법은 아무 것도 없다. 아래턱이 털털 떨리니 싸매고 싸맸지만 갓난아이가 추울 것도 알 수 있었다. 그래도 밤보다는 나았다. 힘없는 햇살이라도 내려주었기 때문이다. 칭얼대는 아이를 달래려면 의당 젖을 물려야 했다. 젖은 물릴 수도 없지만 손가락에 묻힐 만큼도 나오지를 않았다. 손가락에 침을 묻혀 아이 입에 대니 아플 만큼 손가락을 빨아댔다. 아이가 빈 젖을 빨며 칭얼거리니 어머니 심장은 갈기갈기 찢어지는 듯 했다.

부산을 다 못가더라도 다음번엔 열차가 서면 내려야 된다는 생각을 했다. 이러다가는 큰 일이 벌어질 것 같은 걱정이 덮쳐왔다. 아이부터 살려야 된다는 절박함 때문이었다. 여기쯤에서는 어떻게든지 살 수도 있다는 생각도 들었다. 부산이 얼마 남지 않았을 것이기 때문이다. 저리기도 하던 다리는 꼬집어도 감각이 없으니 내릴 것도 걱정이었지만 정신도 혼미해지고 있었다.

시간이 얼마가 지나는지 모르는 미궁 속으로 빠져 들어가고 있었다. 이틀 밤을 못 자기도 했고 세 덩이도 안 되는 주먹밥으로 3일이 지나기도 했으니 잠에 취하고 추위에 시달리고 배고픔에 지칠 대로 지친 것이다. 사람의 소리가 들리는 듯 했다. 누군가가 깨우고 있었다. 눈을 떠보니 기차는 멈춰있었다. 눈 앞에 좁쌀 같은 별들이 나타났다. 누군가가 깨우고 있는 듯도 했다. 혼미 속에 정신을 가다듬고 보니 감각 없는 다리를 잡아당기고 때리기도 했다. 밑을 내려다보니 빛바랜 청색 모자와 옷을 입은 사람이 보였다. 한 쪽 손으로 다리를 치기도 하고 빨간 삼각형 기를 들고 다리와 몸뚱이를 때리고 있는 것을 발견했다.

'아, 부산이구나….'

순간적으로 깨달았다. 그 역무원인 듯한 사람이 고함을 치고 있었다.

"정신 차려라. 내려라."

꼼꼼하게 묶었던 기저귀를 한 겹씩 풀고 밟고 올라 설 때 매었던 끈에 발을 걸치고자 했으나 다리가 말을 듣지 않았다. 전연 감각이 없었다. 열댓 시간이나 움직이지 않았던 다리가 마음대로 움직여지지 않았다. 역무원이 한 발을 들어 그 끈에 대 주었고 죽을힘을 다하여 팔에 힘을 주고 땅바닥에 내려섰다. 역무원의 도움 없이는 될 수 없는 일이었다. 내려서는 동시에 몸은 허물어져 내렸다. 그 사람의 도움이 없었다면 어린 아이가 치명적인 위험에 처해졌을지도 모른다. 두 손을 뒤로 짚고 뻗은 다리를 그 남자가 주물러 주기 시작했다. 아버지뻘이나 될 만큼 나이가 지긋했지만 부끄럽고 염치가 없었다.

"됐습니다. 아저씨 고맙습니다."

얼굴이 화끈거리고 홍당무가 되었다.

"어드메서 왔능교?"
"어젯밤 조치원에서 탔습니다."
"어허. 참 얼어 죽지 않았으니 천만 다행이오. 아이가 칭얼대니 저 역사로 우선에 갑시다."

일어서는 것도 걷는 것도 부축을 받으며 역사로 들어와 몸을 벽으로 돌리고 젖을 물렸으나, 젖이 신통치 않게 나오니 계속 칭얼대며 빨았다. 칭얼대는 아이 얼굴을 들여다 보는 어머니의 눈에선 눈물이 흘러 내렸다. 배가 고픈 것을 느끼지 못했지만 아이를 위해서라도 무엇을 먹어야 했다. 밖으로 나와 사방을 두리번거리고 있을 때 60은 넘어 보이는 노인이 무엇인가를 들고 지나고 있었다.

"아저씨. 저어기 말씀 좀….."

노인이 가는 길을 멈추고 다가서자 주소가 적힌 종이를 내밀었다.

"여기를 찾는데요?"

종이를 받아 든 노인이 눈을 찡그리고 보더니,

"부산으로 갈끼오? 제주도로 갈끼오?"
"예. 부산에서 식구들과 만나기로 했습니다."
"여개서 부산으로 가는 차가 있을랑가?"

먼 곳을 바라보며 고개를 갸웃했다.

"여기가 부산이 아닙니까?"

어이없어하더니 물었다.

"어허 여개가 목포역 아닝교."
"목포역."

노인은 간판이 붙어있는 역사를 가리켰다. 간판을 본 순간 눈앞이 캄캄하고 어질어질하여 그 자리에 주저앉았다. 노인은 그런 아녀자의 모습을 보고 그냥 가지는 못하고 주소 종이를 든 채 말을 건넸다.

"기차 타고 왔소?"
"예. 어젯밤 조치원에서 화물차에 매달려 왔습니다."

울음 섞인 목소리였다.

"부산 가는 차를 탔어야제… 목포 오는 찰 탔고망. 쯧쯧."

안쓰러운 표정이었다.

"부산을 단번에 가는 차는 없고 갈아타야 할낀데, 오늘은 차가 없을끼고 내래 안식구하고 밥집을 하고 있으이 우선에 우리집으로 가 봅세다. 바람불어 날도 추워지니."

"…"

훌쩍거리고 울고 대답이 없었다.

"어서 일어나소. 여개서 울고 있다고 부산을 가는 것도 아이고."

오후 시간이라 부산을 가는 차도 없고 밥집이라면 식당이니 힘겹게 일어나 노인을 따라갔다. 얼마 되지 않은 곳에 격자 유리 문짝 네 짝 중에 밥집이란 두 글자가 쓰인 문짝을 열고 들어섰다.

"어여, 들어오소."

겉에서 보기보다는 꽤 넓은 식당이었고, 송판 네 쪽으로 만든 탁자 좌우로 등받이 없는 걸상이 있는 것이 조를 이루고 네 조가 있었다. 때 절은 연륜을 말해 주고 있었다.

"저 아낙은 뉘요?"

한편에 앉아 마늘을 까고 있던 노파가 의아한 눈초리로 물었다.

"음, 서울에서 피난 온 아낙인데 어젯밤 조치원역에서 화물 열차에 매달려 왔다네. 부산을 가는 것으로 알고 탄 것이 목포로 왔으니 우선에 데려왔네."

"아이고, 으쩌나. 열차에 매달려 왔슴 얼어 죽지 않은 것이 다행이라. 쯧쯧, 딱해라 몇 살이고?"

"네 서른 살입니다."

"아이고, 우리 막내딸 나이로구나!"

"밥도 못 먹었을끼니 밥부터 채리주소."

"야! 그리 앉으소."

측은한 표정을 지으며 헝겊을 들치고 주방으로 들어가더니 쟁반에 밥을 차려 내왔다.

"아이는 이리 주고 밥부터 먹어요. 을마나 배도 고플까 쯧쯧."

된장국에 고봉밥을 한 그릇 먹고 나니 살아날 것 같았다.

"밥값이 얼맙니까?"

"밥값은 무슨 밥값이라 안 받을라요."

"그래두 장사하시는 집인데요."

"아이라. 그런 소리 마소."

"그럼 제가 치우겠습니다."

"아이라. 아이 젖이나 멕이소."

아이를 건네주고 쟁반을 들고 부엌으로 들어갔다.

"영감, 예서 부산 가는 차가 있을랑가?"

"모르제. 부산은 안 가봤응께. 바로 가는 건 없을 끼고."

"그란데 신랑은 어쩨고?"

자초지종은 대강 이야기를 했다.

"그람 새댁은 어데로 갈끼라? 여개서 제주도로 갈 수도 있고 부산도 갈 수 있을 낀데."

어데로 가야 할지 종잡을 수가 없었다. 부산에서 만나기로 했지만 걸어서 한 달이 걸릴는지도 모를 일이라고 했던 말이 생각이 나니 아버지가 부산에 언제 올는지 짐작도 못 할 일이다. 제주도로 가는 것은 더욱 더 엄두가 나지 않았다. 그러니 할 대답도 마땅치 않았다.

"그라믄. 영감, 안채방도 점빵 방도 있으니 우선에 우리 집에 덜꼬 있으믄 어떨랑가?"

"이 추운 겨울에 얼라도 형편없는데 덜꼬 헤매는 것도 쉬운 일이 아니구. 아낙이 좋다믄 그리 혀도 돼제."

마도로스 파이프에 담배를 재우면서 하는 소리다.

"새댁 생각은 어떻나? 추운 겨울이나 비켜나든가 전쟁이 빨리 끝나믄 서울로 바로 올라가도 될 것이니 우선에 여개 있으면서 내 일도 좀 도와주고 있으믄 좋겠고만. 서로 좋은 일이 아니라? 내 다리도 허리도 시원찮고"

서로 도와가며 살자는 뜻이기도 했다. 식당이니 일을 도와주며 있으면 미안한 일도 아니었다.

"예. 고맙습니다. 어르신 말씀대로 하겠습니다."
"그래, 그래. 점심때나 좀 바쁘고 저녁 먹는 사람은 몇 안 된께 별로 힘들진 않을끼고만, 술도 팔지 않으니."
"예. 시키시는 대로 열심히 해보겠습니다."
"그라믄 영감. 안에 탄불이 좋을께니 점빵에 불 좀 갈아넣으소. 방 정리 좀 하고 닦아야겠소. 아낙은 아 젖이나 멕이고 있소."
"예."

간밤에 동태가 되기 직전까지 고생을 하며 목포까지 우연히 오게 된 것이 이런 인연이 될 줄은 전혀 몰랐다. 부산이 아닌 목포로 온 것이 더 잘된 일 같은 생각도 들었다. 피난민이 전국 각지에서 몰려 인심이 극도로 흉흉한 판에 이런 인연을 만나게 된 것도 행운이었다. 부엌 끝에 달린 문을 열고 들어가니 이불이 깔려 있고 식자재 같은 것을 두는 용도로 쓰는 방이었다. 안채로 드나드는 방문도 하나 있었다.

"새댁. 좋은 탄불을 넣었으니 금방 따뜻할끼요. 밤새 잠도 못 잤을 테니 한심 푹 자도록 해요."

그토록 대해주니 친정어머니 같다는 생각이 들고 너무 고마워 가슴이 울컥했다.

"제가 불편하니 말씀을 낮춰주세요. 딸처럼 생각해주세요. 저도 어머니처럼 생각하겠습니다."
"오호라. 좋아. 내 딸이라 지금부터 호, 호, 호."

기분 좋아하시는 모습이 친정어머니 같다는 생각이 들었다.

아들은 기차를 탔으니 부산에 가 있을 것 같았으나 딸을 업고 부산까지 걸어올 아버지를 생각하니 가슴이 먹먹해졌다. 땅속 생활로 겨우 살아났고 회복도 안 된 몸으로 혼자 걷는 것도 불가능한 일인데 실한 딸을 업고 부산까지 올 것을 생각하니 이불 속에 누워 있는 것도 죄스럽고 괴롭기만 했다. 내가 얻은 행운처럼 아버지에게도 기적 같은 행운이 일어나기를 마음속으로 빌고 또 빌었다. 그때 아버지는 천안 여관에서 기적이 일어나기 직전이었고, 어머니의 간절한 바람으로 기적이 성사되어 내일 아침 목포로 출발하게 된 것이다. 그래서 그 다음날 목포에 도착하여 항구와 역 부근에서 각각 하룻밤을 보내면서도 만나는 기적은 이루어지지 않았다. 어머니는 간절한 마음을 품은 채 잠 속으로 빠져들었다. 아주 깊은 잠 속으로….

66

할아버지 형님네로 간다고 했으니까 섬을 뒤지면 '송씨네'를 찾을 것 같은 생각이 들었다. 송씨 성은 김씨나 이씨, 박씨처럼 많지 않으니 쉽게 찾을 것 같았다. 문제는 돈이었다. 먹고 자는 것이 문제다. 먹는 것은 얻어먹고 잠은 어느 집 헛간이라도 찾아 들어가자면 될 것 같은 생각이다. 그렇게라도 찾지 않으면 영영 부모님은 못 만날 것 같았다. 나를 잃어버린 세창 엄마는 제주도에 도착을 했을까? 내일이라도 다른 배를 타고 여수 항구로 날 찾아올 것 같은 생각이 들었다. 꼭 올 것 같은 생각이 들자 마음이 좀 놓였다. 내일 여수항에서 기다려 보자는 생각으로 옷깃을 세우고 팔짱을 끼고 눈을 감았다.

99

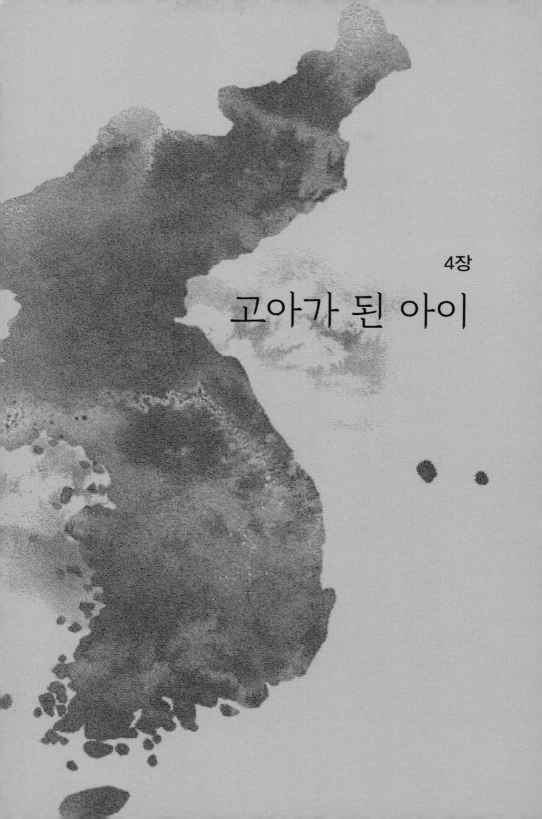

4장

고아가 된 아이

부산에 도착한 지 열흘쯤 되었다. 우리가 서울을 떠난 지도 한 달쯤이나 되었다. 나머지 식구들도 서울을 빼앗기기 전에 떠났을 텐데, 걸어서 부산으로 오고 있는지 가늠조차 해볼 수가 없었다. 답답한 노릇이었다. 할머니가 생사라도 알고자 점집을 찾아갔다. 점괘가 동쪽으로 흘렀다고 한다. 부산이 아닌 목포로, 거기서 제주도로 갔다는 생각이 든 할머니는 친척 집이라도 너무 오래 있는 건 체면 없는 일이라며 세창네와 나를 제주도행 배에 태웠다.

　앞머리를 치켜세운 선수 옆머리에 "갈매기호"란 적힌 화물선이었다. 배의 바닥엔 곡식 가마니가 깔려있고 그 위에 사람이 앉았다. 배 안은 교실보다는 좀 큰 것 같은 생각이 들었고 천장엔 희미한 백열등이 몇 개 매달려 있어 옆 사람을 알아볼 수 있었다. 콩나물시루처럼 박혀있는 사람은 백 명은 될 것 같다는 생각이 들었다. 우리는 문에서 얼마 떨어지지 않은 곳에 선원들의 지시로 자리를 잡고 앉았다. 그 많은 사람들 중 입을 여는 사람들이 없었고 움직이는 몸동작만 보일 뿐이다. 여행이 아니고 고달픈 피난길이니 할 말은 없고 한숨만 피었을 뿐이다. 사람을 더 태울 수가 없어서인지 시간이 되어선지 배가 출항하는 것을 느꼈다.

　생전 처음 보는 배는 신기하기만 했다. 분명히 나무를 잇대고 잇대어 전체를 만들었는데, 물은 왜 안 들어오고, 그 많은 짐을 싣고 사람까지 탔는데 물 위에 떠 있는 것도, 또 배가 가는 것도 모두 신기했다. 아무것도 보이지 않는 망망대해에서 어떻게 제주도를 찾아가는가 하는 것도 신기했다. 깊은 한가운데서 풍랑을 만나면 배가 뒤집히고 가라앉을 것 같은 불안감도 들었다. 궁금증이 꼬리에 꼬리를 물었다. 배 가운데 굴뚝에서 연기가 나오는 것을 보면 기차처럼 석탄을 태우는 것 같긴 했다. 하지만 기차는 물을 끓여 증기의 힘으로 철바퀴가 철길 위로 간다는 것을 배운 기억이 있는데, 배 밑엔 바퀴도 없고 레일도 없는데 배가 가는 것은 아무리 생각해도 알 수가 없었다. 그런 공상과 이런저런 생각으로 얼마인가 시간이 흘렀다. 내 귀에 가느다란 선율이 들려왔다. 그 소리는 어려서 잘 볼 수 없었던 깽깽이* 소리였다. 소리 나는 곳으로 고개를 돌려보니 바이올린

---

* 바이올린

을 켜는 사람과 그 당시 시커먼 안경*을 낀 사람이 서 있었다.

고개를 왼쪽으로 꼰 채 바이올린 소리가 청아하고 은은하게 울려 퍼지자 무거운 침묵 속에 잠겨 들었던 사람들은 모두 그 두 사람에게 눈이 쏠렸다. 연주에 맞춰 선글라스 청년이 노래를 부르기 시작했다.

"바암 비는 부슬 부슬 지향 없이 내리는데 향수에 젖은 몸이…."

노래 1절이 끝나고 간주가 나오더니 2절을 부르기 시작했다. 바이올린 소리와 가냘픈 음색은 천상의 조화였다. 가슴 속에서 눈물이 솟구치는 듯 요동을 쳤다. 노래가 끝나자 두 사람이 고개를 깊이 숙여 인사를 했다. 요란한 박수 소리와 환호성이 터져 나왔다.

"재청이요~!"
"휘이익—"

휘파람 소리도 들렸다. 선내는 죽었던 사람들이 살아난듯했다. 음악의 힘은 대단했다. 터지는 환호 속에 허리를 굽혀 다시 인사를 하고 바이올린 청년이 바이올린을 두 손으로 치켜들고

---

* 선글라스

장내를 진정시켰다.

"여러분 감사합니다. 일찍이 이처럼 뜨거운 성원을 받아 본 일이 없어 가슴이 터질 것 같습니다. 여러분의 아픈 마음으로 알겠습니다. 우리 두 사람은 친구 사이로, 보시다시피 이 친구는 앞을 못 보고 저는 한쪽 다리가 불구입니다. 전쟁이 나기 전 우리는 술집을 전전했고, 전쟁이 나니 군에도 가지 못하고 이렇게 후방으로 흘러와 집시 생활을 하며 살아갑니다. 여러분이 가시는 피난길에 조금이라도 위안이 되었으면 좋겠습니다. 잠시 여수에 정박하고 제주까지 여러분과 함께 하겠습니다. 감사합니다."

사람들은 열렬한 환호를 보냈다. 그들이 인사를 하고 자리에 앉자 여기저기서 지니고 있던 먹거리를 사람이 전달했다. 그들은 주위에 있는 어린 아이들이 눈에 띄자 먹거리를 나누어 주었다. 나와 세창이에게도 과자를 좀 주었다. 그럴 즈음 해 배는 여수항에 정박을 했고 몇 사람이 오르고 내렸다. 과자를 먹은 아이가 물을 달라고 조르기 시작했다. 엄마가 물병을 쥐고 일어나려 할 때

"제가 떠 올게요."

내가 물병을 받아 들자,

"선실 옆으로 가면 물을 뜰 수 있을 거야. 아저씨들한테 물어보거라."

"예."

선실 밖을 나오자 좌우로 복도가 있었다.

"아저씨 물 좀 뜨려고 하는데요."

짐을 나르는 사람에게 물었다.

"짐이 쌓여서 물을 못 뜨는데, 밖으로 나가야 될 거다."

두껍고 넓은 송판이 배와 땅에 놓여 있는 곳으로 나갔다. 사방을 둘러보아도 물을 뜰 수 있을 만한 곳은 없었다. 200m쯤이나 되는 곳에 도로가 있고, 도로 건너편에 집들이 보였다. 한 손에 물병을 든 채 그곳으로 뛰어갔다. 죽 늘어선 단층 건물은 가게였으나 장사를 하는 것 같지는 않았다. ○○식당이란 간판은 달렸으나 난리가 나서인지 사람은 보이지 않고 썰렁하기만 했다. 점방 앞엔 이불로 둘러싼 동이를 끌어안다시피 한 아주머니들이 머리에 수건을 쓰고 팔짱을 낀 채 지나는 사람들을 살피고 있었다. 점방에 사람이 보이지 않자 아주머니에게 물병을 보이며 말했다.

"물 좀 한 병 주세요."
"이 죽을 파는데 물이 있나?"

어른 옷을 입고 물을 달라고 하니 이상한 눈길을 보냈다. 여러 개의 점방을 지나 사람이 있는 곳에 들어가 물 한 병을 겨우 얻었다. 숨이 턱에 차도록 뛰어 배가 섰던 자리로 왔다. 배 댔던 자리가 물에 표시가 날 리가 없고 선수 옆에 써진 '갈매기호'만 찾았다. 서로 다른 배 몇 척 중에 갈매기호는 보이지 않았다. 귀신이 곡할 노릇이었다. 배가 정박할 때 굵은 밧줄을 걸어 놓은 철주에 앉아 담배를 피우는 사람에게 물었다.

"아저씨 갈매기호가 어디 있지요?"
"어응, 갈매기호…? 저어기 가는구나, 왜?"

연기를 하늘로 쏟아내며 저 멀리 가고 있는 배를 손으로 가리켰다.

"'갈매기호'라구 제주도 가는 건데요?"

가는 배를 바라보며 울음 섞인 목소리로 발을 동동 굴렀다.

"배 떠날 때 고동을 울리는데 그걸 몰랐니? 왜 내렸는데?"
"물 뜨려고 내렸어요. 아앙…"

"허어, 큰일이고망, 좀 기다려 보래이."

아저씨가 사무실인 듯한 곳으로 달려가자 금테 두른 모자를 쓰고 정복을 입은 사람이 나팔을 들고 잰 걸음으로 나오더니 배를 향하여 나팔을 불기 시작했다. 목에 심줄이 튀어나오고 얼굴이 시뻘개지도록 나팔을 불어댔다.

"휴, 바람을 안고 가니 못 듣네."

모자를 벗어 든 그 사람 대머리에선 김이 나고 있었다.

"배를 첨 타니 뱃고동 소리를 몰랐겠지?"

그럴 수 있을 거라고 고개를 끄덕였다.

"제주도 가는 밸 태워주면 되겠니?"
"제주도 첨 가요….."
"그람 주소라도 있니?"
"없어요."
"그라믄 내도 어쩔수 없어."

항구의 책임자라도 더 이상 어쩔 수 없다며 가 버렸다. 아무리 전시라고 하지만 인정머리 없는 사람이었다. 하기야 제주도 주소도 모르고 피난민 아이가 고아가 되었으니 집으로 데려 가기 전엔 무슨 대책이 없긴 하다. 해가 막 바뀌었으니 열한 살이 된 아이가 천리타향 여수 항구에서 혼자되었으니 그 아이 또한 무슨 대책이 있을 리 없다. 대책은 우는 방법밖에 없는 노릇이다.

바다에 물길만 남겨놓고 가는 배는 점점 멀어졌다. 연기로 동그라미를 하늘로 날리고 동그라미는 점점 커지며 공중으로 사라졌다. 그 주위로 갈매기가 맴돌고 있었다. 절벽 위에 선 것처럼 막막하니 엉엉 울기만 했다. 손이 시렸던지 아버지 옷 속에 넣은 두 손으로 병을 잡고 점점 사라지는 배를 향하며 울기만 했다. 몇 시간을 목 놓아 울어도 아무도 관심 갖는 사람이 없었다. 배가 자주 들고 나고 해야 사람이 있을 텐데, 드나드는 배가 없으니 조그만 항구에 더구나 바닷바람이 쌀쌀한 겨울 항구에 사람이 있을 리가 없다.

몇 시간을 울고 나니 목도 아프고 눈물도 거의 나오지 않았다. 우는 것도 힘든 노동인가 보다. 짧은 겨울 해가 넘어가며 배 떠난 자리에 노을이 사라지니 안개처럼 어둠이 내리고 있었다. 어둠이 짙어지니 바닷물도 먹빛으로 변해 갔고 막막했던 것이 무서움으로 변하기 시작했다. 길 옆으로 늘어서 있는 단층집 점방에도 드문드문 불이 켜져 있는 것이 눈에 들어왔다. 무서움과 쌀쌀한 밤바람이 몸속으로 스멀스멀 기어드는 듯했다. 사람 모습도 보이지 않고 바다 쪽에서는 무서운 소리가 들리는 듯했다. 불빛이 보이는 곳으로 걸어갔다. 드문드문 앉아 있던 죽 장사 아주머니들도 보이지 않았다. 조그만 항구 도시는 어둠이 찾아오자 돌아가던 기계가 멈춘 듯 움직임이 없었다. 죽은 듯 조용했다. 바람 소리만 들렸다. 양손을 옷 속에 넣은 채 사람도 차도 없는 길을 걸어가는 아이의 모습은 펭귄 같기도 하고 팔 없는 허수아비가 걸어가는 것 같았다.

점포가 끝나니 완만한 경사를 이룬 산자락으로 마을이 이어졌다. 파출소라도 찾아보려 했으나 보이지 않고 불빛 없는 마을이 나타나 올라가 볼 수밖에 없었다. 집집마다 문은 닫혀있고 울타리 안으로 불빛이 더러 보였다. 춥고 할 일이 없으니 이른 저녁을 먹고 이불을 뒤집어쓰고 있는 모양이다. 문이 열려있는 집이 있으면 하룻밤 재워달라고 할 작정이었다. 날씨가 쌀쌀하니 길거리에선 잘 수가 없는 노릇이다. 그저 느릿느릿하게 이리저리 걷기만 했다.

어느 집 앞을 지나니 사랑채 같은 건물에 아궁이가 있고 아궁이 속에 불빛이 보였다. 건물 옆으로 제법 큰 대문 두 짝이 있고 그 옆으로 건물이 이어져 있는 꽤 큰 집이었다. 불빛이 보이는 아궁이 위 부뚜막에 큰 가마솥이 걸려있고 나무 뚜껑 사이로 나는 김이 쇠죽 냄새였다. 군불을 땔 겸 쇠죽을 쑤는 것이다. 부뚜막에 기대있는 고무래로 불씨를 끌어내고 그 앞에 앉아 있으니 아주 따뜻했다. 건물이 바닷바람도 막아주었다. 따뜻하니 배가 고팠다.

엄마, 아버지 생각하고 부르며 종일 우느라 배가 고픈 것도 그제서야 느꼈다. 뱃속에서 꼬르륵 소리가 났다. 가마솥에 덮인 나무 뚜껑을 옆으로 밀치니 수증기가 얼굴을 덮쳤다. 구수한 내음인 듯 지릿한 내음인 듯한 냄새가 났다. 손가락으로 국물을 찍어 입에 대 보았으나 먹을 수 없는 맛이었다. 증기가 걷히자 콩깍지와 짚이 보였다. 하늘 높이 바람은 불어도 날은 맑아 별들이 보이고 있었다. 부지깽이로 이리저리 뒤져보았다. 아무리 뒤져보아도 메주콩 같은 큰 콩은 보이지는 않았다.

전쟁 나기 전에 할아버지는 여름내 밭갈이, 논갈이 쓰레질, 마차로 짐을 나르기를 하는 소에게 겨울 농한기에 영양가 있는 쇠죽을 배불리 먹여 털이 반들반들 윤기가 나고 엉덩이가 투실투실 살이 붙게 하셨다. 콩을 대충 타작하고 콩깍지와 고운 쌀겨를 함께 받아놓은 뜨물에 넣고 삶아 소죽을 끓여 먹인다. 다음 농사를 위하여 쇠죽을 쑤면, 메주콩 같은 콩이 드문드문 섞여있고 냄새도 구수하다. 장호원에서 보았던 일이다. 다른 사람들도 다들 그러는 줄 알았다.

그 생각으로 열심히 콩을 찾았으나 한 톨도 찾지 못했다. 너무 실망스러웠다. 반들반들한 부뚜막에 올라앉아 벽에 등을 대었더니 등도 엉덩이도 따뜻했다. 집이 바람도 막아주었다. 아버지 옷 안주머니에 넣었던 병을 꺼내 물을 한 모금 마셨더니 종일 울었던 목이 부어 잘 넘어가지 않았다. 고개를 뒤로 젖히고 조금씩 물 한 병을 다 마시고 나니 배고픈 것이 좀 가라앉는 듯했다. 팔짱을 끼고 하늘을 보니 크고 작은 수많은 별들이 반짝이고 있었다. 그 별 속엔 아버지, 어머니, 동생들 얼굴이 차례차례 떠올랐다. 어머니, 아버지, 동생들은 어디에 있을까? 내가 이렇게 혼자 떨어진 것도 알지 못하시겠지.

그립고 보고 싶었다. 메말랐던 눈물이 볼을 타고 한없이 흘러내렸다. 나는 이제 어떻게 해야 하나….

"제주도로 가 볼까?"

금테 아저씨에게 사정을 하면 배는 태워줄 것 같았다.

'제주도는 섬이니 그까짓 게 얼마나 크겠나.'

할아버지 형님네로 간다고 했으니까 섬을 뒤지면 '송씨네'를 찾을 것 같은 생각이 들었다. 송씨 성은 김씨나 이씨, 박씨처럼 많지 않으니 쉽게 찾을 것 같았다. 문제는 돈이었다. 먹고 자는 것이 문제다. 먹는 것은 얻어먹고 잠은 어느 집 헛간이라도 찾아 들어가자면 될 것 같은 생각이다. 그렇게라도 찾지 않으면 영영 부모님은 못 만날 것 같았다. 나를 잃어버린 세창 엄마는 제주도에 도착을 했을까? 내일이라도 다른 배를 타고 여수 항구로 날 찾아올 것 같은 생각이 들었다. 꼭 올 것 같은 생각이

들자 마음이 좀 놓였다. 내일 여수항에서 기다려 보자는 생각
으로 옷깃을 세우고 팔짱을 끼고 눈을 감았다.

아버지 내음이 나고 눈물이 또 흘러내렸다. 이럴 것을 생각하
고 옷을 벗어준 것도 같다. 그러면서 잠 속으로 빨려 들어갔다.
세창이 엄마가 뱃전에서 손을 흔들며 가고 있는 배에 타라고
울부짖고 있었다. 꿈이었다. 무슨 소리가 들려 잠이 깼다. 눈
을 떠보니 부뚜막에 두발을 올려놓은 강아지가 낑낑거리는 소
리다. 꼬리를 살래살래 흔들고 있는 중간 크기의 강아지다. 순
간 잠은 달아났지만 희한하다는 생각이 들었다. 이 집 강아지
인 것 같았으나 짖지 않고 꼬리를 흔드는 것은 경계하지 않고
반갑다는 표시다.

개는 모르는 사람을 보면 짖는 법이다. 더구나 밤이라면 낯선
자가 나타났다고 주인을 깨우느라 맹렬히 짖는 것이 개의 본능
이다. 도둑은 아니라서인지 반갑다니…. 이상한 놈이다. 올라
오겠다는 몸짓이란 생각이 들어 두 앞발을 잡아 끌어 올렸다.
개가 내 품에 안겼다. 끌어안자 복실복실한 털이 얼굴에 닿아
부드럽고 따뜻했다. 좀 비릿한 냄새는 났지만 부드럽고 따뜻해
훈훈하게 느껴졌다. 머리를 쓰다듬어 주니 눈을 감고 잠이 들
었다. 추운 아이를 위해 하느님이 보내 주신 것 같다. 시골에
서는 흔히 마루 밑이나 부엌이 개집이었다.

어디선가 자다가 추워서 따뜻한 부뚜막을 찾아와 보니 낯선
꼬마가 그 자리를 차지하고 있어서 같이 자기로 한 것 같다. 어

린 꼬마이니 경계는 하지 않은 모양이다. 추울 때는 문지방 밑으로 기어 나와 부뚜막에서 자기도 하는 놈인 것 같았다. 아이도 함께 잠이 들었다. 얼마인가 시간이 지나자 강아지가 낑낑거리고 바둥대 잠에서 깨어났다. 내 품에서 뛰어내린 녀석이 두 발로 대문을 긁어대며 또 낑낑거렸다. 나무 빗장을 밀어내는 소리와 함께 "삐그덕" 하고 한쪽 문이 열리자 바지저고리 노인이 큰 기침을 하며 나타났다. 개는 반가워하며 기어오르고 노인은 허리를 구부리고 강아지 머리를 쓰다듬었다.

"우웅, 순둥이구나 또 부뚜막에서 잤고망."

그러다가 눈길이 내게로 왔다. 날도 완전히 밝지 않은 새벽에 부뚜막에 있는 아이를 보고 놀라는 표정이었다.

"으…으…, 네는 누구라?"

부뚜막에서 내려온 아이가 꾸벅 절을 하고는 벌벌 떨면서,

"어젯밤에 개하고 여기서 잤어요."

아이는 벌벌 떨고 있었다.

"뭐라? 이 추운데 한데서 잤다고?"

"네."

노인은 아주 놀라는 표정으로 재차 물었다.

"집은 어데라?"
"서울이요."
"서울. 네 혼자라?"

도저히 이해할 수 없다는 표정이었다.

"제주도 가는 밸 탔었는데 물 뜨러 내려왔다가 오니까 배가 떠나버렸어요. 으 으아앙."

말끝을 맺지 못하고 벌벌 떨며 울음을 터뜨리자 노인도 울 것 같은 표정으로 다가와 아이 손목을 잡고 집 안으로 들어갔다. 집은 사랑채와 대문을 좀 지나 소 외양간 그리고 광이 붙어 있었다. 대문에서 마주 보이는 댓뜰 높은 안채가 있는 꽤 큰 집이었다. 댓뜰 위에도 사랑채 앞에도 애, 어른 고무신이 수도 없이 많은 것을 보니 객지에서 자식들이 피난을 온 것 같다.

"아가···."
"예. 아버님."

부엌에서 불을 때던 젊은 여자가 앞치마를 두른 채 일어서며 있다. 손에 잡힌 아이를 보고 놀라는 표정이었다.

"아버님. 그 애는 누구예요?"
"제주도 피난 가는 길인데 물 뜨러 내리왔다 배에서 떨어졌다누만. 어젯밤 순둥이 놈하고 한데서 잤다는구만, 불 좀 쪼이고 따뜻한 것 좀 멕이그라."
"예."
"어째야 될랑가. 이야기도 좀 드러보래이, 에이 잡노무 새끼들 웬 난리를 쳐갔꼬 이란 꼴을 보고 살다니. 에…이."

가래를 돋우며 나갔다. 소죽을 주려고 일찍 나온 노인이었다. 벌벌 떠는 내 손을 잡고 아궁이 앞으로 가 쪼그려 앉았다. 불 앞에 앉아서도 벌벌 떨었다.

"너의 부모들이 얼마나 애간장이 탈까? 몇 살이니?"
"네. 열 살, 아니 열한 살이에요."
"해가 바뀌었으니 열한 살이 됐구나. 집은 서울 어디냐?"
"구로동이요."
"우리도 서울 위쪽 의정부에서 피난을 왔단다."

벌벌 떨어대는 나를 꼭 껴안아 주었다.

"한데서 잤으니 얼마나 추웠을까? 아이구, 불쌍해라. 얼마나 울었으면 목도 그렇게 쉬었니. 아이구, 이를 어째."

울음 섞인 목소리였다.

"눈도 뚱뚱 부었구."

눈물을 흘리는 내 얼굴을 앞치마로 훔쳐 주었다. 자식을 키우는 엄마 마음이었다. 반질반질한 가마솥 뚜껑을 옆으로 밀치고 국물을 두어 국자 뜬 사발을 내 무릎에 올려놓고 수저를 내밀었다.

"뜨거우니까 조금씩 떠서 먹어봐. 목이 부었으니 뜨거운 국물로 지져야 해."

수저를 잡은 손이 벌벌 떨렸다. 조금씩 떠 목에 넘기니 잘 넘어가지는 않지만 목구멍은 시원했다. 고개를 숙인 내 얼굴에서 그릇이 뜨거울까 봐 한 손으로 잡고 있는 아주머니 손등으로 내 눈물이 떨어졌다. 고마운 눈물, 뜨거운 눈물이었다.

"흐…흑…"

나를 바라보던 아주머니도 고개를 숙이며 울음을 삼키고 있

▲ 개다리소반

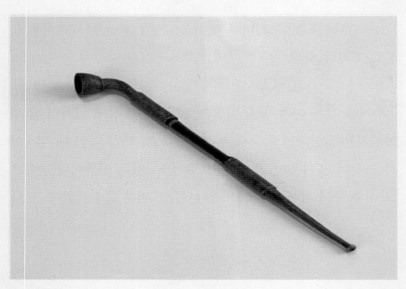

▲ 곰방대

었다. 국물 몇 숟갈을 넘기는 것을 보고 물었다.

"목이 좀 시원하니?"
"…."

내가 고개만 끄덕였다. 다정한 목소리였지만 울음이 묻어났다. 된장을 풀어 시래기를 넣고 끓이는 죽 국물은 목으로 넘기니 구수하고 시원했다.

"몇 학년이니?"
"오학년이요."
"아줌마 딸도 이학년인데…."

슬프게 하지 않으려는 듯 음성이 좀 쾌활해졌다.

"그 옷은 아버지 옷이냐?"
"네. 기차 위에 탔을 때 입고 있으라고 벗어 주셨어요."
"부모 마음이었으니 한데서 잘 걸 아셨나 보다. 그 옷이 없었더라면 어떻게 견뎠을까? 하…아."

죽이 다 끓었다며 한 그릇을 퍼 개다리소반에 놓아주었다. 내가 죽을 먹는 동안 마루에 놓인 상에 수저도, 그릇도 가져다 놓고 죽을 큰 양푼에 퍼 담아 옮기고 했다. 죽을 다 먹고 부엌을 나오는데 할아버지가 곰방대를 물고서 계셨다.

"무얼 좀 먹었니?"

"하도 추워하길래 먼저 죽 한 그릇을 먹었어요."

따뜻한 시래기 죽 한 그릇에 추위도 달아나고 배도 불렀다.

"왜 아침부터 죽이냐?"

"쌀도 좀 아끼고 아무 할일도 없으니 저희는 아침에 죽을 먹어도 괜찮아요. 아버님, 어머님 식사는 따로 지었어요."

"아이들은 죽을 싫어한다. 밥은 아이들 주고 아침이니 내도 죽을 먹을란다."

"네."

"니는 어쩔라꼬?"

나를 바라보며 하는 소리다.

"부두에 나가볼라구요."

"어. 누가 올 것 같냐?"

"네."

"오. 그런 생각을 했고망. 근데 이렇게 일찍은 배가 안 오니라. 간밤에 떠나랴 잠도 못 잤을끼고 할아버지 방에서 한심 자그레이. 배 들어올 시간 되믄 내 깨워줄끼다."

사랑방은 담배 냄새가 지독했지만 할아버지 잠자리였던 아랫목은 적당히 따뜻했다. 옷을 벗은 채 이불 속에 들어가니 따뜻한 정겨움에 금세 그대로 잠으로 빨려 들어갔다. 추운 겨울 밤한데 앉아서 잔 잠이 표시가 나는 것이다.

그렇게 아침이 밝았다. 곰방대를 물고 있던 할아버지께서 말씀하셨다.,

"깨울라 했는데 일어났고망?"

할아버지가 조끼 주머니에서 지폐 한 장을 꺼내주셨다.

"점심 때 밥을 사 먹으래이. 부두 옆에 죽 장사 있는 것도 보았지?"

나는 받지 않고 머뭇거렸다.

"어서 받으라. 점심 사 먹구 저녁에는 집으로 돌아오너라. 네가 안 오면 누게 데려간 줄 알끼라."

두 손으로 받으며 고마운 마음이 어딘지 눈물이 울컥했다.

"허…어. 사내 녀석이 눈물이 흔하믄 못쓰느니라."

일어나서 큰절을 하고 밖으로 나갔다.

"한숨 잤니?"
"네."
"부두에 나가보려구?"
"네."
"아저씨한테 네 얘기를 했더니 자는 너를 한참 들여다보고 나가셨다. 잘 데리고 있다가 너의 집에 데려다 준다고 했어. 고향으로 피난을 오니 매일 고향 친구들과 어울리느라고 나가셨다. 이따 저녁에 오거라."
"네."

꾸벅 절을 하고 집을 나갔다. 순둥이 녀석이 꼬리를 살래살래 흔들며 따라 나왔다. 부뚜막엔 어제 먹었던 빈 물병이 그대로 있었다. 부두는 참 초라하고 보잘것없었다. 이상한 냄새도 났다. 조그마한 배 두 척이 밧줄에 매인 채로 서 있고, 좀 떨어진 곳에 폐선인 듯한 조그마한 고깃배가 뭍에 비스듬히 놓여있는 것이 전부였다. 얼마 후에 "뚜우우우…우 뿌우우우…웅" 하며 연락선이 들어오고 있었다. 몇 사람이 타고 내리더니 배는 고동을 울리며 서서히 떠나갔다. 세창이 엄마가 보이지 않으니 제주도에서 온 배가 아닐 것 같다는 생각이 들었다.

배가 고파 오니 점심때가 된 것 같다. 주머니에 지폐를 만지

작거리며 길옆으로 나왔으나 저녁을 먹어야 되겠다는 생각으로 발길을 돌렸다. 어제의 반대 방향으로 올라가 보았으나 동네는 금세 끝이 났다. 부두로 돌아와 앉았다 일어났다 하며 종일 기다렸다. 화물선 두 척이 들어와 짐을 내리고, 실은 후 고동 소리를 울리며 떠나갔다. 배가 들고 날 때 고동 소리를 울리는 걸 알았으나 눈물은 다 말랐는지 나오지 않았다. "사내 녀석이 눈물이 흔하면 못쓰느니라." 하시던 할아버지 목소리가 들려서인지도 모른다.

바다엔 어제처럼 노을이 지고 오후 늦게 들어온 배가 마지막이었는지 목에 수건을 두른 하역 인부들이 부두를 나가고 있었다. 아이도 퇴근을 해야 했다. 어제는 갈 곳이 없었지만 오늘은 갈 곳이 있었다. 팥죽이나 한 그릇 사먹고 갈 생각이었다.

"애야."

위에서 누가 부르는 소리가 났다. 나를 부를 사람은 없었지만 천천히 걷던 몸이 뒤로 향했다. 장화를 신고 키가 큰 청년이 손짓을 하며 다가왔다.

"너. 누구 기다리는 거냐? 부두에서 종일 오락가락하던데?"
"세창이 엄마요…."
"음. 세창이 엄마가 누군데…?"

"나하구 같이 제주도 가던 아줌마요."

"같이 제주도 가던 아줌마? 왜 너 혼자 여기 있어?"

"어제 물 뜨려구 내려왔었는데, 저 어기 아래까지 가서 물을 얻어 가지구 왔는데 배가 떠나버렸어요. 흐으윽."

어제 그 생각을 하니 왈칵 눈물이 나왔다. 물을 떠온 쪽을 손으로 가리키며 말을 끝내며 울음이 터져 나왔다.

"저런 그럼 부모는 없니?"

"엄마. 아부지 다 있구. 우리 아버지가 민보단 단장이라구요."

부모가 없느냐는 소리에 '민보단 단장'이라는 목소리가 커졌고, 아이는 울음이 또 터져 나왔다. 아저씨가 쭈그리고 앉아 안됐다는 표정이었다.

"그래, 그래. 그만두고 울지 마라. 그럼 어제는 어디서 잤니?"

"저…어기 아래 어느 집 부뚜막에서 강아지하구 같이 잤어요."

"아이구, 한데서 자다니 큰일 날 뻔했네. 밥도 굶었겠구나?"

"아침에 그 집에서 죽을 얻어먹었어요. 그리구 이렇게 돈도 주었어요. 점심 사먹구 저녁에 오라구 했어요."

지폐를 내보였다.

"음…고마운 분이로구나. 그럼 오늘은 나하고 우리 집으로 가자."

중부 지방 말씨에 자상한 정을 느낀 아이는 아저씨에게 손을 잡혀 이끄는 대로 따랐다. 우리는 길을 건너 첫 번째 죽 장사 아주머니의 앞에서 쭈그리고 앉았다.

"아주머니, 아직 안 들어가셨네요. 죽 한 그릇 주세요."
"으. 정 씨 어서 와요. 그 애는 누구요?"

아주머니는 김이 나는 죽을 푸며 물었다.

"어제 제주도 가는 배에서 물 뜨러 내려왔다가 배를 놓쳤대요."
"아, 어른 옷을 입어서 생각이 나네. 어제 물 달라고 하던 애로구만 딱해라."

팥죽을 받아들고 먹는데 새알 수제비가 목에서 잘 넘어가지 않았다.

"그럼 어쩔라구?"
"우선 집으로 데려가려구요."
"아이구. 정 씨 복 받겠수. 고마워라. 정 씨도 어려울 텐데."

"오늘 좀 벌었수?"
"쌀 됫박 값이나 벌었지요. 뭐."

두 사람이 이야기를 하며 죽도 한 국자 더 떠주었다. 죽을 다 먹자 아저씨가 돈을 내밀었다. 아이도 돈을 꺼내려 주머니에 손이 갔다.

"돈은 고만둬요. 불쌍한 아이 죽 한 그릇 공양 못 하겠수?"
"아이구, 고맙습니다. 아주머니"
"고맙긴 다 피난 와 고생하는 처지에 서로 도와야지. 오히려 내가 고맙소, 정 씨."

나도 꾸벅 인사를 하고 옆으로 난 골목길로 접어드는 아저씨를 따라갔다. 그새 내려진 어둑발로 질척이는 골목길을 검정 운동화를 신고 가는 게 어려웠다. 아저씨가 구부리고 업으라고 했다. 그래서 장화를 신었던 모양이다. 진창을 벗어나자 나를 내려놓았다. 동네를 벗어나니 어두워도 비스듬한 경사의 야산 인걸 알 수 있었지만 불은 보이지 않았다. 얼마 올라가지 않자 길 좌우로 산소가 나타나기 시작하자 머리털이 쭈뼛거렸다. 아저씨 팔을 잡았다.

"으음. 무서운 모양이구나."

내 손을 꼬옥 쥐어주었다. 빛도 없고 공동묘지 가운데 길로
가니 아저씨도 무서워졌다. 팥죽장사 아주머니가 정 씨라고 했
으니 무서운 생각은 덜했고, 공동묘지를 벗어나면 집이 나올
것이란 생각이 들었다.

"수동아 아 아빠 왔다아~"

눈에 들어오는 산소가 보기 싫어 고개를 숙이고 걷던 아이라
깜짝 놀라 앞을 보니 헛간 같은 것이 눈앞에 들어왔고 가마니
를 들추며 안으로 들어갔다. 가마니 다음 처져있는 천을 들치
니 흐릿한 불빛 속에서 어린 아이가 아저씨 품에 안겼다.

"아빠~"
"어머니, 다녀왔습니다."
"오냐."

아저씨는 아이 볼에 뽀뽀를 해주었다. 그 모습을 보고 안도
했다.

"응. 저 아인 누구예요?"

아낙인 듯한 새댁이 나를 가리키며 물었다.

"엉. 감춰뒀던 아들을 찾아왔지. 허허."

사기등잔 불빛에 드러난 세 사람 중에 머리가 희끗한 노인이
앉아 굵은 목주를 돌리고 있었다. 할머니 같다는 생각에 넙죽
절을 했다.

"허. 녀석 시키지두 않았는데."
"본이 있는 집 자식이로구나. 누구냐?"

노인은 점잖은 목소리로 아들을 향해 물었다. 아저씨는 내게
들었던 대로 자초지종 설명을 했다.

"저런, 저런."
"쯧, 쯧, 쯧 아이구, 안 됐네."
"저런 변이 있나. 딱하구나. 잘 데려왔다. 몇 살이냐?"
"열 살입니다."
"어. 어째 제주도까지 피난을 가는지. 친척이라도 있느냐?"
"없구요. 아버지가 다니는 공장장 할아버지네 고향이라서 가
는 거예요."
"처음 가는 길이구나. 주소도 모를 테고 어떻게 해야 하나?"
"차차 생각해보기로 하고 저녁이나 먹지요."

새댁이 한쪽에 보자기를 덮어놓은 쟁반을 내놓았다. 보리밥

한 양푼에 김치와 한두 가지 반찬이 전부였다.

"너도 이리 오너라."

"집에 들어오다 덜덜 떨길래 따뜻한 팥죽을 먹였어요. 아주머니가 죽 값도 안 받드라고요."

"먹고 살자고 하는 장산데, 죽 값도 안 받다니 그런 사람이 천사야."

가만히 뜯어보니 사람이 사는 집이 아니고 꽃집*이란 것을 알 수 있었다. 세 평쯤이나 되는 것이 천장엔 가는 서까래** 위에 수수깡, 그 위에 이엉***이 대강 올려져 있었다. 짚을 썰어 반죽해 바른 흙벽이고, 바닥은 그대로 흙바닥에 가마니를 두 겹, 세 겹 깔고 그 위에 얇은 이불이 깔려 있었다. 긴 위쪽에 사과 상자 위에 이불이 올려져있고 이쪽저쪽 벽에 매인 줄에 옷가지가 걸려있다. 긴 한쪽에 밥을 해먹는 석유곤로가 있고 그릇 몇 개가 살림의 전부였다. 중부 말씨를 쓰니 이곳으로 피난을 왔다는 것을 알 수 있고, 한데서는 지낼 수 없으니 꽃집에서 지내는 것을 알 수 있었다.

엄마가 주는 밥을 한 번 받아먹고 내게 왔다 밥상으로 갔다

---

* 꽃상여를 보관하는 집.
** 마룻대에서 도리 또는 보에 걸쳐 지른 나무. 그 위에 산자를 얹는다.
*** 초가집의 지붕이나 담을 이기 위하여 짚이나 새 따위로 엮은 물건

하는 아이는 눈이 반짝이며 총명하고 귀엽게 생긴 사내 녀석이었다. 웃으며 내게 얼굴을 디미는 아이에게 물었다.

"너 몇 살이야?"
"응. 세 살."
"한 살 더 먹었다고 했잖아."

엄마가 그 소리를 하자 다시 엄지손가락을 구부린 손을 내게 내보였다. 해가 바뀌었으니 네 살이 된 것이다.

"네, 이름은?"
"수…동…이 한 자씩 또박또박 대답했다."
"으응. 성은 없어?"
"응, 고무래 정."

밥을 다 먹은 녀석이 내 무릎에 앉았다. 나를 올려다보고 방글방글 웃기도 하고 코도, 귀도 만져보기도 했다. 엄마, 할머니와만 종일 있던 아이는 내가 좋아 어쩔 줄을 몰라 했다. 정좌를 하고 굵은 목주를 굴리고 있는 할머니가 말씀하셨다.

"형이 생겼으니 우리 수동이가 좋은 모양이구나."

느릿하고 자비로운 목소리였다. 늘 혼자 있던 아이는 다른 아

▲ 꽃집

▲ 꽃상여

4장 고아가 된 아이

▲ 서까래

▲ 이엉

이를 만나니 아주 좋아했다. 저녁 먹은 것을 치우고 나에 대해 몇 가지 묻는 것이 대화의 전부였고 곧 잠자리를 깔았다. 매일의 생활이 똑같이 반복되고 할 이야기거리도 없고 하니 일찍 잠을 자는 수밖에 없을 것이다.

"그 옷은 아버지 옷이냐?"
"네."
"그 옷만 벗어라 위에 덮어 줄게."

나머지 옷은 입은 채 아저씨 옆에 누웠다. 아저씨를 향해 누웠으나, 무서움 때문에 잠이 오지 않았다. 뒤에서 무엇이 자꾸 잡아당기는 느낌이었다. 꽃집에서 잠을 자려니 귀신이 나올 것만 같았다. 방학 때 시골에 내려가 돌아다니다 시골에서 꽃집을 보면 무서워서 멀리 돌아가고 눈길도 주지 않았는데, 밤에 더구나 공동묘지 한가운데 있는 꽃집에 누워있으니 공포로 잠이 올 리가 없었다. 순동이네로 갈 것을 잘못했단 생각이 들었다. 댓진* 냄새는 났지만 할아버지 옆 따뜻한 방에 잘 터인데 말이다. 지금쯤 할아버지나 아주머니가 기다릴 것도 같고, 누군가가 데려갔을 것이라고 생각할 것도 같았다. 두 주먹을 꼭 쥐고 눈을 꼭 감고 있어도 잠은 올 것 같지 않고 무서움만 더해 갔다. 자는 줄 알았던 수동이란 녀석이 아빠를 넘어 내 옆으로

* 담뱃대 속에 낀 진

건너왔다.

"왜, 형이랑 잘래?"
"엉, 형하구 잘 거야."
"호호. 명배한테 아들을 뺏겼네."
"허, 여자는 질투의 화신이라드니 별걸 다 갖고 그러네."

그 소리에 꼬집는지 아프다고 했다. 내 품으로 파고 들어와
꼭 앉으니 한결 무서움이 달아난 것 같았다. 내 코도 만지고 생
글거리던 녀석은 이내 잠이 들었다.
　다음 날 아침. 식사 후 아저씨는 부두로 나갔다. 수동이가 내
손을 잡고 밖으로 나갔다. 싸한 바람이 코끝을 스쳤으나 햇빛
이 있어 별로 춥지는 않았다. 밤새 공동묘지는 더 많아졌다. 멀
리까지 다 보이기 때문이다. 날이 밝아 확연히 드러난 꽃집은
센 바람을 견디지 못할 만큼 앙상하고 초라했다. 뒤로 돌아가
니 해체된 꽃상여가 추녀 밑에 쌓여있고 가마니에 덮여 있었
다. 밖으로 내놓았으나 비는 맞지 않게 하기 위한, 집 주인에
대한 최소한의 예의였다.

　섬뜩하게 소름이 끼쳤다. 이 집안에서 잤다는 것이 믿어지
가 않았다. 해체된 상여가 옆에 있는 것도 끔찍한 일이었는데,
상여 집에서 자고 밥을 먹었다니 멍해지는 기분이었고 으스스
한 생각에 몸이 떨렸다.

148

그나마 집 뒤로 펼쳐진 푸른 바다 덕분에 위안이 되었다. 집 뒤 좌측으로는 바다가 펼쳐져 있고 허술하게 생긴 부두도 내려다 보였다. 여수 항구가 아래쪽으로 보였다. 앞으로 몇 백 미터 아래쪽에 일자로 된 긴 건물 한 채가 보이고 별로 크지 않은 운동장도 보였다. 교실이 7~8칸쯤 되어보였다. 운동장에 아이들이 놀고 있는 모습도 한눈에 들어왔고 와자지껄 떠드는 소리도 들렸다. 국민 학교였다. 전쟁이 났다는 것을 실감할 수 없는 평화로운 모습이었다. 종소리가 들려왔다. 내가 다니던 학교에서 듣던 소리와 똑같았다.

어느새 아이들이 모두 사라졌다. 썰물처럼 건물로 빨려 들어갔다. 빙 둘러서 있는 큰 나무들이 운동장을 지키는 듯 서있고, 건물 뒤쪽으로 나온 연통에서 연탄을 피우는 연기가 조용히 피어오르는 것이 보일 뿐이다.

그 광경을 보고 있자니 갑자기 쓸쓸해졌다. 같은 반에서 공부하던 친구들 얼굴이 한 명씩 떠올랐다. 그 친구들도 어디론가 피난을 갔을 테지만 설마 나처럼 제주도까지 멀리 간 아이가 있을까? 이렇게 혼자 부모와 떨어진 아이들도 없을 것 같다는 생각이 들자 더 서러웠다. 눈물이 주르르 흘러내렸다. 슬픔이 북받쳤다.

"형아, 왜 울어, 형아…."

뺨에 흘러내리는 눈물을 보고 수동이가 얼굴을 찡그리며 물었다.

"엄마가 보고 싶어서?"

"엄마. 집에 있잖아."

"그래, 그래 안 울게."

손등으로 눈물을 닦았다. 멀리 뱃길을 남기면서 "뿌우웅, 뿌…우…웅" 하고, 배 한 척이 들어오며 고동을 울렸다. 산 위서 내려다보이는 곳에서 들으니 깨끗하고 선명했다. 그 맑은 소리가 울부짖는 듯이 내 귀를 파고들었다. 뱃고동 소리를 못 들어 배를 놓친 다음이라 그런지 이상하게 그 소리에 민감했다. 또 눈물이 왈칵 났다. 수동이를 의식하고 고개를 올린 채…. 어제 부두에서 듣던 소리와 달리 애처롭게 느껴졌다. 어디서 오는지는 몰라도 혹 세창이 엄마가 올 것 같은 생각도 들어 뛰어서 내려가고 싶은 충동을 느꼈다.

아저씨가 아침에 일을 나가며 세창이네 엄마 인적 사항을 물었고, 수동이 엄마 또래에 키도 비슷할 것 같다고 자세히 설명을 해주었다. 아저씨는 배가 들어올 때마다 유심히 보겠다고 했었다. 뒤에서 내 목을 끌어안고 있던 아이는 제 손등에 떨어지는 눈물을 느끼고 손바닥으로 내 눈을 닦아 주었다. 내 앞에 쪼그려 앉아 왜 또 우느냐고 눈으로 묻고 있었다. 나는 멋쩍은 듯이 씨익 웃으며 말했다.

"저 갈매기 봐라. 배 따라온다."

"왜 배를 따라가…?"

실없는 대답을 하고 씨익 웃어주었다. 집으로 들어오자.

"엄마. 형아 울었어."

"으응…?"

"형아가 많이 울었다구?"

"학교 보이구 아이들이 뛰어 놀고 종소리 들리니 눈물이 나겠지. 뱃고동 소리 들려두 눈물이 날테구."

염주를 돌리는 할머니가 여기서 보이는 것들이 아이가 울게 만들고도 남을 것이라 하는 소리다.

"왜. 안 그렇겠어요. 날이 좀 지나야 될 테지요."

"그래. 세월이 약이니라. 휴…."

"명배야, 지금 좀 힘들겠지만 좀 참고 기다려. 전쟁이 끝나면 너희 부모 만날 수 있어."

"꼭 찾아줄게. 알았지?"

아주머니가 다정하게 내 등을 두드려 주었다.

"네."

두 분의 그런 말을 들으니 용기도 좀 났고, 부모님은 꼭 찾을 수 있다는 생각이 들었다. 구로동이나 장호원을 가면 될 일이다.

그렇게 며칠이 지난 어느 날이었다. 들어올 배가 없다며 여느 날보다 일찍 들어온 아저씨가 날 데리고 시장 구경을 갔다. 어울릴 이웃이나 아이들도 없으니 답답해할 나를 위해 시장 구경을 가자고 한 것이다.

첫 번째 팥죽 장사 아주머니가 앉아있는 자리를 좀 못가 좌측으로 시장이 시작되었다. 초입좌우로 좌판이 늘어져 있으나 빈 좌판이 대부분이고, 드문드문 물건을 진열해 놓은 곳도 주인여자들이 이불을 둘러쓰고 웅크리고 있거나 졸고 있었다. 사람이 들끓어야 할 시장인데 장을 보러온 사람이 별로 눈에 띄지 않았다. 작은 도시답게 말만 시장이지 초라하기 그지없었다. 시골장보다 한가하고 채소 좌판지나 옷가게가 좌우로 몇 집이 있고 생선 파는 몇 집이 시장의 전부였다.

어른 옷을 입은 내가 옷가게 앞을 지나니, 점방 앞에 동그란 의자에 앉아 있던 가게 주인이 쳐다봤다. 그는 나를 아래 위로 살피더니,

"아야, 그 옷 팔끼라?"

앞서 가던 아저씨가 뒤를 돌아보며 좋지 않은 눈을 뜨고,

"아버지 옷을 팔라니?"

한마디를 하고 내 손을 잡아 끌었다. 두 마리가 꿰인 동태 한 코와 싹이 노랗게 난 무 한 개, 대파 한 단을 사 가지고 올라왔다. 열흘이 좀 넘었을 때 처음 먹어보는 동탯국은 시원하고 맛이 있었다. 보리밥에 어설픈 김치 장아찌나 젓갈이 주로 먹는 반찬이었고 가끔 제물국수*나 죽을 먹는 나날이었는데 동태국은 특별한 별식이었다.

아저씨가 하루 서너 번 드나드는 배에서 싣고 내리는 짐을 날라주고 받는 노임은 보잘 것이 없고, 그것도 피난민이 몰려들어 조를 짜서 번갈아 하는 일이었다. 그러니 하루 종일 기다려 하는 일이 쌀 한두 됫박 값이나 벌고 그 돈으로 세 식구가 목숨을 연명하고 있는 것이다. 그나마도 하지 않으면 굶어죽는 수밖에 도리가 없다. 그런 처지에 피도 살도 섞이지 않은 모르는 나까지 얹혀 있으니, 밥상을 받을 때마다 고개가 숙여지고 배불리 배를 채워 본 일도 별로 없다.

시일이 지나면서 무서움은 없어졌지만 밥 먹은 때만 되면 미안한 마음은 점점 더해졌다. 수동이란 녀석은 밤이나 낮이나 내 곁을 떠나지 않지만 점심을 먹고 낮잠을 잘 때는 나 혼자 생각에 잠긴다. 양지 바른 산소에 기대어 학교나 바다를 내려다

---

* 국수 삶은 국물을 갈지 않고 그대로 먹는 국수

4장 고아가 된 아이

보면 종소리가 들려도 뱃고동이 울려도 눈물은 나지 않고 생각에 생각만 꼬리를 물고 늘어졌다. 날이 지날수록 이 집에 계속 있을 수는 없을 것 같았다. 하루 벌어 하루 먹고 사는 각박한 처지에 입 하나를 더해 놓고 있는 것이 제일 괴로운 일이었다. 순둥이네 집으로 가지 않은 것이 크게 잘못이나 한 것처럼 후회도 되었다.

그러나 한편으로 생각하면 그렇지도 않았다. 많은 식구가 피난을 왔기 때문에 아침부터 시래기죽을 끓이는 것을 보았는데, 아주머니와 인자한 할아버지가 오라고는 했어도 가지 않은 것이 잘한 것이란 생각이 들었다.

아침을 먹고는 나가 돌아다니며 얻어먹어 볼까 했지만 그럴 용기가 나지 않았다. 그렇게 한다고 하더라도 또 이 집 식구들이 못하게 할 것이 뻔했다. 부두에 나가 금테 아저씨에게 제주도 가는 배를 태워 달라고 졸라 제주도로 가는 수밖에 없었다.

제주도는 한라산이 있는 섬이다. 백두산 다음으로 우리나라에서 두 번째로 큰 산이라고 하지만 산 둘레로 사람이 산다 하니 제주도를 한 바퀴 도는 것도 별것 아닐 것 같다. 공장장 할아버지 형님네 집이니 성은 송씨일 테고, 어느 동네든지 송씨 성을 찾으면 집을 찾는 건 별로 어렵지 않을 것이라고 생각되었다. 김, 이, 박 씨 같이 많은 성씨라면 몰라도 송씨라는 성도 희귀한 성이었다. 동네에서나 학교에 다니면서도 송씨 성을 가진 친구는 본 일이 없다. 제주도로 가는 수밖에 없다. 돈이 한

푼도 없는 것이 문제였다. 아버지 옷을 팔라 했으니 얼마나 줄는지 내일이라도 내려가 알아보아야겠다는 생각도 들었다. 옷을 팔아도 문제는 문제였다. 제주도가 따뜻하다고 하지만 한데서 자야 하는데, 덕석* 같은 옷을 팔아버리면 추위를 견디기 어려울 것 같았다. 옷은 팔아선 안 되겠고 밥은 동냥으로 얻어먹고 다녀야겠다는 생각이 들었다.

"밥 한 술 주세요."

아무것도 없는 곳에서 그런 말도 허공에 대고 해봤다. 아저씨에게 물어보겠다고 마음을 먹었다. 그날 저녁을 먹고 아저씨에게 말문을 꺼냈다.

"아저씨. 저 제주도로 갔으면 좋겠어요."
"으, 응. 제주도? 제주도는 주소도 모르는데 가서 어떻게 할라구?"

아저씨가 놀라는 표정이다.

"뭐 가서 송씨네를 찾아보면 될 것 같아서요."
"그럼 네가 가는 곳이 송씨네란 말이냐?"

---

* 추울 때에 소의 등을 덮어 주는 멍석

할머니도 의외란 듯한 표정을 지으며 물었다.

"네. 공장장 할아버지 형님네 집이니까요."
"응. 좀 귀한 성이니까 찾을 수 있다는 생각인가 봐요."

아주머니도 한마디 했다.

"네 생각에는 섬이니까 조그맣고 걸어서 다닐 수 있다고 생각하는 모양인데, 제주시도 있고 한 바퀴를 돌라면 몇백 리 길이다. 이 양반아. 허, 허, 허."

기가 막힌다는 듯. 가당치도 않다는 대답을 헛웃음으로 표했다. 섬에 몇백 리 길이 있다는 말을 듣고 나도 놀랐다. 섬이라고 하니 기껏해야 밤섬 정도 되겠거니 생각했던 건 내 착각이었다.

"오죽이나 답답하면 어린 것이 그런 생각을 다하겠니. 차…암 마음이 아프구나. 휴…."

할머니가 땅이 꺼질 듯한 숨을 토해냈다.

"명배야, 네 맘도 다 안다. 얼마나 부모가 보고 싶으면 그런 생각을 다 했겠니. 혼자서 제주도를 돌아다닌다는 것은 네 생

각대로 쉬운 게 아니야. 돈도 없구. 또 돈이 있어두 마찬가지
야. 고생스러워도 부모가 보고파도 조금만 참고 기다려봐. 지
금은 그럴 수밖엔 없다. 알았느냐?"

내가 불쌍하여 눈물을 글썽이는 젊은 아낙이 하는 소리다.

"네."

아침을 먹으면 아저씨는 매일같이 부두로 출근을 했다. 종일
기다리며 하루 몇 차례 드나드는 배에서 뱃짐을 져 나르고 받
은 돈으로 쌀 한두 됫박을 사서 종이 봉지에 담아 조심스럽게
들어오기도 하고 어떤 날은 국수를, 가끔은 빈 손으로 들어오
는 날도 있었다. 그래서 가끔 멀건 제물국수나 물그레한 죽을
먹기도 했다.

아침은 보리밥이라도 꼭 밥을 먹었지만, 오늘 아침은 물그레
한 죽을 먹었다. 어제 저녁에는 제물국수를 먹었다. 쌀이 떨어
진 것을 알았다. 그런 때는 더욱 미안한 생각이 들었다. 먹을
것만 걱정 안 하는 처지라면 몇 달이라도 기다릴 수 있을 것 같
았다.

날이 궂은 날이 아니면 음산한 방 속에 있는 것이 싫었다. 이
젠 꽃집에 살아도 전혀 겁이 나지 않았다. 오죽하면 매일 산소
에 팔베개를 하고 비스듬히 누워있거나 두 무릎을 세우고 앉

아서 앞에 보이는 학교와 바다를 내려다보는 것이 나의 일과였다. 종일 머릿속은 오만 가지 생각으로 얽히고설키기를 반복했다. 그래도 아무런 방법이 나오지 않았다. 방법이고 대책이고 나올 리가 없는 처지였다.

낮잠을 자고 난 수동이를 데리고 아주머니가 나왔다. 내 옆에 쪼그려 앉더니 물그릇은 잔디밭에 놓고 수동이 손에 들려 있는 밀가루를 뭉쳐놓은 반쪽짜리 빵을 또 반쪽으로 떼어내고는 말했다.

"이거는 수동이 먹고 이거는 형아 주자. 응?"

아이가 잠에 젖어있는 눈을 비비며 고개를 끄덕였다. 아이가 내 얼굴로 내미는 빵은 앙꼬도 없고 아이 주먹만이나 되었다. 아이는 빵 든 손을 내밀었다.

"형아. 안 먹어도 돼. 수동이 먹어라."

아이는 다른 한 쪽에 들려있는 빵을 내게 보이며 말했다.

"내 거는 여기 있잖아. 형아 먹어."

아이는 까맣고 초롱초롱한 눈을 반짝이며 도로 내 입가에 대주었다.

"명배야, 받아 먹어라."

할 수 없이 빵은 받아 들었지만 내 입으로 가져가지는 못했다. 수동이가 빵을 한입 물고는 내 손에 든 빵을 내 입을 향해 말없이 밀어 넣었다.

"흐음."

울음이 터져 나오고 양손을 다리 아래에 서로 마주 잡은 채 눈물이 폭포처럼 솟구쳤다. 배에서 떨어졌을 때와는 다른 슬픔이었다. 부모를 닮아 천사처럼 아름다운 아이가 나를 울린 것이다. 저 혼자 먹겠다고 할 때인데도 내 입으로 밀어 넣으려는 아이의 마음은 천사보다도 더 고귀하고 아름다운 마음이었다.

"형아가 또 우네."

수동이가 씹는 것을 멈추고 입을 삐쭉거리며 엄마를 쳐다보며 하는 소리다. 수동이는 조금 남은 빵을 먹지도 않고 눈물이 그렁그렁한 채로 나와 엄마를 번갈아 바라보았다. 무릎을 세운 아주머니가 무릎을 옆으로 누이며 나를 끌어안았다. 내 목으로 아주머니의 뜨거운 눈물이 떨어졌다. 나는 엉엉 소리를 내며 마구 울어 댔다.

"미안하구나. 흐흑. 실컷 울어라."

아이도 빵은 한 손에 든 채 "앙앙" 울어 대기 시작했다. 아주머니도 아이를 끌어안고 소리 내어 울기 시작했다. 눈앞에서 펼쳐지고 있는 상황은 너무 비참했다. 배를 굶기진 않아도 배불리게 먹이지 못하는 엄마의 마음인들 오죽하랴. 우리는 그렇게 얼마인가를 울어 댔다. 아주머니가 울음을 삼키며 나를 일으켜 세우고 눈물 콧물이 범벅인 내 얼굴을 치마로 닦아 주고 수동이도 닦아 주었다. 사타구니에 있는 빵 쪼가리를 아이에게 내밀었다.

"나 먹었잖아. 이거 봐. 배부르지?"

배를 두 사람 앞에서 드러낸 채 쑤욱 내보였다. 내가 그래도 빵을 내밀었더니 아이가 말했다.

"엄마, 형아 빵이 젖었다."

그 소리에 아주머니와 나는 마주 보고 웃었다.

"참, 눈물 젖은 빵이라드니."

그 어린 아이가 갈라 주는 빵이 내가 배고파하기 때문이라는 것을 알았다.

"아이고, 우리 수동이가 다 컸네."

하는 짓이 대견하여 아이를 끌어안고 얼굴을 비벼댔다. 아줌마는 눈가를 적신 눈물을 닦아 내지도 않고 잔잔한 음성으로 나를 불렀다.

"명배야."
"네."
"너 국민 학교 5학년이라고 했지?"
"네."
"참, 미안하구나⋯."

"항상 서글픈 네 마음을 우리는 알고 있다. 거기다 배고픔도 해결해 주지 못하니 네게 참 미안하구나. 그래도 조금만 참고 기다려라. 이제는 너도 우리 집 한 식구야. 우린 다 그렇게 생각하고 있단다. 굶어서 죽지만 않고 버텨 보는 거야 알았지?"
"네."

아줌마는 내 등을 토닥여 주었다.

"아저씨는 좀 외로운 사람이야. 무남독녀 외아들이거든. 그래서 전쟁이 끝나면 너를 꼭 부모를 찾아 주고 너네 아버지를 형님으로 모시고 엄마는 형수님으로 모시고 산다고 했어. 부두에서 널 만났을 때 부모가 없느냐고 물었더니, 우리 아버지는 민보단 단장이라고 큰소리로 말했다고 하더라?"

"네."

"아저씨도 교육자 집안에서 태어나셨어. 대학 교수였던 아버지가 병으로 돌아가셨고 어머니는 국민학교 교장으로 정년퇴직 하셨다. 영감님이 돌아가시자 불교 신자가 되셨지. 항상 염주를 굴리고 계시잖아."

"네."

"외로움을 달래시려구 부처님께 귀화하신 거야. 아저씨도 나도 국민학교 선생이구 수원에서 국민학교 배정을 받고 2년쯤 연애하다 결혼했어."

잠시 말을 끊고 연애 시절을 회상하는 듯 가늘게 뜬 눈으로 바다를 내려다보았다.

"그런데 너도 보았겠지만 아저씨 오른손 검지 두 마디가 없어서 군대도 못 갔어. 어려서 자전거 바퀴살에 다쳤대. 결혼 후 1년 만에 수동이를 낳았고, 1·4 후퇴 때 우리 세 식구가 피난을 왔단다. 그놈들은 교육자를 반동분자 1호라고 한대. 자본주의, 그러니까 민주주의 교육을 가르치는 자들은 무조건 처형시킨다니 산으로 그것두 밤으로만 걸어서 걸어서 여기까지 왔단다.

아이가 울면 기저귀로 입을 가리고 발버둥치는 아이가 불쌍해서 할머니와 나는 그럴 때마다 애간장을 다 녹여야 했단다. 아저씨도 돌아서서 먼 곳을 바라보곤 했지. 먹을 게 없으니 쌀을 한 말 지고 오면서 생쌀을 먹고 아이도 생쌀을 씹어서 입에 넣어 주고 했지. 처음에 여기 도착해서 방을 하나 구했단다. 월세로. 그런데 벌이가 없잖아. 얼마쯤 살다가 아저씨가 집을 구했다고 해서 온 곳이 여기야. 낮에 공동묘지만 보아도 머리칼이 거꾸로 스는데 밤에는 귀신 울음소리 같은 환청에 시달려 할머니와 아저씨 사이에서도 잠을 잘 수가 없었지. 낮이나 밤이나 꼼짝도 못 하고 밖에 내려가 수면제를 사다 먹고 자기도 했단다. 그렇게 하루 이틀 지내고 나니 나도 독이 오른 건지 점점 괜찮아 지더라구. 지금은 어둑어둑해도 시장을 다녀 보고 한단다. 호호호. 너도 첨엔 무서웠지?"

"네."

"그랬을 거야."

"그렇게 하루하루 지내다 보니 가지고 있던 돈은 떨어지고, 저 아래 학교에 찾아가 사정도 해봤는데 그게 될 일이 아니었지. 이집 저집 식당에도 다녀봤지만 난리통에 장사도 안 되고 있을 데가 없더라고. 그래서 아저씨가 뱃짐을 나르기 시작한 거란다."

얼마 되진 않았지만 기억을 더듬어 옛날의 이야기를 하듯 천천히 말씀을 이어 나가셨다. 멀리 갈매기 나는 바다를 망연히 바라보는 아주머니가 내 어깨에 손을 얹어놓고 다시 이야기를 시작했다.

"명배도 5학년이었으니까 3·8선은 알 테지만 3·8선이 어떻게 생겼는지는 잘 모를 거야. 세계 제2차 대전을 일으킨 일본이 1901년에 우리나라를 쳐들어 왔구 우리나라는 36년간이나 일본에 식민지 노릇을 했지."

"네…."

"그놈들이 만주도 먹어치우고 중국하고 쏘련하구도 전쟁을 하구 태평양 전쟁도 일으키자 미국이 원자 폭탄 두 발을 일본에 터뜨려 항복을 했구. 우리나라도 해방이 됐는데 소련하구 미국이 3·8선을 만들어 놓구 3·8선 이북은 소련이 지배하구 이남은 미군이 지배를 했잖니. 땅은 작아도 공산주의 소련과 민주주의 미국이 지형적으로 포기할 수 없어서 반으로 갈라놓은 거지. 일본이 우리나라를 점령하지 않았으면 3·8선이 생겨날 일이 없구. 공산주의 민주주의 갈라지지 않았을 거구 그러면 같은 민족끼리 싸울 일도 없었을 건데 3·8선이 만들어 졌기 때문에 전쟁이 일어난 거야. 김일성이가 공산주의로 통일시킨다구 쳐내려오니 명배하고 우리가 여기서 만나는 인연을 맺게 된 거다. 호호."

나는 호기심 있게 이야기를 듣고 있었지만, 엄마 이야기가 재미 없는 수동이는 엄마 무릎에 기대어 잠이 들었다.

164

"그러니까 전쟁이 끝날 때까지는 여기서 같이 지내자구. 배는 언제나 들구 나니까 아저씨가 버는 대로 국수도 먹고 죽도 먹어가면서 버텨 봐야지 어쩌겠니. 세계 최강국 미군과 UN군이 참전했으니까 소총을 든 중공군이 아무리 많이 쳐들어와도 절대로 지지는 않을 거다. 미국이 세계에서 제일 강한 나라이기도 하지만 공산주의와 싸워서 지고 한국을 내주고 떠난다면 세계에 조롱거리가 될 테니까 전쟁에서 진다는 것은 상상할 수가 없지. 그러니까 배고프고 부모가 보고 싶구 한 네 마음을 왜 모르겠니. 친구도 없구 외롭지만 참고 기다리자 알았지 명배야?"

"네."

내 등을 어루만지기도 하고 토닥이며 차분한 목소리로 이야기를 해 주었다. 마음씨가 천사 같다는 생각이 들었다. 그래서 수동이도 혼자 먹어도 되는 빵을 내게 기어이 먹이려고 하는 천사 같은 마음씨를 타고난 것이다.

"바람이 쌀쌀하니 안으로 들어가자. 감기 든다."

"네, 먼저 들어가셔요."

잠든 아이를 안고 안으로 들어가셨다. 남쪽이라고 해도 겨울인데 흐린 날씨에 바람이 차지고 있었다. 그래도 낮에 등잔불을 켜고 있어도 집안이 흑백 영상 속 같은 집안에는 들어가고 싶지 않았다. 팔베개를 하고 산소에 기대어 생각에 잠겼다. 아무리 생각을 해도 땟거리가 없는 집에 계속 얹혀 있을 수는 없다는 생각이 들었다. 밥이나마 제대로 먹는 처지라면 염치를 불구하고 얹혀 있겠지만 모두 굶는 형편에 피도, 살도 섞이지 않은 남인 내가 있다는 것은 너무도 염치가 없는 일이었다. 그러나 뾰족한 방법은 생각이 나지 않았다. 순둥이네 집 외할아버지 같고 엄마 같은 그 집은 학교를 지난 곳에 있지만, 그 집에 찾아 갈수도 없는 노릇이었다.

집은 좀 부잣집인 것 같지만 그 집도 많은 식구들 때문에 아침부터 시래기죽을 끓이는 것을 보았다. 그리로 갈 수도 없는 노릇이었다. 한 달은 넘었을 것 같은데 내가 불쑥 나타난다면 그분들이 얼마나 놀라실까 하는 염려도 들었다. 방학 때 장호원엘 가면 너덧 명이 되는 거지들이 장타령을 늘어놓으면 할아버지는 구수한 각설이 타령을 듣고는 부엌에 명령을 하여 바깥 사랑채 툇마루에 밥상을 차려내 배불리 먹고 가도록 대접을 했다. 그들이 나갈 때는 바깥마당에서 계시는 할아버지에게 대문간에서 큰 절을 하고 나갔다.

할아버지 고맙습니다. 잘 먹고 갑니다. 만수무강하세요.

동냥을 줄 때도 그렇게 밥상을 차려 배불리 먹여 보내니 그들은 감동을 했고, 꼭 그런 인사를 하고 갔다. 아무리 부잣집이라

166

도 지나친 지나칠 만큼 융숭한 대접에 진심으로 고마워했고 미안해서 자주 오지도 못한다고 했다. 그들은 청미천 다리 아래에 가마니를 치고 살고 있었다. 여기에도 거지는 있을 테고 그곳을 찾아가 볼까 하는 생각도 들었지만 알 길이 없는 노릇이다. 좀 전에 수동이가 하던 행동이 생각났다. 혼자 먹어도 부족할 빵을 내게 나눠 먹이려는 천사 같은 그 마음이 너무도 기특했다. 혼자 다 먹겠다고 앙탈을 부릴 나이인데도 배를 내밀어 보이며 내 입으로 밀어 넣던 그 아이. 그래서 나를 울린 천사 같은 그 아이가 바로 천사가 아닌가!

순둥이네 집 외할아버지, 그리고 그 며느리도 모두 천사 같은 사람들이었다. 그 할아버지 생각을 할 때면 안주머니 속에 들어 있는 지폐가 생각났다. 꺼내서 들여다보았다. 수동이에게 무언가 사다 주겠다는 생각이 순간적으로 머리를 스쳤다. 아저씨와 함께 가 보았던 시장으로 뛰어 내려갔다. 정오가 좀 지나 시장은 좀 한가했다. 떡이든 빵이든 눈에 들어오는 먹거리가 보이지 않았다. 옷가게 앞을 지날 때였다. 밖을 내다보고 있던, 나이 마흔쯤 되어 보이는 남자와 눈이 마주쳤다. 내가 멈칫거리자 아저씨가 들어오라는 손짓을 했다. 가게 안으로 들어섰다. 먼젓번 옷을 팔 거냐고 물었던 사람이다. 내가 아무 소리 없이 옷을 벗어 주자 겉과 속을 살펴보았다.

"네가 입을 옷으로 바꿔줄까?"

"아니요. 돈으로 주세요."

"아부지 옷이라?"

"네."

"혼나믄 어쩔기고?"

"괜찮아요."

돈을 넣어 놓은 나무 상자를 뒤척여 지폐 몇 장을 내밀었다. 얼마인지도 모르고 꾸벅 절을 하고 나왔다. 시장 안을 이리저리 돌아다니며 쌀을 한 말 사고 지난번 아저씨가 한 대로 동태 두 마리, 무 한 개, 파 한 단을 사 가지고 시장을 나왔다. 그래도 잔돈 몇 푼이 남았으니 장사꾼이 값을 엉터리로 친 건 아닌 것 같다.

집으로 가는 산길로 나서니 밤낮으로 입고 있던 겉옷을 벗은 것이 표가 날만큼 싸늘했다. 그러나 묵직한 쌀을 멘 발걸음은 가벼웠고, 누구와 싸워서 이긴 것처럼 기분이 좋았다. 한 달이 넘도록 있어도 아저씨가 들고 오는 것은 봉투에 담긴 쌀 한 되나 두 되쯤이었고, 국수도 별로 굵지 않은 한 뭉텅이가 전부였는데 쌀 한 말을 지고 가니 어깨가 으쓱했다.

집에 들어와 숨을 헐떡이며 쌀자루를 내려놓았을 때였다.

"아니 그게 뭐냐? 네 겉옷은 어째고?"

아버지 옷은 벗은 채로 쌀자루와 무, 동태를 들고 들어오는 걸 보고는 깜짝 놀라며 하는 소리다.

"파…팔았어요."

내 목소리가 기어 들어가듯 했다.

"뭐라구? 아빠 옷을 팔았다구? 세상에 널보구 옷 팔아 쌀사 오랬니 이 녀석아!"

소리를 지르며 털썩 주저앉았다.

"아이고, 이를 어쩌나. 어쩌지, 아저씨가 들어오면 난리 날낀데. 이를 우째."

낮에 있었던 눈물 젖은 빵 생각이 나서인지 아주머니는 울먹이면서 할머니께 물어보셨다.

"어머니, 이를 어째요?"
"그만 두어라. 벌어진 일은 어쩌겠니. 쌀이 떨어진 걸 알았을 테고. 지도 배도 고팠겠지. 심지가 깊은 아이로구나. 저 어린 걸 누가 그렇게 만들었나…. 다 시국 탓이고, 어른들 탓이니라."

목주를 엄지손가락에 걸고 합장을 한 채 며느리 앞으로 다가
갔다. 고개를 무릎에 묻고 울먹이는 며느리를 향해 말씀하셨다.

"그만두고 저녁이나 지어라. 아가야."
"예."

등을 두드리며 다정하게 하는 소리다. 교육자 집안의 법도에
어울리는 분위기였다. 무겁게 일어나 저녁을 짓기 시작했고,
얼마 후에 아저씨도 들어오셨다.

"허엄, 험. 수동아 아빠 왔다."

그 소리와 함께 거적이 들춰지고 국수 한 뭉텅이를 들고 아저
씨가 들어섰다.

"어머니. 다녀왔습니다."
"오냐. 애썼다."
"뜨끈하게 국수나 끓여요."

국수를 내려놓으며 하는 소리다.

"어머니, 술 냄새를 피워 죄송합니다. 화주가 막걸리 한잔씩
사 주어서 먹었습니다."

170

"괜찮다. 빈속에 술을 마시면 속을 상하게 하니 조심하거라."

종일 굶었을 것을 알기 때문에 하는 소리다.

"예. 조심하겠습니다."
"그나저나 명배가 일을 저질렀어요."
"으응, 일을? 무슨 일을."

일을 저질렀다는 말에 술이 깨는 듯이 놀라 아내와 나를 번갈아 보았다.

"그 애가 입고 있던 옷을 팔아 쌀을 사 왔단다."
"뭐라구요? 아버지 옷을 팔아! 너 누가 옷 팔아 쌀 사오랬니 이 녀석아. 아버지 옷을 함부로 팔다니. 그런 법이 어디 있어!"

나를 향한 높은 목소리에 술 냄새까지 묻어 왔다. 수동이가 두 팔을 벌리고 아빠와 나 사이에서 내 편을 들었다.

"아빠가 야단쳐서 형아가 울잖아. 아아앙!"

그 녀석이 울음을 터뜨리며 내 목을 끌어안고 나도 그 녀석을 끌어안았다.

"아이구, 다 내 탓이로구나."

아저씨가 바닥에 쓰러지듯 몸을 부렸다.

"그만 두어라. 어멈한테도 혼이 났다. 아범 탓도 아니고, 아이 탓도 아니고. 다 시국 탓이니라. 이 시련을 이겨나가자."

정좌를 한 채 목주를 굴리며 하는 소리다.

"어서 일어나요. 식사나 하세요."
"아빠. 형아가 고기도 사왔다구."

누워 있는 아빠의 손을 잡고 이끌자 무거운 표정으로 일어났다. 식구들이 아무 소리도 하지 않고 식사를 했다. 내가 동태살을 발라 아이 밥 위에 올려주니 생글거리며 맛있게도 잘 먹었다. 그런 모습을 보니 아버지께는 죄송한 마음이 들기도 했지만 잘한 것처럼 보람을 느꼈다. 옷깃을 세우고 아버지 냄새를 맡지 못하는 것이 아쉽기는 해도, 빵이나 떡을 파는 곳이 눈에 띄었다면 옷을 팔지 않았을지도 모른다. 그런 일이 있고 며칠이 지난 어느 날 밤이었다. 내 품에서 자던 아이가 뒤척이는 바람에 잠이 깼다. 꽤 늦은 시간이 흐른 것 같은데, 부부가 소곤거리는 소리가 들려왔다.

"글쎄, 상황이 좋아진다는 소리는 들리지 않는데 어찌될는지. 모르지."

"전세가 좋아지지 않는다구 우리가 전쟁에서 지기야 할까?"

"미국이나 UN군이 참전했으니 진다고 하는 사람들은 없지. 미국이 전쟁에 지고 물러나진 않을 거라고 다들 믿고 있지. 다만 전쟁이 오래 갈수록 많은 사람이 죽어가고 전쟁을 치르는 국민들이 어려워지는 것이 문제지 뭐."

"미국이 원자탄을 쓰면 안 되나 원자탄 두개로 일본이 무릎을 꿇었잖아."

"그렇긴 하지만 일본은 전체가 적국이고, 세계 여러 곳에서 전쟁을 일으킨 데다 본토를 폭격해도 발악을 해대니 어쩔 수 없이 원자탄을 썼지만 한국전은 한 땅덩어리 안에서 미군, UN군이 전쟁을 하는 중이니 그런 핵무기를 쓰는 것도 어렵겠지."

"그렇기도 하겠네. 평양에다 냅다 떨어뜨리지?"

"허허, 그럼 애꿎은 국민들이 많이 죽을 테니 그러지도 못하겠지. 휴…."

한동안 침묵이 흘렀다.

"피난민은 점점 밀려들고 일감은 신통치 않으니 우선 먹고 사는 것이 큰 문제야."

"너무 걱정하지 말아요. 산 입에 거미줄이야 치겠수. 내가 팥죽 장사를 해볼까?"

"허허. 그런 소리 말어. 장사도 안 되는데 장사하는 사람만 늘어나고 있는데."

"까짓 거 안 돼도 팔다 남은 건 식구들이 먹으면 되는데. 큰 솥도 없으니 내가 엄두를 못 내는 거지."

또 대화가 끊기고 잠이 올 때쯤, 아저씨의 말이 들려왔다.

"목포에 고아원이 새로 생겼다네…. 부모 잃은 아이들이 너무 많으니까 수용하느라고 그런 모양인데. 명배를 그리 보내면 어떨까 하는 생각이 들더라구. 거기 가면 밥은 굶지 않을 테니까."

"여보. 저 어린 것을 어떻게 고아원엘 보내요. 죄 받게. 밥이야 먹여주겠지만 잘못하면 아이를 버릴 수도 있잖아. 죽이 되든 밥이 되든 여기서 적응도 됐으니 데리구 있다가 부모를 찾아 주어야 보람도 있지. 당신이 외로운 사람이니까 쟤네 부모들과 집안처럼 지낸다구 했으면서."

"그래. 당신 말이 옳다. 어린 것 밥을 제대로 못 먹이니까 속상해서 별 생각이 다 들지 뭐야. 내 생각이 잘못됐어. 미안해."

"미안하기는, 당신두 답답하니까 그런 생각을 했겠지. 피곤할 테니 그만 자요."

"알았소. 잡시다."

좀 지나 아저씨 코 고는 소리가 들렸다. 나는 잠이 오지 않았다. 아저씨는 내가 귀찮아서가 아니라 먹을 것 때문에 '목포 고아원에 보내면 어떨까' 하는 생각을 해 본 것이다.

나를 곁에서 데리고 있다가 부모를 찾아 주겠다고 결론을 내렸지만, 내 입장에서는 그대로 있을 수가 없는 형편이었다. 오직 먹는 것이 문제가 되는 것이다. 내 생각으로도 고아원에는 가고 싶지 않았다. 그러면 제주도로 가는 수밖에는 방법이 없다. 제주도로 가서 밥을 얻어먹고, 남의 집 헛간에서 잠을 자고 송씨네를 찾아보는 방법 밖에는 없다.

몰래 나가서 금테 아저씨에게 사정을 하면 제주도 가는 배를 태워는 줄 것 같았다. 그러나 아저씨가 종일 부두에 계신다. 아저씨 눈을 피해 배에 타기가 쉽지 않을 것이다. 하지만 제주도까지만 간다면 송씨네를 찾는 건 어렵지 않게 생각 되었다. 제주도까지만 간다면 송씨네를 찾는 건 어렵지 않게 생각되었지만 이 집에서 허락하지 않을 것 같은 생각이 들었다.

공장장 할아버지네 식구나 우리 식구도 모두 제주도에 있을 것 같았다. 어머니 아버지도 제주도에서 잃어버린 나를 기다릴 것이다. 세창이 엄마가 내 이야기를 했을 것이고 얼마나 나를 애타게 기다릴 것이다. 아니 영영 잃어 버렸다고 생각해 엄마가 매일 눈물로 지낼 것 같았다. 어머니 아버지가 각각 길을 떠난 것을 알지도 못하고 상상도 할 수 없었다. 부산에 있던 할머니도 제주도로 갔을 것이다. 조금 더 기다리다 안 오면 제주도로 간다고 했으니까.

부산 할머니를 생각하니 목욕탕 일이 생각이 나고 전차가 땡땡거리는 생각이 나고 '서면'이란 두 글자가 생각이 났다. 부산으로 가면? 할머니가 있을 리는 없다. 서면 종점, 로터리에 있던 집을 찾아갈 수 있을 것 같았다. 부산으로 가서 서면으로만 가면 그 집은 눈을 감고도 찾아 갈 수 있다. 그 집으로 돌아가면 거기에 우리 식구가 아무도 없더라도 제주도 주소는 알 수 있을 것이다. 부산으로 가서 서면까지만 가면 모든 것이 해결된다는 것을 왜 여태까지 생각을 못했는지 모르겠다. 제주도 주소를 모른다고 해도 그 집에선 나를 받아줄 것 같았다. 주인 아주머니가 나를 꽤 귀여워해주었기 때문이다. 내일 아저씨와 상의를 해보겠다고 생각하니 마음이 한결 가벼워졌다. 잠이 잘 올 것 같았다.

　다음날 동이 트고, 아침 식사를 하는 자리에서 내가 물었다.

"아저씨 부산 서면 아세요?"
"음, 서면? 부산 서면을 들어본 것 같은데. 왜?"
"제가 있던 집이 서면인데 거기로 가면 될 것 같아서요."

　갑자기 부산으로 가겠다고 하니 부부가 밥을 입에 문 채 서로 바라보았다. 어젯밤 자기들이 한 이야기를 들었구나 하는 표정 같았다.

"서면까지 간다구 해도 며칠 있던 집을 어떻게 찾아가니?"

할머니가 걱정스러운 표정으로 하는 소리다.

"그 집은 서면 로타리 옆에 있는데 트럭도 있구, 마당도 크구, 부잣집인데 찾을 수 있어요. 그리구 전차 종점이구요."
"으응. 자세히 알고 있으니 찾아갈 수 있다. 그런 말이구나."
"네."
"제주도 주소를 알면 너 혼자 찾아간단 말이냐?"

걱정스럽다는 표정으로 할머니가 물었다.

"주소만 알면 찾아갈 수 있지요. 뭐."
"호오 그 녀석 사내라서 그런가 대범하네."

할머니가 아들과 며느리를 번갈아 바라보았다.

"주소도 모르면서 제주도 보내 주면 송씨네를 찾아 나서겠다구 지난번에 이야기도 했는데, 주소만 알면 찾아갈 것 같네요. 친척 집이니까 찾아가게 해줄 수도 있을 것 같구."

아저씨는 찾아갈 수 있는 것이란 생각이 드는 모양이다.

"하기야. 너도 그렇지만 너의 부모가 얼마나 애간장이 타겠니. 한숨이고, 밤잠도 못자고 눈물로 지새우겠지."

들고만 있던 아주머니도 부모의 심정을 헤아리는 심정으로
하는 소리다.

"그러면 아범이 나가면 서면이 전차 종점이라면 가는 방법을
좀 알아가지고 오면 좋겠다."

"네, 그렇게 할게요."

"명배야, 부산을 다니며 장사하는 사람한테 알아보면 자세히
알거야. 부모를 찾을 수 있다면 하루라도 빨리 가야지."

저녁에 들어온 아저씨가 서면은 전차 종점이구 부산항에서
전차를 한 번 갈아타면 종점이 서면이라고 했다. 부산을 왕래
하며 장사하는 화주가 오늘 들어오고 이틀 후에 다시 부산을
간다고 했다.

"아범아. 믿을 만한 사람이냐?"

"그럼요. 나이도 오십 가까이 됐고, 내 얘기를 듣더니 모레
오후에 여객선으로 간다구 데려오라고 했어요. 서면까지 갈 수
있게 해 준다고 했어요."

"잘 됐구나. 그럼 너 그렇게 해서 부산 가볼래?"

"네."

"사내 녀석이라 다르구나. 잘 되도록 내가 기도하마."

"잘 되긴 했는데, 수동이가 걱정이네. 꼭 병아리가 어미 닭
따라다니듯 했는데. 아이구, 우리 수동이 큰일 났네."

"성아가 가는 거야?"
"형두 엄마 찾아가는 거야."

그 소리를 듣고 입술을 삐죽거리더니 울음을 터뜨렸다.

"너두 형아랑 갈래?"

아저씨가 묻자 울면서도 고개를 끄덕였다. 다음다음 날 아저
씨가 나가며 점심을 먹고 나오라고 했다. 점심을 먹고 할머니
에게 큰절을 하고 집을 나섰다. 문 밖에 나온 할머니가 나를 끌
어안고 등허리를 토닥였다.

"그동안 너하구두 정이 많이 들었구나. 내 마음이 허전하구
나. 부산 가서 집을 못 찾거나 하면 이리로 와라. 올 수 있겠
니?"
"네."

수동이를 업은 아줌마 손을 잡고 부두로 내려왔다. 내가 보이
지 않을 때까지 할머니는 꽃집 앞에 서 있고 뒤를 돌아볼 때마
다 손을 흔들어 주었다.

"저 아이로군."
"네. 아저씨한테 인사드려라. 사장님 잘 부탁드리겠습니다."

나는 꾸벅하고 절을 했다. 좀 있다가 고동을 울리며 배 한척이 들어왔다. 부두에 정박한 후 몇 사람이 내리고 타자 우리도 배로 향했다. 아저씨와 아주머니가 나를 꼭 끌어안아 주었다. 아주머니 눈에 이슬이 반짝거렸다. 내가 수동이 두 손을 잡아 주고 주머니에 이는 지폐 한 장을 손에 쥐어주었지만 아주머니가 돈도 모르고 네가 필요하다며 아이 손에 쥐어준 것을 내 주머니에 넣어 주었다. 배를 향하는 나도 눈물이 났다. "아앙!" 하는 수동이의 울음소리가 들렸고, 뒤돌아보지 않고 배 안으로 들어갔다.

그 무서웠던 꽃집. 잠도 못 자던 꽃집도 날이 가면서 꽃집이란 생각이 잊혀졌다. 따뜻한 보금자리로 변했다. 식구들의 천사 같은 곱고 따뜻한 마음씨 부처님 같은 할머니의 자애로운 미소로 날이 가면서 포근한 보금자리로 변했다. 천사 같은 아주머니, 천사의 아들 수동이, 내 기억 속에서 영원히 지워지지 않을 사람들이었다. 비록 짐승이지만 순둥이도, 그리고 순둥이네 식구들도 내가 가슴 속에서 영원히 지워지지 않는 사람들이다.

여수에 애타는 사연을 남겨 두고 이런저런 회상을 하면서 부산에 도착했다. 여수항과는 비교도 할 수 없는 큰 항구였다. 곧 어두워지니 내일 서면으로 보내 준다며 하룻밤을 여관에서 자고 이튿날 전차를 탔다. 내게 표 한 장을 쥐여주고 어디에 내리면 서면 가는 전차를 갈아탈 수 있는지 알려주셨다. 그리고 차장아저씨에게도 나를 내려 줄 것을 당부했다.

서면 종점에서 내려 길을 건너 조금 올라가니 유리문에 빨간 글씨의 남탕, 여탕이 눈에 들어왔다. 계집아이들의 하얀 눈동자. 투박하나 도도한 아주머니들의 날카로운 목소리도 들리는 듯했다. 나도 모르게 빙그레 웃음이 나왔다. 그 기억 또한 내 가슴 한쪽에 드리워졌고 잊히지 않을 기억이었다. 곧 로터리가 눈에 들어왔다. 초조하기도 하고 가슴이 두근거리기도 했다. 할머니가 서울서 내려온 식구들과 만나서 제주도로 갔을게 분명했다. 주소를 알아내면 혼자라도 갈 수 있을 것이라는 생각이 들었다. 두 달이나 되었으니 분명 그럴 것이란 확신이 들었다.

활짝 열려있는 대문 안에 트럭 한 대가 서 있는 것이 보였다. 현관문을 열고 들어섰다. 앞치마를 두른 식모 아주머니가 나를 발견하고는 깜짝 놀라며 외쳤다.

"아야. 네가 웬일이고? 누구랑 왔는고?"
"저 혼자요."
"혼자라꼬? 사모님. 사모님. 나와보소!"

뜻밖에 큰 소리가 나오고 방문이 열리고 주인아주머니가 나왔다.

"엉. 네가 웬일인고. 누구랑 왔노?"

나를 훑어 현관 쪽을 바라보았다.

"아니요. 혼자 왔어요."

"그람 제주도에서 혼자 왔다 말이가?"

"아니요. 여수에서 왔어요."

"여~수? 니 세창네랑 제주도 안 갔나?"

오래전 제주도로 떠난 아이가 여수에서 왔다니 이해가 안 간
다는 표정이었다. 놀라울 따름이었다.

"와 이리 시끄럽노?"

주인아저씨가 삐걱거리는 소리를 내는 이층 나무 계단을 내
려왔다.

"여…보, 야가 세창네 하고 제주도 안 갔오?"

"그라지."

"그란데 여수에서 왔다카이 무신 소린지 모르겠쏘."

"음. 이리 앉아 봐라."

자리에 앉은 두 내외에게 절을 하고 무릎을 꿇고 앉았다. 여
수에서 배에서 내렸다가 낙오하게 된 연유와 부뚜막에서 하룻
밤 잔 일, 공동묘지 꽃집에서 그동안 지냈던 이야기를 했다.

"아이가 별난 놈이네. 참 똑똑타. 혼자 여길 찾아오다니."

"허허. 잘 찾아왔다."

"기적 같은 일이다. 생긴 것도 잘생긴 놈이 하마 두 달이나 지났는데 혼자 여길 찾아오다니, 하야~신통타."

"그래. 잘 찾아왔다. 사내구실 했네. 허허."

신통하다며 내 머리를 쓰다듬었다.

"아지매, 먹을 것 좀 갖다 주소."

"야아."

"이눔아야, 니 우리 집에서 살자 고만."

내 한 손을 잡고 하는 소리다.

"아들 몬 났다고 남 자식까지 탐내노? 허허."

그 소리에 아저씨에게 눈을 곱게 흘렸다.

"할머니는요?"

"거 보래. 제 부모 찾을 생각부터 하제. 허허."

"보자. 할머니가 제주도로 간지 한 달은 됐나 보다. 느그 식구들 캉[*] 아저씨가 목포로 해서 갈 수도 있다카며 갔다카이."

"아야. 걱정 말그라. 할머니한테 보내 줄깨니."

"도고네로 보내줄랑교?"

"그 양반이 시집 발 끊고 산께. 도고네로 안 가겠나."

"아. 혼자 못 갈긴데?"

"그야 혼자는 안 되지. 보나마나 아 잃어뿌러 난리가 안 났겠나?"

"저녁에 손기사가 들어오믄 낼이라도 딸려보내지. 그 사람도 집에 다녀온 지 오래고."

"그람 쓰겠네. 아야, 이것 좀 먹으라."

전병을 손에 쥐여주었다. 마음이 놓였다. 하지만 부모님이 이곳으로 오지 않았다는 사실에 문득 조바심이 났다. 목포를 경유해서 제주도에 갈 수 있을 것이란 할머니 말이 떠올랐다. 부모님이 제주도로 가 있을 것이란 생각이 들기도 했다. 부산으로 오길 잘했다는 생각도 들었다. 꽃집 식구들이나 순둥이네 식구들이 떠올랐다. 그들에게 이 소식을 전해 주고 싶었다. 하지만 이내 체념했다. 소식을 전할 길이 없었기 때문이다.

생각해 보면 나는 참 운이 좋았다. 자칫하면 영영 미아로 남았을지도 모를 고아생활, 두 달간의 시간을 큰 탈 없이 마치고 부모를 찾게 되었으니 말이다. 이보다 더한 행운이 있을까. 혹

---

* '같이'의 부산 사투리

여 불량배들을 만났다면 나쁜 길로 들어섰을지도 모를 일이다. 그랬다면 지금의 운명 또한 달라졌겠지. 문득 사회의 악인들이 떠오른다. 그들도 애당초 그렇게 타고난 것은 아닐 것이다. 주변 환경에 의해 발을 잘못 담그고, 결국 나쁜 구렁텅이로 빠져들었을 뿐이다. 그에 비하면 나는 큰 복을 누린 사람이라고 할 수 있다. 좋은 분들을 만났으니 말이다. 게다가 그분들 덕분에 다시금 부모의 품에 안기게 되었으니, 얼마나 감사한 일인가. 고아로 지내던 지난 두 달 동안 나는 많은 걸 보고 들었다. 어린 내겐 중요한 경험이라고 할 수 있다.

"물이다! 바닥에서 물이 들어온다!"

누군가가 큰 소리로 다급히 외쳤다. 그 소리에 놀란 사람들이
가만있질 못하고 우왕좌왕했다. 배 안으로 물이 들어온다니.
모두 공포에 질린 얼굴들이었다. 선장이 큰소리로 말했다.

5장

제주도 생활
"누나, 여기도
우리나라야"

　이튿날, 손 기사라는 분과 화물선을 탔다. 기사는 마흔이 채 되어 보이지 않는 얼굴이었다. 화물선은 갈매기호와 꼭 같은 배였다. 배의 바닥에 곡식 가마니 따위의 짐이 놓여 있었다. 짐 위에 사람들이 걸터앉아 있는 풍경도 어쩜 똑같았다. 기시감이 들었다. 꼭 '갈매기호'의 이름만 바꾸어 놓은 듯했다. 배가 출발한 지 삼십분이 조금 지났을까. 선실 내부에서 안내 목소리가 들려왔다. 풍랑이 심한 관계로 검은도(섬의 이름)에 정박한 뒤, 바람이 멎을 때까지 기다리겠다는 안내였다. 배의 난간에 기댄 채로 서 있었다. 옷깃 사이로 스며드는 겨울바람이 찼다. 그때, 저만치 피어 있는 붉은 꽃이 눈에 띄었다. 겨울인데도 꽃이 저리 탐스럽다니. 그 모습이 신기하여 손 기사에게 물었다. 저 꽃은 무슨 꽃이냐는 물음에 손 기사는 동백꽃이라고 대답했다. 동백꽃, 입으로 슬며시 중얼거려 보았다.

배는 이튿날 오후에 출항했다. 출항한 지 두어 시간 쯤 됐을까. 어디선가 "찌이익" 하는 소리가 났다. 배가 무언가에 긁히는 소리였다. 그러더니 심하게 기우뚱거렸다. 아무래도 배의 밑바닥이 암초에 걸린 모양이었다. 사람들은 겁에 질린 표정으로 웅성거렸다. 배가 정지하자 네 명의 선원들이 선실 내부로 들어왔다. 선원들은 승객들을 통솔했다. 바닥에 있던 곡식가마니를 한곳으로 치웠다. 바닷물이 바닥 틈새로 빠르게 스며들고 있었다.

"물이다! 바닥에서 물이 들어온다!"

누군가가 큰 소리로 다급히 외쳤다. 그 소리에 놀란 사람들이 가만있질 못하고 우왕좌왕했다. 배 안으로 물이 들어온다니. 모두 공포에 질린 얼굴들이었다. 선장이 큰소리로 말했다.

"여러분, 조용히 앉아들 계십시오. 아직도 바람이 불고 있습니다. 안전을 위해 바람을 선수로 받고 가느라고 항로를 비켜가는 중입니다. 가던 도중, 암초에 배 밑바닥이 긁혔습니다. 구멍이 난 것은 아니고, 틈이 벌어진 곳으로 물이 들어오고 있습니다. 응급처치를 하고 물을 퍼내면서 가도록 하겠습니다. 남자 분들은 문 쪽을 향해 두 줄로 서서 물을 밖으로 퍼내는 것을 도와주시기 바랍니다. 나머지 분들은 자리에 앉아 주시길 바랍니다."

선장은 엉거주춤 서 있던 사람들에게 두 손으로 앉으라는 신호를 했다. 그의 침착함 때문인지, 사람들은 안도하는 눈치였다. 선장이 겉옷을 벗어 쭉쭉 찢었다. 그러더니 바닥의 벌어진 틈새에 찢은 옷가지를 꼼꼼히 찔러 넣었다. 그 위에 가마니를 올려놓고 양재기 같은 것으로 물을 퍼 양동이에 담았다. 양동이와 그릇을 총동원한 모습이었다. 남자들은 두 조로 나뉘어 물을 퍼 날랐다. 그 풍경을 한참 들여다보던 선장이 엄한 목소리로 말했다.

　"교대 하면서 계속 퍼내라. 나는 항해 할 테니 물이 더 들어오면 알려라."

　물을 퍼 나르고 있던 선원이 고개를 들며 물었다.

　"물이 더 들어오면 어쩌려구요?"
　"더 들어오면 짐을 바다에 버려야지."

　굳은 표정으로 한마디 던지곤 자리를 떴다. 배 안의 무게의 압력을 줄이기 위해 짐을 바다로 던지겠다는 것이 선장의 생각이었다. 그의 대범하고 의연한 모습에 사람들은 안도할 수 있었다. 배 안은 사람의 열기로 인해 덥지도, 춥지도 않았다. 양재기로 물을 퍼 담은 사람은 긴장해선지, 얼굴에 땀이 맺혔다. 모두가 합심하여 물을 퍼 날랐다. 퍼 나르고 있던 사람들이 힘에 부치면, 대기 중이던 이와 교대하는 식으로 인력을 투입했다. 그러기를 두 시간쯤 지났을까. 선장이 다시 나타났다.

"승객 여러분, 죄송합니다. 여러분의 도움으로 안전하게 항해하고 있습니다. 뱃길을 좀 돌아가느라 시간이 좀 더 걸렸습니다. 곧 날이 밝아 올 테고, 앞으로 30분 정도만 더 가면 제주항에 도착합니다. 도와주셔서 감사합니다."

말을 마친 선장은 허리 숙여 인사했다. 사람들이 앉은 채로 환호성을 지르며 박수쳤다. 경험 많은 선장의 침착한 처신으로 인해 무사히 도착할 수 있었다. 항구에 도착한 사람들은 서로 인사를 하고 박수를 치며 헤어졌다. 나 역시 그랬다. 마치 오랫동안 알고 지내던 사이처럼 말이다. 죽을 고비를 함께 넘겼다는 사실이 주는 유대감과 동지애가 우리에게 어렴풋이 남아 있을 터였다.
항구에서 얼마쯤 걸었더니 버스 정류장이 나왔다. 그곳에서 버스를 한없이 기다렸다. '도고네 할머니의 친정이 있는 마을'이라는 마을에 가기 위해서였다. 버스에서 내려 걸었다. 걷다 보니 문득 지난날이 떠올랐다. 기관총 세례를 받은 일, 지옥 같은 터널 속에서 몇 시간동안 갇혀 있었던 일, 타고 가던 배가 암초에 걸려 배 밑바닥으로 물이 들어왔던 일. 세 번의 죽음의 고비를 용케도 피해 간 셈이었다. 그러니 인생이란 얼마나 예측 불가한 것인가. 인생은 한치 앞도 모른다고 하지 않던가.

이런저런 상념에 젖어 있으니 어느덧 마을에 도착해 있었다. 마을의 가구 수는 몇십 채는 되어 보였다. 할머니의 친정집은 울타리가 없었다. 마루 좌우로 방이 있고, 부엌이 있는 집이었다. 집에 사람이 없는 것을 확인한 손 기사는 내게 마루에 앉아 기다리라고 했다. 그러더니 자기 집으로 가버렸다. 할머니가 오기만을 기다리며 나는 집안을 두리번거렸다. 지붕이 어찌나 얕은지, 내가 손을 들고 깡총 뛰니까 추녀가 손에 닿을 정도였다. 제주도의 집들은 아주 가난하게 사는 모양이었다. 마루에 앉아 얼마나 기다렸을까, 집 뒤에서 인기척이 났다. 두런거리는 목소리였다. 이내 세 명의 부인들이 나타났고, 그 중에 할머니가 보였다. 나는 할머니에게 냅다 달려갔다.

"할머니!"

나도 모르게 큰 목소리가 튀어 나왔다. 나를 발견한 할머니는 이고 있던 빨래 보퉁이를 냅다 던지며 눈을 동그랗게 떴다. 나는 할머니 품에 안겼다.

"애미나야! 네 명배 아니라."

할머니는 나를 끌어안고 눈물을 뚝뚝 떨어뜨렸다. 감격의 눈물이었다.

"네, 할머니, 명배잖아요."
"하늘에서 떨어졌나, 땅에서 솟았나, 이게 꿈이라?"

여수에서 잃어버린 아이가 두 달여 만에 혼자서 제주도에 나타났으니, 믿기지 않는 일이었다. 내 눈에도 어느새 눈물이 그렁그렁 차올랐다.

"아이고 이놈아야, 세창이 어머니가 너 잃어버리고 왔다구 반은 미쳐 있단다."
"할머니, 엄마, 아버지는요?"
"응, 저어기 온평리에 와 있단다. 기꼬짱 누나가 내가 왔나 해서 여개 왔다 갔단다. 내가 여기 오기 이틀 전에 다녀갔다. 너를 잃어버린 걸 그래 알았고만. 한 달쯤 후에 다시 온다 켓으니 곧 오지 싶다."
"할마니, 그리로 가요."
"바스를 타고 한참 가야 한다. 누나랑 같이 가그라."

부산에서 시집 발길 끊은 지 오래 됐다는 말이 떠올랐다. 버스를 태워달라고 하고 싶었지만 그 말은 하지 않았다. 마루에 우두커니 앉아있는 나를 보고 할머니가 말했다.

"저~어집 뒤로 가믄 계곡이 좋다. 심심하니 거개나 가봐라."

집 뒤의 계곡은 물이 맑았다. 식수로 사용해도 무리가 없어 보일 정도였다. 바위 있는 곳으로 가보니 한길 반쯤이나 되는 아래쪽에 방 두 칸을 합쳐놓은 것과 맞먹는 크기의 연못이 있었다. 물이 흐르는 경치를 보고 있자니, 마음마저 맑아지는 듯했다. 태곳적부터 흐르는 물은 자연의 힘에 의해 만들어진 것이다. 몇 그루의 소나무가 물속에 그림자를 드리우고 있었는데, 그 모습이 아름다웠다. 어느 누구도 그릴 수 없는 아름다운 수채화를 그려 놓고 있었다. 계곡에서 잠시 눈을 돌리니 산이 보였다. 우리나라에서 두 번째로 높은 산, 한라산이었다. 내가 이 어린 나이에 한라산 자락에 앉아 있다니. 이 사실이 새삼 낯설게 여겨졌다. 내가 앉아 있는 끝자락은 봄을 맞이하고 있는데, 한라산 정상은 아직도 겨울이었다. 자연정경을 보고 있자니, 마치 우리나라가 아닌 다른 나라에 있는 것 같았다.

　계곡 바위에 앉아 상념에 잠겼다. 총성이 울리던 길을 지나, 피란열차를 타고, 공동묘지 한가운데 있는 꽃집에서 살아 보고, 물 들어오는 화물선에서 가슴 졸이던 곳을 지나서 왔다. 그런 생각을 하니 내가 지금 머무는 마을이 흔히 말하는 낙원이구나 싶었다. 물속에서 노니는 물고기를 보니 아버지 생각이 났다. 가끔은 친구들과 낚시로 잡은 물고기를 손수 손질해서 매운탕을 끓이기도 하셨다. 물고기를 손질하는 아버지를 두고 어머니는 징그럽고 비린내 난다며 쳐다보지도 않곤 했다.
　'만약 아버지가 여기 계시다면 물고기를 잡아드리면 얼마나 좋아하실까?' 그 생각을 하니 문득 눈시울이 붉어졌다. 같은 제주도이니, '온평리'라는 곳도 이런 곳이 있겠지, 하는 생각이 들었다.

파리 낚시를 해 볼 생각으로 집으로 갔다. 파리낚시는 죽은 파리를 미끼로 삼는 낚시다. 할머니는 파리를 종종 모아두곤 했다. 내가 파리낚시 좋아하는 것을 알기 때문이었다. 덕분에 파리를 구하는 건 그리 어려운 일이 아니었다. 우선 가는 나뭇가지에 실을 매달았다. 잡은 파리 몇 마리를 실 끝에 매달아 물에 띄웠다. 낚싯대가 수면 위에 드리우자, 물고기가 떼를 지어 몰려들었다. 순식간에 파리를 낚아챘다. 물고기 중에서도 큰 녀석들은 종종 수면 위로 튕겨 오르기도 했다. 수면 위로 올라온 물고기는 손안에 잡혔다. 잡은 물고기는 다시 물속에 놓아주었다. 손에서 비린내가 심하게 났고, 손바닥이 미끈미끈했다. 비린내는 쉽사리 가시지 않았다. 물고기 잡고 노는 일이 재밌어 시간 가는 줄을 몰랐다. 그렇게 잡고 놓아주기를 반복하다보니, 어느덧 산 너머로 해가 저물고 있었다.

삼일 째 된 오후였다. 그날도 여전히 파리 낚시 중이었다. 한참 집중하고 있을 때, 누군가가 나의 두 눈을 양손으로 가리는 게 아닌가.

"누구게?"

목소리를 듣자마자 나는 기꼬짱 누나란 걸 알아차렸다.

"기꼬짱 누나다."

반가운 나머지 연못에 있는 물고기들이 놀랄 만큼 크게 소리
쳤다

"오오, 위대한 누나를 알아보네. 기특한 놈."

누나는 나를 꼭 끌어안았다. 너무 반가웠고 보고 싶었던 얼굴
이기 때문이었다. 나도 모르게 울음이 터져 나왔다.

"그래, 그래. 실컷 울어라. 얼마나 고생을 했니?"

누나의 목소리에도 울음이 가득 섞여 있었다. 기꼬짱은 코가
오똑하고 눈도 예뻤다. 인형 같다는 생각이 들었고 성격도 말
괄량이 같았다. 할머니는 가끔 기꼬짱에게 그런 말을 했다.

"너 같은 말괄량이, 선머슴 같은 계집애를 누가 데려 갈랑가
걱정이다."

기꼬짱은 이렇게 대답했다.

"어마마마, 걱정 마소서. 사내놈이 줄을 서서 날 꼬실려구 안 달을 하는데 쓸 만한 작자가 없어 소녀는 걱정이옵니다."

그녀의 부모는 딸의 그런 얘길 들으면 무척 흡족한 표정을 짓곤 했다. 기꼬짱은 내 귀에 대고 '내가 이겼지' 하고 소곤거리곤 했다. 그게 벌써 엊그제 일 같은데, 시간이 이렇게나 흘렀다니. 낚싯대를 까딱거리고 있으려니, 누나가 내게 말을 걸어왔다.

"파리 낚시는 재밌니?"
"응, 누나도 해 봐. 내가 파리 묶어 줄게."

물에 넣자마자 고기가 파리를 물었다. 물고기가 크게 동요하며 첨벙거렸다.

"들어 올려."

낚싯대를 들어 올리자 실 끝에 물고기가 따라 올라왔다.

"재밌네, 호호호."
"제주도 물고기는 쑥맥인가 봐. 물이 맑아 먹을 게 없어서인가? 파리를 보고 환장하네."
"쑥맥이기도 할 거야. 사람들이 안 잡으니까. 나처럼 순진하지"

"치이. 할머니가 그 소리 들으면 한 대 쥐어박겠네."

"그럼 내가 순진하구 꽃 같은 처녀 아니라구. 방년 십칠세 꽃 같은 나이라구."

"누나가 이쁘긴 이쁘지. 좀 덜렁거려서 그렇지."

누나는 눈을 곱게 흘겼다. 그 모습이 예쁘단 생각이 들었다.

"그건 내가 성격이 활발한 거지. 점잖은 척하며 뒤로 호박씨 까는 사람은 질색이다."

"근데 누나 오늘 안 가? 엄마, 아버지는?"

누나는 어머니가 오지 않을 것을 내게 알리지 못하고 얼버무렸다.

"내일 가서 만날라구. 지금은 차가 없어 차가 몇 번 안 다니는데 내일 아침 첫차로 가자."

"응."

"그나저나 한 가지 걱정이 있다."

"누나가? 무슨 걱정인데."

걱정이 있다니. 내가 되물었다.

"응, 세창이네 엄마가 느네 아버지를 만나구 까무러칠 뻔 했어."

"왜 까무러쳐?"

"너의 아버지를 보고는 널 잃어버리고 왔으니 울고불고 하다가 까무러쳤지. 찬 물을 먹이구 팔다리를 주무르고 난리가 아니었다구. 지금도 머리는 산발하구 방에서 나오지도 않구 울고 지내고 있어."

"내가 잘못했는데, 뭐."

"야, 너를 물 떠오라고 심부름을 보내서 네가 떨어졌잖아."

"배가 떠날 때 고동이 울리는데 내가 그걸 몰랐지."

"네가 배를 처음 탔는데, 고동을 울리는 게 배가 떠난다는 걸 알리는데, 당연히 그걸 알 리가 없지."

"배 안에 물 뜨는 곳으로 심부름을 보냈는데, 짐 때문에 물을 뜰 수가 없다구 해서 밖으로 나갔잖아. 그러니 내 잘못도 있지. 밖으로 나가지 말았어야 했는데."

나는 내 잘못이라고, 누나는 심부름 보낸 어른의 잘못이라고, 그렇게 서로 티격태격했다. 세창이 엄마는 나를 보면 좋아서 펄펄 뛸 것 같았다. 왠지 예감이 그랬다. 남편과 사별한 지 얼마 지나지 않아 나를 잃어버렸으니, 그 괴로움이 오죽했을까. 내일 아줌마를 보면 꼭 안아 주겠다고 다짐을 했다.

"저녁때가 다 됐네. 들어가자, 이야기는 밤에 하구."

저녁을 먹고 식구들 모두 마루에 둘러앉아 그간의 이야기를 했다. 배가 떠난 사실을 깨닫곤 부두에서 한참을 울었던 일, 순둥이와 부뚜막에서 잤던 일, 시래기죽을 얻어먹고 세창네 엄마가 찾아올 것 같아 부두에서 종일 기다린 일, 공동묘지 한가운데서 두 달 가까이 지냈던 일, 부산에서 제주도로 오게 된 경로를 자세히 이야기했다. 나의 이야기를 들으며 할머니는 연신 혀를 찼다. 다른 사람들도 흥미롭게 들어 주었다.

다음 날 아침. 누나와 함께 버스를 탔다. 온평리로 향하는 길이었다. 가는 내내 차는 심하게 덜컹거리고, 바닥의 벌어진 틈새로 먼지가 올라왔다. 버스의 왼쪽 차창 너머로는 바다가 보였다. 오른쪽 차창 너머로는 한라산 자락이 보였다. 산자락 아래 얼마 되지 않는 민가들이 모인 마을이 자리해 있었다. 그곳에서 사람들 몇 명이 타고 내렸다. 모든 집들이 아주 작게 보였다.

"누나, 여기두 우리나라야? 다른 나라 같아."
"그렇게 보일거야. 서귀포나 제주시 같은 데 가면 도시 그대로지만 그 외엔 한 마을에 몇 십호씩 안 되고 가난하게 살기 때문에 집도 작지. 바닷바람 때문에 지붕도 얕아서 다른 나라 같이 보이기도 할 거야."
"응. 우리나라 같지 않아. 우리나라라면 원시 시대인 거 같아."
"그래. 제주도에는 공장두 없구 돈벌이할 곳이 없어. 고기를 잡거나 밭에 농사를 지어서 고구마나 조로 먹고 사니까, 대부분 가난하게 산다구."

"쌀농사는 안 지어?"

"응. 제주도엔 논이 없어. 저렇게 까만 돌이 많잖아. 그건 태곳적에 화산이 폭발하여 용암이 흘러내린 거야. 화산이 폭발할 때 돌이 녹아서 흩어졌거든. 저 돌은 구멍이 숭숭 뚫려 있다구. 바닥엔 거의 돌이 깔려 있어서 물을 가둘 수가 없어서 논이 없어. 그래서 육지에서 쌀을 사다가 먹지. 그런데 가난하니까 비싼 쌀은 못 사 먹구, 고구마나 조밥을 먹구 살아. 조죽도 먹구 그나마 제대로 먹는 집이 흔하지 않아."

"그럼. 할머니네는 잘사나봐. 조하구 보리가 섞인 밥을 먹던데?"

"응. 할머니 동생이 부산에서 장사를 하구, 오빠는 전라도에서 농사를 짓고 살아서 밥을 먹구 사는 거야."

한라산은 섬 한가운데에 우뚝 솟아있고 사면이 바다로 둘러져 있어 바람이 사납게 불어 지붕이 얕고 지붕은 새끼줄로 엮어 돌을 매달아 놓는다고 이야기를 해주었다.

"근데 누나, 이 버스를 타구 제주도를 한 바퀴 돌아보려면 얼마나 걸릴까?"

"글쎄 한 바퀴 돌아보진 않아서 잘 모르겠는데, 하루에는 다 못 돌 것 같아. 한 바퀴를 돌아보구 싶니?"

"아니야. 여수 꽃집에서 있을 때 먹을 것이 없어서 밀가루 빵을 먹었다고, 어젯밤에 얘기 했잖아. 그래서 항구에 가서 금테 아저씨에게 말했거든. 제주도 가는 배를 태워 달라고 했지. 제주도에 와서 송씨네 집을 찾아 볼 생각이었거든."

"히야, 그런 생각을 다 했구나. 역시 내 동생은 다르네."

"근데 먹기두 하구 자기두 해야 되는데 며칠이 걸려 찾을지도 모르니까. 정 배가 고프면 밥은 얻어먹어야지 뭐. 잠은 헛간 같은 데서 자야겠다 생각했지."

"호호 놀라운 일이네 남자는 다르구나. 여자 같으면 그런 생각은 어림도 없을텐데."

누나가 내 어깨를 끌어당겨 꼭 안아 주었다.

"그런데 너무 가난하게 살아서 얻어먹지도 못하겠네."

"호호, 그래도 고구마는 주었을 거야. 제주도 사람은 억양이 거칠구 말을 알아듣기가 어렵지만 순하구 인정은 많으니까."

덜덜거리는 버스는 서고 가고를 반복하며 몇 시간을 갔다.

"저기 돌로 쌓은 돌담이 보이지?"

손으로 가리키는 곳에 높은 돌담이 보였다.

"응, 보이네. 성인가?"

"성이 아니구 저기가 온평린데, 폭도들이 쳐 내려와 저렇게 돌담으로 동네를 싸놓구, 사람들이 망대에서 지키고 있다구."

"폭도가 짐승이야?"

"이북 빨갱이들인데 여순 반란사건 때 배를 타고 제주도로 도망 온 놈들이 한라산 속에 숨어 살고 있어. 그놈들이 먹을 것이 떨어지면 동네를 밤중에 습격해서 곡식이나 소, 말 같은 것을 빼앗는다구. 사람은 보이면 대창으로 찔러 죽이구. 집에 불도 지르고 간다구. 여자들은 잡아가구."

"경찰이 없나?"

"그놈들은 경찰을 검은 개라 부르는데, 몇 사람 있지두 않구 총도 없이 방망이만 차고 있으니 무서워하지도 않는다구."

그런 사이에 버스는 문을 지나 섰다. 해가 지면 문을 닫아걸었다. 누구에게도 열어주면 안 된다고 했다.

"얘, 저 벽에 있는 포스터 좀 봐라."

누나가 가리키는 곳엔 포스터가 한 장 붙어 있었다. 포스터에 그려진 그림이 섬뜩했다. 사람과 꼭 닮은 형상이었는데, 상체만 크게 그려져 있었다. 얼굴은 머리털과 수염으로 뒤덮여 있는 것이 꼭 사자 머리를 연상케 했다. 사람들에게 경각심을 전하기 위해 붙여놓은 것이다.

"그만 가자. 저기 삽작이 열려 있는 집이 세창네 집이다. 가
자."

온평리도 습격을 당했었다고 했다. 삽작문을 열고 들어서니,
'쉬익'하고 두 손가락을 입에 대고는 치마 뒤로 날 숨겼다.

"언니야, 언니 나와 봐. 명배 왔다. 나와 봐라."

이웃집이 떠나가도록 큰소리를 질러댔다. 방문을 열고 나오
는 세창이 엄마는 산발한 머리를 흰 끈으로 동여매고 있었다.

"네도 미쳤냐? 가시네야 오장육부를 뒤집어 놓고, 아이구
야."

세창 엄마는 울음 섞인 쇳소리를 내며 마루에 털썩 주저앉았
다. 어깨는 처질대로 처지고 등허리는 푹 굽었다.

"언니야. 멀쩡한 처녀보구 미쳤다구? 금 나와라 뚝딱! 은 나
라와 뚝딱. 명배 나와라 뚝딱, 짠."

내 앞에 있던 누나가 물러섰다. 세창 엄마의 얼굴이 나를 향
했다. 나를 발견한 두 눈은 빛났다. 세창엄마는 자리에서 천천
히 일어나더니 나를 한참이나 쳐다봤다. 그녀의 눈앞에 상상조

차 하지 못했던 일이 벌어지고 있었다. 여수에서 잃어버린 아이가 두 달이나 지나 자기 집 앞에 나타나리라곤 생각조차 할 수 없는 일이었다. 내가 아버지 옷을 입고 있는 모습이 익숙하지 않았을 거다. 무슨 착시 현상을 보는 듯 바라보았다. 믿기지 않는다는 듯 나의 얼굴을 한참이나 쳐다보던 세창엄마는 그제야 정신이 든 것 같았다. 마성 같은 소리를 지르며 맨발로 한걸음에 달려왔다. 두 손으로 나의 얼굴을 잡더니, 다시 확인했다. 그러더니 나를 끌어안고 울음을 터트리는 게 아닌가.

"아야, 네가 명배 맞지? 명배야. 엉엉…바다에서 솟아났니, 하늘에서 떨어졌니."

세창엄마는 눈물범벅이 된 자신의 얼굴을 내 얼굴을 부볐다.

"내 얼굴 좀 꼬집어 봐라. 이게 꿈이냐 생시냐. 아이고, 명배야."
"언니야, 꿈이 아니고 생시다, 생시. 까무러치지 않으니 다행이다."

감동적인 얼굴로 두 사람을 바라보던 누나가 하는 소리였다.

"그래, 그래. 생시구나."

하도 소란을 피우니 이웃집 아낙들이 하나둘 모여들었다.

"쟤가 잃어버렸던 아이고망."
"여수라 캤는데, 어찌 찾아왔을깡."
"놀랄 일이다. 세창 어망 살았네. 살았어."

나를 안고 일어서며 훌쩍이고 웃기를 반복했다. 아낙들이 박
수를 치기도 했다. 나는 혼이 다 빠진 것처럼 멍해졌다. 아무리
달래도 마음을 추스르지 못하더니, 내가 나타나자 그토록 좋아
하는 걸 보고 축하했다. 신랑과 사별하고, 웃음기를 잃고 사는
가녀린 여인. 이 여인이 자기로 하여금 남의 집 자식을 천리 타
향에서 잃어버리고 왔으니, 그 마음은 그동안 얼마나 애가 탔
을까.

"언니야. 이제 고만해. 아버지 만나러가야지."
"그래, 그래. 가자."
"정신 차리고 신이나 신고가라."

맨발인 체 내 손을 잡고 나가려는 세창네 엄마에게 하는 소리다.

"어, 그래. 정신도 없고망. 혼이 나갔나봐."

그제야 정신이 드는 듯 댓돌에 놓인 신발을 신었다. 그때까지

울고 있던 세창이를 들쳐 업고 우리는 할아버지 댁으로 갔다. 별 이야깃거리도 없는 조용한 마을에서 내 이야기는 화제가 되었다. 사람들은 자연스레 호기심을 가졌을 것이다. 공장장 할아버지 댁은 십분 쯤 걸리는 거리였다. 그곳에 도착하니 한바탕 난리가 났다. 할아버지가 나를 등에 업고 덩실덩실 춤을 추며 마당을 빙빙 돌았다. 아버지는 그런 모습을 흐뭇하게 바라보았다. 웃음 가득한 얼굴로 동네 사람들 인사받기도 바빴다. 마루에 여러 사람이 빙 둘러앉아 있었다. 그분들에게 큰 절을 했다. 절을 받은 사람들이 내게 덕담 한마디씩 해주었다. 아버지에게도 절을 했다. 아버지가 웃으며 내 두 손을 잡아 주셨고, 세창 댁에도 절을 했다. 두 손으로 마룻바닥을 짚고 반절을 했다.

"내가 네게 절을 해야 되는데…."

세창 엄마는 웃음 가득한 얼굴로 나를 끌어안아 주었다.

"이제 세창네도 얼굴 피고 지내시게. 나는 난리가 끝나면 이 녀석이 구로동으로 찾아올 줄 알았는데, 세창네가 간절히 염원해서 이렇게 찾아온 것 같네."
"네. 그렇게 살겠습니다. 고맙습니다. 아저씨."
"호호호, 우리 언니 얼굴에 꽃이 활짝 폈네."

댓돌 위에 서 있던 기꼬짱의 한마디에 여기저기서 웃음이 터져 나왔다.

"큰형님. 제가 돈을 드릴 테니 돼지 한 마리 구해서 잡으시죠."

"응. 좋은 생각이네. 이렇게 좋은 날 동네잔치 합세. 저기 강서방, 우리 수퇘지 한 마리 잡소, 허허."

정말로 돼지를 잡는 모양인지, 이내 돼지 비명소리가 들려왔다.

"자, 그럼 명배야. 네가 여수에서 어떻게 여길 찾아 왔는지 궁금하구나. 네 이야기 좀 들어보자."

아버지가 내게 말했다.

"아버지. 그 이야기는 제가 대신 할게요. 어젯밤에 이야기를 들었으니까."

곁에 있던 기꼬짱이 자신이 이야기하고 싶어 죽겠다는 듯 얼른 말했다.

"오, 그래. 그럼 네가 대신 해보래이."
"헴, 에헴…."

기꼬짱은 목을 가다듬더니 이내 말했다.

"자, 그럼 활동사진*을 한편 틀어 드리겠습니다. 자, 저기 보이는 해가 영사기이고 제 얼굴이 화면입니다. 귀를 활짝 열고 열심히 보아 주십시오. 오늘 활동사진은 무료입니다."

여기까지 말을 마치자 여기저기서 웃음소리와 박수소리가 들렸다. 기꼬짱은 흐뭇한 얼굴로 본격적인 이야기를 시작했다.

▲ 활동사진 극장

---

* 1950년대. 활동사진시대에서는 모든 영화가 대부분이 소리가 안 나온다. 즉 무성영화라고 불리우는 영화가 상영 된다. 즉, 소리가 없는 영화다. 그러면 소리는 어떻게 들리는가. 바로 변사라는 인물의 입을 통해 전달된다. 변사는 바로 이때부터 등장을 하게 된다.

▲ 1955년 4월 2일,서울 중앙극장에서 개봉한 지 사흘 만에 간판을 내린 영
화, '미망인'의 포스터.

"여기 모인 분들, 지금이 어느 때인지 모두 알고 있겠지요? 네, 그렇습니다. 김일성이가 3·8선 이남으로 쳐들어와 전쟁이 났습니다. 하지만 총소리도 안 들리고 피란민 행렬도 보이질 않죠. 그러니 어쩌면 전쟁을 실감하지 못하는 분들도 계실 겁니다. 그러나 활동사진을 보시고 나면 전쟁의 한 단면을 실감할 겁니다. 헴헴, 때는 지금으로부터 두 달 전입니다. 추운 겨울, 일월의 어느 날이었습니다. 세창네 어망이 피난을 가고 있었습니다. 두 아이들을 데리고 말이죠. 그의 세 살짜리 아들과 또 다른 열 살 된 남의 아들이었습니다. 부산에서 "갈매기"호라는 화물선에 몸을 싣고 친정으로 가고 있었습니다. 친정이 제주도였거든요. 어떻게든 살아 보자고 떠난 길이었습니다. 제주도로 피란 가는 사람들 모두가 큰 걱정인 얼굴이었죠. 객실 내부는 침묵으로 무겁게 가라앉은 분위기였죠. 그때 어디선가 바이올린 소리가 들려옵니다. 주위를 둘러보니 왠 남자 두 사람이 객실 한복판에 서 있는 게 아니겠습니까. 한 사람은 절름발이, 또 다른 한 사람은 장님이었습니다. 모두 상하의 검은 옷을 입고 있었습니다. 때가 때이니만큼, 남루한 행색이었지만 바이올린 소리만은 누구의 귀도 단번에 사로잡을 만큼 훌륭했습니다. 사람들의 마음을 대변해주듯, 가냘프고 서글픈 바이올린 선율 말입니다. 이내 곧 그 소리에 어울리는 노래 소리가 들려왔습니다. 바이올리니스트, 그 옆의 검은 안경을 낀 장님은 노래를 부르고 있었던 것입니다. 노래 역시 아주 구성지고 좋았습니다. 노래가 끝나자 두 사람은 각자 자기소개를 했습니다. 그들은 자신들을 집시생활 하는 사람들이라고 소개했습니다. 여수 항에 들려 부산까지 가는 길에 음악을 들려주겠다고 한 것입니다. 그들의 얘기를 들은 사람들이 이내 눈물을 글썽였습니다. 감격한 모양인지, 자신들이 갖고 있던 음식을 나눠주었습니다. 과자를 얻어먹은 세창이가 물을 달라고 했습니다. 물을 뜨려고 밖으로 나간 사이, 갈매기호는 동그라미 연기를 피워 올리며 멀리 떠나 버렸습니다. 아이는 울다가 지쳐 어느 집 부뚜막에서 추위를 견디며 하룻밤을 지새웠습니다."

이후에도 기꼬짱의 이야기는 계속 되었다. 중간에 울먹거리기도 했다. 어떤 대목에선 말을 잇지 못했다. 쪼그려 앉아 무릎에 얼굴을 묻고 어깨를 들썩이며 한참을 흐느꼈다. 그 모습을 본 사람들도 눈물을 훔치며 숙연한 표정을 지었다. 열일곱 살 소녀의 마음은 여리고 여렸다. 이야기를 풀어내는 재능이 누나에겐 있었다. 누나의 얘길 들으며 세창 엄마는 연신 흐느꼈다. 고작 열 한 살인 아이가 가족을 잃고 타지에서 헤맸을 생각을 하니 마음이 더욱 저렸던 것이다. 그게 모두 자신의 탓이라는 생각에, 자책감이 한가득 밀려왔다. 혹여나 가족들이 데리러 오지 않을까 싶어 부두에서 종일 기다렸다는 대목에선 흐느끼는 소리가 더욱 커졌다.

기꼬짱이 이야기를 끝내자 사람들이 환호해 주었다. 이야기를 하는 내내 자신도 모르게 흥분했는지, 이야기를 마친 기꼬짱의 얼굴이 발그레하게 상기되어 있었다. 그걸 보고 의붓아버지가 말했다.

"허허, 저 가시내가 그 뭣이라, 무슨 악극단이라는 델 들어가게 해 달라고 조르기도 했고망."

아버지는 빙그레 웃으며 말했다. 딸이 가진 변사로서의 재능을 오늘 처음 발견한 것이다. 이내 곧 마을잔치가 열렸다. 송대목 할아버지의 흥겨운 노래로 잔치 분위기는 더욱 무르익었다. 송대목 할아버지는 마을에서 대목어른으로 불리웠다. 제일 큰

어른이었다. 어느 집 제사나 잔치 등 애경사에는 그분이 꼭 초
청 되었다. 집도 여느 집 하고는 달랐다. 대뜰 높은 안채는 마
루 좌우로 방이 위치했다. 안방 옆에는 부엌이 있고, 바깥사랑
채는 방과 광이 붙어있었다. 세 채로 들어앉아 있는 집은 그곳
이 유일했다. 돼지고기 굽는 냄새가 코를 찔렀다. 고기를 동생
의 입에 넣어주었다. 돼지고기 비계가 특히 맛있었다. 말로는
표현 할 수조차 없는 특별한 맛이었다. 똥 먹으며 사는 우리나
라 토종돼지의 맛이었다.

"아이구, 똥 냄시."

누나가 표정을 찡그리며 말했다. 그때까지만 해도 나는 그 말
이 정말인지 알 수가 없었기에 누나가 그저 장난을 친다고 생
각했다.

"먹는 걸 가지구."
"오빠, 진짜 똥 먹고 살아. 저기 저 뒤에 가면 알 수 있어."

동생이 집 뒤쪽의 돼지우리를 가리켰다. 나는 믿을 수 없다는
듯 말했다.

"에이, 설마."
"명배 똥 눌 땐 알 거다. 진짠지 아닌지."

"누나 고만해. 밥맛 떨어져."

"호호호"

그때까지만 해도 나는 반신반의했다. 떨어지는 똥을 먹고 사는 돼지라니. 믿기질 않았다. 하지만 이튿날 아침, 볼 일을 보러 가서야 그 말이 사실이라는 걸 깨달았다. 제주도 땅은 웬만해서는 파봤자 30센티미터 이상 부드러운 흙이 나오는 곳이 드물다. 농사를 짓기에는 그리 좋은 흙이 아니다. 척박한 환경과 부족한 곡물 재배 상황에 적응해 살다보니 사람 먹을 곡식도 귀한데 돼지에게 줄 곡식이 있을 리 만무하다. 보기에는 좀 불결해도 섬이라는 환경에서 자원을 최대한 재활용하려 했던 이 땅의 억척스런 생활 모습이 제주도 똥 돼지에 고스란히 드러난다.

똥돼지 우리는 돼지가 나오지 못할 만큼의 높이로 돌이 쌓여 있다. 변소는 돌로 빙 둘러싸여 있었다. 돼지가 닿지 않는 곳에서 볼일을 봐야 했다. 변을 눌 때마다 발치 아래에서 쩝쩝거리는 소리가 들려왔다. 돼지들이 변을 받아먹는 소리였다. 돼지 머리 위에 설사를 할 때면 똥이 머리로 떨어질 테고, 돼지가 머리를 흔들면 똥 벼락을 맞을까봐 걱정되었다. 그 순간, 집 근처 동산으로 올라가 볼일을 봐야겠다는 생각이 들었다. 초저녁 무렵, 잔치는 끝이 났다. 마을 아낙네들은 설거지를 하고 남자들은 자리를 치웠다. 청소하는 모습을 보고 있자니 마음 한구석이 푸근해졌다. 모두 한가족 같았다. 이곳은 언젠가 평화와 기쁨이 깃들 것이라는 생각도 들었다. 이곳까지 와서 아버지를 만나게 된 것도 결국 사람들의 인정 때문이다. 이튿날은 안남미가 섞인 조밥을 아침으로 먹었다. 아침을 먹고 나자 누나가 말했다.

"명배야, 물 길러가자."
"물을? 어디로 가는데."
"너도 이걸 지고 날 따라오면 돼."

구덕*을 진 누나가 광에서 구덕을 내왔다. 나도 누나를 따라 구덕을 어깨에 지고 길을 나섰다. 오리쯤을 걸어가니, 물이 졸졸 흐르는 계곡이 나타났다. 물이 낙차 하는 곳에 구덕을 놓으니, 물이 금세 가득 찼다. 물은 사시사철 마르는 법이 없다고 했다. 비가 많이 올 때, 하루 이틀만 못 먹는다고. 구덕에 찬 물의 양을 조절했다. 집에 도착하니 이미 점심때가 지나 있었다. 점심을 먹고 한 번 더 가기로 했다. 그 물은 밥을 짓거나 마시는 걸로 쓴다고, 허드렛물은 빗물을 받아쓴다고 했다. 빨래는 물 긷는 아래쪽에서 한다고 했다. 도고네처럼 물고기를 잡을 수 없어서 너무도 아쉬웠다. 아버지에게 물고기를 잡아드려 매운탕을 할아버지와 맛있게 드시는 모습을 그렸지만, 그건 이룰 수가 없었다.

---

* 조대로 엮은 바구니에 들어있는 구멍이 좁은 항아리로 물 길어 나르는 용도로 쓰인다.

도고네와 온평리는 지형적인 조건이 많이 달랐다. 도고네는 계곡 옆으로 마을이 형성되어 먹을 물은 걱정하지 않아도 되었다. 온평리는 물도 멀리 떨어진 곳에 있었다. 그래서 구덕으로 져 날라야만 했다. 도고네 사람들은 대체로 똥 먹는 돼지를 키우는 것도 보지 못했다. 온평리에선 좀 잘사는 사람이나 조밥을 지어먹었고 대부분은 조밥을 매끼 먹지 못하고 서석죽이라는 조죽을 먹었다. 고구마를 주식으로 삼는 것도 그랬다. 공장 장할아버지 댁은 조밥을 먹는 형편이고, 아버지가 피란민 신고를 하여 안남미*를 배급받아 섞어 먹는 실정이었다. 그러나 온평리는 자연과 가까이 하고 있었다. 때문에 마을 주민들이 건강하게 살 수 있다는 장점도 있었다. 고구마와 조 농사는 잘되었다.

고구마의 용도도 다양하게 쓰였다. 고구마가 자란 후에 줄기와 잎은 거두어 가축의 사료로 썼다. 고구마는 필요할 때마다 캐어 먹고 있었다. 고구마의 식용방법은 다양하다. 날로 먹고 쪄 먹기도 한다. 얇게 썰어 볕에 하루이틀 말리기도 한다. 말린 고구마를 고무대야에 넣고, 수시로 물을 갈아 주면 부글부글 끓어오른다. 끓는 동안 고구마성분이 가라앉는 걸 볼 수 있는데, 이것이 바로 고구마 전분이다. 전분으로 수제비를 끓여 먹기도 하고, 떡을 만들어 먹기도 한다. 회색빛 찐득찐득한 떡은 달착지근하다. 이 떡으로 한 끼 식사를 대신한다.

----

* 베트남에서 나는 쌀.

온평리에 온 지 나흘째 되는 날, 저녁을 먹으러 오라는 세창네의 기별을 받고 누나와 나는 세창네로 갔다. 방안에 차려진 밥상 보자기를 열고 누나가 깜짝 놀랐다.

"어머머, 이밥이네. 고기, 갈치, 김, 전복도 있네. 언니야. 언니가 무슨 돈이 있다구 이렇게 많이 차렸어."

누나가 정색을 하며 하는 소리다.

"으응, 명배 밥 한번 해 먹이려고 장 봐 왔어."
"그래두…아주머니가 힘들게 버시는 걸."
"으응, 엄마가 밥 한 끼 해 먹이라구 돈을 좀 주셨어. 명배가 찾아와 내가 살아났다구. 얼마나 좋아하시는지 몰라."
"느그들은 이런 밥 처음 먹어볼걸?"
"하얀 좁쌀두 있어?"
"하—얀 좁쌀? 그래 그 말두 말이 되네. 호호호."

누나가 호들갑을 떨었다.

"이건 이밥이라고 하는데 이밥은 좁쌀 윗질이고, 이 밥 위엔 쌀은 육지에서 배로 실어 오는데 너무 비싸서 사먹을 수가 없구. 명절 때나 제사 때만 쌀밥을 해 먹는데, 여기선 곰밥이라구 한다구."

"으응."

"애들은 진 밥을 싫어하는데, 되게 하면 입안에서 돌아다녀.
일부러 질게 했다. 많이 먹어라."

아주머니가 내 등을 토닥였다. 밥이 떡 같았지만 조밥보다는
훨씬 나았다. 육지 논에서 "피"라는 것이었는데, 제주도에선 일
부러 농사를 짓지만 소출이 조에 못 미쳐 많이 짓지는 않는다.
세창네 엄마는 내 옆에 앉아서 갈치살을 동생과 내게 번갈아
수저 위에 놓아 주기도 하고 삶은 돼지고기를 잘라 입에 넣어
주기도 했다.

"그거 냄새 날 텐데."

누나가 고개를 갸웃하며 하는 소리다.

"으-응. 이상해. 누나는 못 먹겠다."
"흥, 애가 날 가지고 노네. 도고네서 여기까지 데려온 공도
모르고."

누나가 살짝 눈을 흘겼다.

"누나가 안 왔어두 할머니가 버스 태워주었으면 나 혼자 찾아
올라구 했는데 누나가 며칠 내로 온다구 했어."

"그건 명배 말이 맞다. 여수에서 부산, 부산에서 제주도까지 왔는데, 제주도에서 여기 오는 건 눈 감고도 찾아 올 텐데 뭐."

"네, 누나는 할머니가 오셨나 하구 도고네 간 거지. 나 데리러 간 건 아니잖아."

"그래, 명배 말이 맞아."

세창이 엄마가 활짝 핀 얼굴로 하는 소리다.

"피—이, 언니 얼굴에 함박꽃이 피었네. 그래두 내 공은 알아주지도 않네. 금방 무슨 일이 벌어질 것 같더니."

"네 덕이 아니구. 우리 명배 덕으로 내가 살아났다. 명배야 고맙다."

행복한 눈웃음을 지으며 내 등을 토닥거렸다. 20대 중반 꽃다운 나이에 웃음을 잃고 살아가는 여인네. 남의 천금 같은 자식을 천리타향에서 잃어버리고 왔으니 고뇌가 오죽했을까. 하늘이 도와 내가 잘 찾아 온 것이다.

"언니이. 이젠 시집이나 가면 되겠다."

"저 가시네가 못하는 소리가 없네."

세창이 엄마가 역정을 냈다.

"그럼, 그 나이에 평생을 혼자 살아? 어이구 맙소사."

"나를 위해 하는 소리지만 다신 내 앞에서 그런 소리 하지 마라. 정말 듣기 싫다."

"알았어요."

맛있는 저녁을 먹고 이런저런 이야기를 하는 중에 세창이 할머니가 수건을 쓴 채 들어오셨다.

"아주머니, 오늘은 일찍 들어오시네요."

나를 쳐다보며 자리에 앉자 내가 큰 절을 했다.

"그래그래, 고맙다. 네가 내 딸을 살려주었고망."

할머니는 나의 두 손을 잡고 웃음을 지었다. 눈물의 나날을 보내고 있던 당신의 딸에게 내가 찾아 왔으니, 고마움을 말로 표현 할 수 없을 터였다. 다음날은 날씨가 화창했다. 대목네 할머니가 나를 손짓하여 부르고는 말했다.

"아야, 오늘 날씨도 좋고 바람도 없으니 저녁에 갯가에 나가 보겠맹이."

노인의 억센 사투리는 좀체 알아들을 수가 없었다. 멍하니 있던 내게 누나가 설명을 해주었다.

"모처럼 날씨가 좋으니 나가자는 거야. 물이 나간 오후에 바다에 나가 소라 고동도 줍고, 미역 같은 것도 주워 오라는 거야. 할머니 말이 어려울 거야."

누나가 설명을 해주었다.

"그런 게 먹는거야? 바다에 가면 그런 게 있어?"
"그래, 이 촌놈아."
"서울 사람이 촌놈이라구? 여기보다 더한 촌구석은 우리나라에선 없을 걸."
"그래 그것두 그렇긴 하다. 너야 여기가 딴 나라 같을 거야."
"석기 시대로 온 것 같다. 영어 같으면 알아듣겠는데."
"기지도 못하면서 날아갈라구 하네. 호호."
"누나가 영어나 일본말 해봐. 내가 알아듣지."

영어나 일어를 하지 못하리란 걸 알기 때문에 오기를 부렸다.

"그래, 맞춰봐. 헴헴. 아—노 아리가다 고자이마쓰, 야노 덴노이까, 난데스까, 히로시마노, 나가사끼."
"히로시마, 나가사끼는 원자탄이 떨어진 곳인데 천왕이 고맙다구?"

"오라, 제법이네. 쪼끔은 알아듣네."

"나는 해방될 때 일 학년이었구, 학교에서 배웠으니까."

"내가 일본에서 태어났구, 해방 되던 해에 나왔거든. 일본 말을 안 쓴지 오래니까 다 잊어 버렸다."

"그럼 쪽바리네."

"요 녀석이…!"

누나가 내게 꿀밤 한 대를 먹였다.

"일본 애들이 나한테 일본말로 욕을 하더라. 그래서 고놈들붙들어 갖고 한 대씩 쥐어박았으니 울면서 도망을 갔지."

"쪽바리가 누나가 쪽바린지 모르고 욕을 했으니 그놈들이 잘못 걸렸지."

또 꿀밤 한 대가 날아왔다.

"아야, 선머슴을 잘못 건드렸지."

누나가 때리려 달려들자 나는 도망을 쳤다.

"숙녀를 선머슴이라고!"

"할머니가 그랬단 말이지 뭐."

한마디도 안 지려고 한다며 눈을 흘겼다.

"야, 이리 와 봐. 내가 제주도 사투리를 가르쳐 줄게."

"하르방이 뭐냐?"

"하르방? 잘 모르겠는데. 할아버진가?"

"그래. 할아버지구. 할머니는 할망. 어머니는 어망. 아버지는
아방. 아즈망은 아주머니. 나 같은 처녀는 비바리라고 해."

"망자 돌림인가, 어망, 아방하니까 욕하는 것 같아."

"호호 넌 안 써 봤으니까 그런 느낌도 들거야."

"누나, 여기두 우리나라야?"

"호호호, 그럼 다른 나란 줄 알았나?"

"꼭 다른 나라에 와 있는 것 같아."

"육지하구 다른 게 많으니까 그런 느낌도 들 거다. 돼지는 도
새끼. 닭은 덕 색기, 고양이는 고냉이, 새는 생이, 쥐는 쥥이 그
렇게 부른다구."

"그럼 개는 개색긴가? 개냉인가."

"하하하, 개는 개다."

누나가 허리를 잡고 웃어댔다. 그걸 보고 마루에 앉아 있던
아버지와 노인들도 박장대소를 했다.

그날 오후, 누나와 함께 바닷가에 갔다. 썰물이 시작되는 시
간이었다. 끈 달린 바구니와 끝이 뾰족한 쇠꼬챙이를 쥔 채였
다. 바닷가는 집으로부터 20여 분 정도 떨어진 곳에 있었다.

바닷가에 가니, 사람들이 벌써 나와 있었다. 돌밭에서 뭔가를 줍고 있었다. 바닷가 근처의 산 능선이 얕은 경사를 이루며 바닷물과 맞닿아 있었다. 구멍이 숭숭 뚫린 크고 작은 돌들도 보였다. 회색빛이 물을 먹어 검은색을 띠고 있었다. 바닷바람이 꽤 쌀쌀했다. 누나가 허리를 숙여 뭔가를 줍더니 내게 말했다.

"애, 이리와 봐. 이게 바로 소라야, 요렇게 작은 것은 고동이구, 너도 주워 봐."

소라는 제법 크고, 고동은 민물에 사는 것처럼 생겼다.

"이런 게 다 먹는 거야?"
"응. 저녁 먹구 삶아 줄게. 맛있다구. 이런 것도 주워 넣어. 이건 톳이고 이건 미역이야, 알잖아."
"미역은 알겠는데 이건 풀 같네."
"그걸 톳이라구 하는데, 무쳐두 먹구 서석 죽 쑬 때나 된장에 풀어먹기도 해. 그러니까 이 바다는 우리 마을에 먹거리를 제공하는 셈이지."
"돌 빼구 다 먹는 거네."

빠져나가는 물을 따라 들어갔다. 들어갈수록 지천이었다. 가난한 온평리 마을엔 지형적인 조건으로 영양이 풍부한 좋은 먹거리를 언제나 제공하는 좋은 곳이기도 했다. 매일 자전의 법

칙과 달의 인력이 먹거리를 날라다 주었다. 때문에 서석죽이나 고구마를 주식으로 하여도 사람들이 모두 건강을 유지할 수 있었다.

"누나, 이리와 봐. 이상한 게 있어."

물이 정강이까지 차올라 고여 있었다. 그곳에 세워져 있는 돌 옆에 손바닥만한 것이 붙어있었다. 내가 물에 들어서니 돌에 바짝 붙는 움직임이 눈에 띄었다. 꼬챙이를 돌과 전복 사이에 밀어 넣고 밀치니 떨어졌다. 조개처럼 생겼는데, 어른 손바닥만큼 컸다.

"우와 크다. 이게 전복이야. 이렇게 큰 것은 흔치 않은데. 명배가 찾았네."

누나가 다가와 감탄하며 말했다. 이것도 먹는 거라니.

"그것두 먹는 거야? 징그럽다."

누나가 전복을 집어 내게 가까이 들이댔다. 그 바람에 뒤로 자빠질 뻔 했다.

"이 전복이 우리가 줍는 것 중에 제일 고급이다. 세창네서 전복 먹어봤잖아."

그것보다 크진 않아도 전복도 몇 개 더 주웠다. 우리가 갖고 온 바구니에 더 담을 수 없을 만큼 주웠다.

"더 주워두 못 가져가니 고만가자. 많이 주웠다."

"재미있는데 진작 좀 오지."

"응. 날이 좋으면 매일 올 수 있지만 이렇게 좋은 날은 일주일에 한두 번 정도야. 바람이 불거나 눈이나 비가 오거나 그래."

"그럼, 물은 매일 나가는 거야?"

"그래, 너두 배웠을 거야. 지구는 자전과 공전을 하잖아. 태양을 향해 지구 한 바퀴 도는 것이 자전이구 그래서 밤낮이 생기는 거구. 그러면서 태양을 한 바퀴 도는 것이 공전이잖아. 그래서 봄, 여름, 가을, 겨울이 생기는 거지."

"응. 자전, 공전 배운 생각이 나는데 물이 나간다는 건 처음 알았어."

"응. 그렇구나. 제주도는 삼다도라구도 하잖아. 바람, 돌, 여자가 많다구 그렇게 부르는 거야."

"응. 바람은 바다 한가운데 있으니까 그렇구. 돌은 한라산에서 용암이 흘러나와 많구. 그런데 여자는 왜 많아?"

"하하하, 그런 게 아니구 제주도는 바다가 빙 둘러 있잖아. 농사짓는 사람두 있지만 고기잡이 하는 사람도 많지. 고기 잡으러 바다에 나갔다가 풍랑을 만나 죽는 사람들이 많아서 혼자 된 여자들이 많아서 그런 거야."

"그렇구나. 그럼 누나도 제주도에서 시집가면 안 되겠다. 과부되면 어떡해."

"요게 맞을 짓만 하네. 제주도엔 내 신랑감은 없다. 걱정마라."

"에이, 누나가 이쁘긴 이쁜데, 너무 잘난 척 한다."

누나가 서서 눈을 흘겼다.

"눈 흘기는 것두 이쁘네. 시집가서 과부 될까 봐 그런 거지."

누나가 손바닥으로 등짝을 세차게 때렸다. 그날 밤엔 요리를 했다. 우리가 낮에 주웠던 전복이며 소라를 잡아 손질했다. 어른들은 그걸 안주 삼아 이야기꽃을 피웠다. 우리는 바늘로 소라와 고동을 빼 먹었다. 바늘로 빼어 낸 것을 동생에게 먹여주었다. 동생이 좋아하며 해맑게 웃었다. 짭조름하고 군것질 할 것이 없었으니 특별한 맛이었다. 그 이후로도 종종 바다에 나가고 싶었다. 하지만 날씨가 좋을 때에만 바다에 나갈 수 있다고 했다. 아쉬웠다. 해산물을 먹은 덕분에 사람들은 건강을 유지할 수 있었다. 전쟁통에 그나마 다행인 사실이었다. 바다는 사람들의 영양을 챙겨주는 귀중한 재산과도 같았다.

도고네는 바다가 멀고 깊은 탓에 그런 혜택은 못 받았다. 하지만 좋은 물이 마을 옆으로 흐르는 덕을 보았고, 온평리는 물이 바다까지 닿아있어 좋은 먹거리를 제공하는 이점이 있었다.

오래 전에 조상들은 사람이 살만한 곳에 터전을 잡았을 것이다.

누나와 나는 항상 붙어 지냈다. 제주도 생활에 점차 익숙해졌
다. 재미있는 날들이 이어졌다. 구덕에 물을 뜨러갈 때나 올 때
도 시시덕거렸다. 하지만 종종 우울해지곤 했다. 어머니의 생
사를 알 수 없었기 때문이었다. 나이 어린 동생은 엄마가 없으
니 항시 아버지 곁을 떠나지 않았다. 자다가 엄마를 찾으며 울
때는, 아이를 안고 토닥였다. 그럴 때마다 아버지의 얼굴은 천
장을 향해 있었다. 그럴 때는 나도 어머니 생각으로 이불을 뒤
집어 쓴 채 눈물을 흘리곤 했다. 어린 동생은 잠시도 떨어지려
하지 않았다. 그러니 돌투성이 바다에도 나갈 수가 없었다. 도
고네 같은 곳이라면 낚시로 소일을 할 수 있겠지만, 이곳엔 그
런 곳도 없으니 너무도 아쉬웠다.

아버지는 평소에 엄격하셨다. 때문에 나는 당시 아버지와 곁
도는 사이었다. 죽으나 사나 함께 간다는 어머니였지만 갓난
아이를 업고 걷는 것이 불가능한 일이여서 편하게 먼저 보내신
것이 후회스럽기도 할 것이다. 공장장 할아버지가 어머니 걱정
을 할 때는 돈이 넉넉히 있으니 후방 어디에 있던지 잘 지내고
있을 것이라고 너무 걱정 마시라고 했다. 오히려 위로 하듯 했
다. 할아버지보다 몇 배나 더 속이 타는 고민을 하면서도 바다
에서 주워오는 먹거리로 저녁에 술을 마시는 것이 유일한 낙이
었다. 누나와 시시덕거리는 것이 어느 때는 눈치가 보이기도 했

다. 아버지는 내가 그렇게 지내는 것은 다행이라 생각하셨다.

그때 어머니는 목포 밥집에서 항상 헤어진 식구들 생각으로 마음 편히 지내지 못했지만 갓난아이를 업고 부산을 찾아갈 엄두를 내지 못했다. 차편만 있다면 부산으로 가고 싶었지만 겨울이라 차일피일하고 지내다 보니 부산에 식구들이 있을 것 같지 않았다. 제주도 주소는 알고 있으니 시일이 지나면 부산으로 갈 필요성을 못 느낄 것이다. 배를 타고 망망대해를 간다는 것도 너무 겁이 났다. 주인 노인들이 딸처럼 잘 대해주니 겨울이나 지내보든가, 그 안에 전쟁이 끝나진 않을까, 하며 하루하루를 보내고 있었다. 어느 곳으로 찾아가도 식구를 만난다는 확신이 들지 않아 용단을 내리지 못하고 있었다. 그저 시일만 보내고 있는 처지였다.

"

"물이다! 바닥에서 물이 들어온다!"

　누군가가 큰 소리로 다급히 외쳤다. 그 소리에 놀란 사람들이
가만있질 못하고 우왕좌왕했다. 배 안으로 물이 들어온다니.
모두 공포에 질린 얼굴들이었다. 선장이 큰소리로 말했다.

"

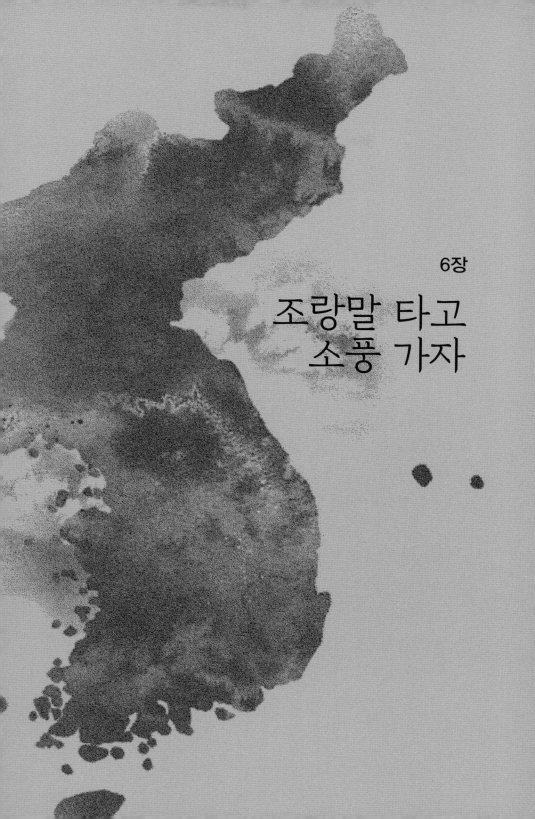

6장

조랑말 타고
소풍 가자

어느덧 오월 초순이 되었다. 날씨가 많이 포근해졌고, 기온도 올랐다. 기코짱 누나가 내게 말했다.

"내일은 조랑말 타고 소풍 가자."
"조랑말을 타고 소풍을 간다구?"
"그래."
"치이, 말도 안 되는 소리."

나는 심드렁한 목소리로 대꾸했다. 고삐도 없는 말을 탄다는 게 가당치도 않았다.

"낼 아침에 보면 알게 된다구. 계란 두 개 훔쳐다 삶아 놨구, 전복두 졸여 놨어. 쉬-잇."

누나가 비밀이라는 듯 목소리를 낮추며 말했다. 이튿날은 바람도 별로 불지 않고 햇빛이 따사로웠다. 이른 아침을 먹고 보자기에 싼 물건을 들고 나갔다. 마구간에 걸쳐있는 서까래 빗장을 내려 놓고 한발쯤이나 되는 나뭇가지로 항항 하며 말에게 나오라는 신호를 보냈다. 두 마리 말이 나와 대문 밖으로 나가서 골목길을 따라갔다. 누나와 나는 말의 뒤를 따랐다. 골목을 벗어난 두 녀석은 우측 야산 쪽으로 걸어갔다. 말의 뒤를 따라갔다.

"누나, 말들이 어디로 가는 거야?"
"응. 쟤네들 가는 데로 따라가면 돼."

내가 궁금해하는 것이 재미있다는 듯이 힐끔힐끔 쳐다보며 웃음을 지어보이며 설명도 해 주지 않았다.

"아하, 풀 먹이러 가는구나."

산으로 오르는 길은 경사가 완만했다. 4-500미터쯤 가니 돌담이 보였다. 내 키보다 낮은 높이로 꽤 큰 넓이로 둘러싸여 있었다. 돌무리 안의 2미터쯤 되는 사이로 말 두 마리가 들어갔다. 풀도 없는 곳으로 들어가니 또 궁금해졌다.

"쟤들이 왜 여기로 들어가는 거야? 이상하네."

"호호호, 그래 이상하겠지. 저기 아래를 봐라."

손짓하는 아래 쪽 우리가 왔던 길을 내려다보니 말들이 줄을 지어 올라오고 있는 것이 보였다.

사람은 보이지 않고 말들만 줄지어 올라오니 또 이상한 일이 었다.

"호호호, 네가 이상하게 보는 것은 당연하지. 옛날엔 집집마다 있다시피 한 말들을 풀을 베어다 먹이거나 뜯기려구 다녔지. 그런데 봄부터는 농사를 지어야 하잖니. 그래서 말 키우는 집들끼리 당번을 정해서 돌아가며 풀을 먹이는 거야."
"그렇구나. 근데 말들이 저희들끼리 오는 것이 신기하구 이상하잖아."
"그렇겠지. 처음엔 주인들이 여기까지 몰고 왔어. 한동안 그렇게 하니까 말들이 빗장만 풀어 주면 저희들이 이리로 오는 거야. 말들이 꽤 영리하다구."
"으−응. 그렇구나."

말들이 가까이 올라왔고, 우리로 들어가기 시작했다.

"우리 말까지 마흔두 마리야. 들어가는 대로 숫자를 세어야 해."

"하나, 둘, 셋, 넷."

누나는 큰 소리로 돌에 걸터앉아 숫자를 세기 시작했다.

"히야, 저기 큰 놈도 두 마리가 오네. 일본 순사들 타고 다니는 말 같네."

요즘은 말 탄 경찰을 보기가 어렵지만, 일제 강점기에는 기마경찰이라 하여 말을 탄 경찰의 모습이 많이 보였다. 해방이 된 이후에도 우리나라 경찰 중에는 기마경찰이 제법 있었다. 그리고 제주도에서 이 기마경찰이 어린아이를 다치게 하는 사고가 제주 4·3 사건의 시작점이 되기도 했다.

기마대의 말은 제주 조랑말과는 비교도 되지 않게 경주마처럼 늠름한 모습으로 큰 놈 두 녀석이 올라왔다. 털이 반드르르하게 윤기가 나고 늠름했다.

"일본 순사 말 탄 것도 봤니?"

"그럼, 장호원에 있을 때 일본 순사가 검정 옷을 입고 번쩍거리는 칼 차구, 가죽 장화를 신구 저런 말을 타고 돌아다녔는데, 너무 멋있더라구."

"그래, 일본에서도 순사들이 말 타구 순찰을 돌았어. 쟤네들은 제주도 조랑말을 개량하려구. 말 키우는 동네마다 한두 마리씩 그냥 준거야. 정부에서 씨 받으려고."

"으-응. 그렇구나. 제주도 말이 너무 작으니까?"

마흔두 마리 말이 다 들어오자 누나가 출입구 앞쪽에서 위를 향해 소리를 지르고 있었다. 말들이 소리를 내며 걸어가고 있었다. 발목을 덮을 만치 자란 연록색 푸른밤에 내린 이슬이 방울져 대각선으로 비치는 아침 햇살에 보석처럼 빛을 내고 있었다. 줄지어 따라오는 말들이 "흐르르륵, 히힝" 하는 소리도 냈다.

"누나, 말들이 이상한 소리를 내는데, 왜 그런 거야?"
"으응, 맛있는 풀도 많고 공기가 좋으니까 녀석들도 기분 좋다고 하는 거야. 좁은 마구간에 갇혀 있다 나오니 말들도 얼마나 기분이 좋겠니. 말들이 원래 들판에서 뛰어놀며 자라던 것을 순하고 영리하여 사람들이 길을 들여 집에서 키우고 타고도 다니고 하는 거야."
"으-응. 그렇구나. 갑갑한 곳에서 나오니까 기분이 좋겠지."

앞서가는 녀석을 이리저리 몰고 가다가 풀이 좋아 보이는 곳에서 회초리를 아래위로 흔들며 "항항" 하는 소리를 내니 그 자리에 서서 풀을 뜯기 시작했다.

"누나는 아는 것도 많다. 선생님 같아."
"대학공부해서 선생님이 되고 싶은데, 아버지가 그러는 거야. 시집 갈 놈이 무슨 대학이냐고. 그러니까, 아이구우."

누나가 허공을 응시하며 아버지를 원망하는 소리를 했다.

누나와 함께 산에 올랐다. 언덕은 완만한 경사를 이루고 있었다. 나무 한 그루 없는 너른 평지였다. 그곳엔 많은 말들이 있었다. 풀밭은 말이 수백 마리가 뛰어 놀아도 될 만큼 넓었다. 학교 운동장 몇 배는 될 정도였다. 산 쪽으로 경사가 꺾어진 곳부터 나무들이 드문드문 서 있었다. 우리는 나무 그늘 아래 자리를 잡았다. 풀을 키우기 위해 나무를 베어 낸 그루터기가 더러 눈에 띄었다. 우리가 자리 잡고 앉은 좌측 아래쪽으로 마을이 보였다. 마을은 바다에 닿아 있었다. 그곳이 바로 고동과 소라를 줍는 곳이었다. 끝도 없이 펼쳐진 바다가 보였다. 바다 저 멀리에 고기 잡는 어선들이 아슴하게 보였다. 아지랑이가 하늘하늘하여 그렇게 보이는 것 같았다.

"명배야. 저기 아래 우리 동네 좀 봐라. 저기 마을에서 사람들이 지지고 볶고 살지. 그런데 여기서 보니까 얼마나 평화스럽고 아름답니. 스위스가 그렇게 아름다운 나라라고 하던데, 여기서 보는 우리나라보다 더 아름다울까? 네가 제주도는 다른 나라 같다고 했는데, 여기서 보니 다른 나라 같아 보인다."

"응. 진짜 멋있구 아름다워. 육지에 사는 사람들은 이런 경치를 상상도 못하고 사는데."

"앞에 보이는 경치는 대자연이 만들어 낸 예술품이지. 아무리 유명한 화가라도 여기서 보는 것처럼 멋진 그림을 그리진 못 할 거야."

"누나, 도고네의 계곡의 소나무 그림도 너무 멋있었다. 거기
두 자연이 그려놓은 거잖아."

도고네 계곡을 떠올리니 아쉬움이 밀려왔다. 하늘에 떠 있는
별들을 모두 물속에 쓸어 놓은 듯했다. 누나도 나도 아름다운
경치에 넋을 빼앗긴 것처럼 한동안 말이 없었다. 우리는 말없
이 팔베개를 하고 풀밭에 누웠다. 어린 나뭇잎들이 춤을 추고
있었다. 파란 하늘엔 솜을 옅게 띄워 놓은 듯 아름다운 경치를
내려다보며 감상을 하듯 천천히 가는 구름이 나뭇잎 사이로 보
였다. 시골에서 맑은 하늘에 뭉게뭉게 떠있던 솜 같은 구름보
다는 옅고 솜을 조심스레 펴놓은 것 같은 구름이라 입으로 불
면 날아갈 것 같은 아리아리한 구름이다. 장대로 둘둘 말아버
리면 솜사탕이 될 것 같은 생각이 들었다.

"야~아. 경치도 좋고 기분이 좋으니 봄처녀 마음이 싱숭생숭
하구나."

누나가 하늘을 올려다보며 하는 소리다.

"그러네. 누나가 봄처녀네. 바람나기 좋은 나이다. 아."

내가 끝말을 길게 높이 올렸다.

"이렇게 좋은 봄날에 연지곤지 바르고 쪽도리 쓰고 백마 탄 신랑과 결혼하는 건데."

"봄처녀 바람나겠네."

"요 녀석이 그냥 한대 맞을라구."

주먹을 쥐고 나를 향해 때리는 시늉을 했다.

"시집가고 싶으면 아무나 하나 꿰차."

"아무나 꿰차라구?"

누나가 눈을 흘기며 되묻는다.

"어려서 큰아버지 따라 왔을 때는 아무 느낌도 없었는데."

"지금은 시집갈 나이가 돼서 그런 거지 뭐."

"그래 네 말이 맞다."

"서울 살면서는 바다를 구경도 못했고, 여기서 보니까, 다른 나라에 온 것 같은 생각이 드네."

"너는 두고두고 생각이 날거야. 누나 생각도 날 거구."

"선머슴 같지만 누나 생각두 나겠지 뭐."

"야, 남자나 여자나 성격이 활발한 게 좋은 거야. 얌전한 개가 부뚜막에 먼저 올라 간다구. 얌전한 척 하면서 뒤에서 호박씨 까는 사람은 딱 질색이야."

"그래두 여자는 이쁘고 얌전해야 여자같지."

"호호, 여자를 알지도 못하는 녀석이 웃고 있네."

"바지 입은 건 남자, 치마 입은 건 여자지. 뭘 몰라."

"그렇다구 치자."

누나가 어이없는 표정으로 일어나 앉으며 웃었다.

"누나 시집가지 마라."

"왜?"

"시집가야 애 낳고 부엌때기 노릇이나 하지 뭐. 남편 잘못 만나면 맞으며 살구."

"하하하. 기가 막혀 말이 안 나오네. 근데 맞기는 왜 맞니?"

"주정뱅이나 나쁜 놈 만나면 그렇지. 그래도 누나는 똑똑하고 이쁘니까 공부 많이 해서 훌륭한 사람이 됐으면 좋겠는데?"

"야. 아버지는 중학교나 고등학교 나와 시집이나 가라는데 뭐 오빠는 대학까지 보내구선. 에이 신경질 나."

"어른들이 남자나 공부시킨다는 건 잘못된 것 같애."

"그래. 네 말이 맞아. 여자루 태어나는 것이 무슨 죄네."

누나가 시무룩해졌다.

"야. 그런 얘기 그만두고 우리 노래나 하자. 내 노래 끝나면 네가 하구."

"……"

"헴헴, 밤비는 부슬부슬 지향 없이 나리는데."

내가 손바닥으로 입을 막았다.

"얘가 왜 이러나. 노래하는데."

"그 노래하지 마."

"왜?"

누나가 눈을 크게 떴다.

"갈매기 호에서 그 노래 때문에 내가 떨어졌다고 했잖아."

"그래, 참 그렇구나. 그 노래가 도련님 요 쪼그만 가슴에 상처를 남겼댔지."

누나가 내 가슴을 검지손가락으로 가리켰다. 누나와 나는 동요들을 불렀다. 누나는 노래도 잘 불렀다. 가수가 되어도 될 것 같다는 생각이 들었다.

"명배야. 배고프지? 우리도 점심 먹자."

누나가 보자기를 풀었다. 삶은 계란이 나왔다. 계란껍질을 까서 소금을 찍어 내게 주었다. 전복 조림과 톳 무침으로 맛있는 점심을 먹었다. 밥은 조밥이었다. 하지만 경치 좋은 곳에서 먹는 점심은 그야말로 꿀맛이었다. 누나는 반찬을 집어넣어 주며 친누나처럼 나를 위해 주었다. 귀엽다는 듯 볼도 꼬집어 주며 행복한 표정을 지었다.

"근데 누나, 폭도가 나타나면 어쩌려구? 여자는 무조건 잡아 간다며."

"으응. 그런 걱정은 안 해도 돼. 그놈들 들킬까봐 낮에는 절 대로 나오지 않는다구."

"실제로 그렇게 무섭게 생겼을까?"

"실제로 보았다는 사람은 없어. 하지만 그럴 듯 해. 산속에서 몇 년째 살고 있으면서 이발을 하냐, 면도를 하냐, 씻지도 못하 니까 거의 짐승 같은 모양이겠지. 그걸 상상해서 그렇게 무섭 게 그렸겠지 뭐. 사람들에게 경계심을 주기 위해서 말이야. 상 상해 봐. 그럴 것 같지."

"그럴 것 같네. 근데 경찰이나 군인이 왜 못 잡지?"

"숫자는 별로 많지 않다고 하는데, 전쟁하느라 정신없으니까 그놈들을 못 잡겠지 뭐."

"으응, 그런가부다."

식사를 마치고 그런저런 이야기를 하고 있을 때였다. 말 두 마리가 이리 뛰고 저리 뛰며 싸우는 것이 보였다. 앞발을 서로 들기도 하고 뒷발질도 하고 목을 물기도 했다. 백 미터쯤 충분히 떨어져 있긴 해도 이리저리 뛰고 싸우는 것이 너무 무서웠다.

"누나, 큰 말들이 왜 저렇게 싸우지? 무섭네."

"사람한테는 절대 해코지하지 않으니까, 무서워할 것은 없구. 새끼 가질 암말을 서로 차지하겠다구 싸우는 거야."

"저 말들이 다 암말이라며."

"그래, 그런데 아무 때나 짝짓기를 하는 게 아니구. 암말이 새끼를 가질 때가 되면 발정을 해서 냄새를 피우거든."

"무슨 냄새?"

"그 냄새는 숫놈 말만 아는 거야. 그래서 그 한 놈을 차지하기 위해 저렇게 죽자 살자 싸우거든. 이긴 놈이 암놈을 차지하는 거야."

"야아, 저 뒷발질에 맞으면 죽을 것 같아."

한 놈이 못 당하겠다는 듯이 달아났다.

"히이잉"

이긴 놈이 앞다리를 높이 쳐들고 이겼다는 소리를 지르는 것 같았다. 풀 뜯던 말들도 풀을 뜯다 말고 두 녀석이 싸우는 걸 보고 있었다. 이긴 녀석이 조랑말에게 다가가 앞다리를 들고 등에 올라타려고 하다가 실패하고 다시 시도를 하곤 했다. 수놈의 배 아래에 시커먼 생식기가 나와 있는 것이 보였다. 팔뚝만큼 굵고 그 길이가 30cm도 넘을 것 같았다. 시골에서 소 생식기도 보았지만 비교도 안될 만큼 크고 시커멓게 생긴 것이

징그러웠다. 서너 번째 시도 끝에 성공을 했고 들어갔던 생식
기가 다시 나오며 암말 자궁에 밀어 넣는 것이 보였다.

그런 광경을 보고 있자니 놀랍기도 하고 쑥스러운 생각이 들
어 벌렁 드러누웠다. 누나가 옆에 있으니 창피했다. 두 녀석이
짝짓기하는 광경을 한동안 보던 누나가 누우며 한쪽 다리로 내
몸을 감고 나를 끌어안았다. 화끈거리는 얼굴로 내 얼굴에 비
벼대는 누나의 숨소리가 거칠게 들렸다.

"누나. 창피해서 그래. 얼굴이 왜 이렇게 뜨겁지."
"창피한 게 아니구 아프다. 너 내 젖 좀 먹어 봐라."

저고리 섶을 들치고 유방을 내 얼굴에 들이댔다. 뭉클한 촉감
을 느끼는 순간, 문득 거부감이 들었다. 나는 징그럽다며 고개
를 돌렸다.

"맹추 같은 놈."

누나가 내 볼을 아플 정도로 꼬집었다. 누나는 열일곱 건강한
여자였다. 따스한 봄날 아름다운 경관을 보며 마음이 싱숭생숭
하다는 누나가 동물이 짝짓기하는 광경이 눈앞에서 벌어졌으
니 흥분이 되었던 모양이다. 그때 나는 누나와 같은 감정을 느
끼지 못하고 무안하고 부끄러운 생각이 드는 쑥맥이었다. 그때
내가 누나와 비슷한 나이였다면 대자연 속에서 성스러운 역사

가 이루어졌을 것이고, 기꼬짱은 아내가 되었을 것이다. 한라산과 바다가 어우러진 아름다운 정기를 받고 멋진 2세가 태어날 수도 있었을 것이다. 내가 남자로 보였기 때문에 억제하기 어려운 감정을 내게 표한 것일 테고 건강하고 활발한 성격의 여자인 그가 할 수 있던 행동이었다. 얌전한 척하며 뒤로 호박씨 까는 사람은 딱 질색이라고 하는 성격의 여자이기 때문이다.

흥분된 감정의 욕구가 오랜 시간이 지나서야 가라앉고 난 후에 나를 풀어 주었다. 분위기가 좀 어색하여 나는 누나에게 엉뚱한 질문을 던졌다.

"근데 누나, 다마짱 누나는 어데 갔어?"

누나도 좀 멋쩍고 어색했는지 냉큼 대답했다.

"응. 나도 몰라. 좋은 사람이 생겨서 따라갔나 봐. 엄마두, 아버지두 통 얘길 안 하니까 나도 모르지 뭐."

맏딸 다마짱은 스무살이 넘었는데 통 볼 수도 없고, 소식을 듣지도 못했다. 빨간 완장을 찼다가 잘못되었나 하는 의심이 들었다. 소식 없이 사라진 사람들이 많았기 때문에 엉뚱한 생각이 들었다.

"오빠한테 얼마 전에 편지가 왔었는데 밥풀 하나 달았단다."

"밥풀이 뭐야?"

"소위 계급장인데 장교야."

"장호원으로 피란 갔을 때 육군가면 안 된다구, 아버지가 공군 보냈는데 벌써 장교가 됐을라구."

"오빠는 이름 있는 대학을 다니다가 난리가 났잖아. 못 배운 사람들이 많으니까 지휘관이 된 거지. 느네 아버지가 장군두 바라본다고 그러드라."

"야아, 누난 좋겠다. 장군 동생이면 시집두 잘 갈 거 아냐."

"얘는? 이십 년 쯤 지나야 장군이 된다는데 그때까지 가면 할머니가 되잖아. 이 쑥맥아."

"그렇구나."

"아이구, 시집이나 갔음 좋겠다."

"빨리 가구 싶으면 아무나 하나 골라."

"야, 아무나 고르라구? 한 대 맞는다?"

"전쟁이 끝나서 서울로 가야하는데 빨리 시집가구 싶으면 아무나 골라야지 뭐."

누나가 웃음을 지으며 눈을 흘겼다.

"누나는 눈 흘기는 것두 이쁘다. 그러면 몇 년만 기다려. 우리 아버지두 열여섯에 장가들었으니까 앞으로 5년만 기다렸다가 나한테 시집 와."

"하—아, 기가 막혀 죽겠네. 그냥 한 대 맞는다?"

주먹을 쥐고 내 이마에 돌려댔다.

"누나야. 나 같은 신랑감도 구하기 힘들걸?"
"그땐 내가 스물이 넘구, 노처녀가 돼구. 너보단 나이가 여섯 살이나 많은데, 이~녀~석아."
"노처녀라두 내가 델꼬 살면 되잖아."
"델꼬 산다구? 맞을 소리만 골라서 하네. 이 녀석이."
"남자가 여자를 데리고 사는 게 맞잖아. 장래 신랑감한테 그러면 못 쓰는 거야. 에헴."
"하~아. 나를 데리구 노네. 그래 그때까지 시집 못 가면 네가 책임져라. 헝."
"눈 흘기는 것두 예뻐서 내가 반했나봐."
"날 짝사랑하는 도련님도 있으니 시집가는 것두 고민 되네. 어째야 되나. 어떻게 해야 하나. 아이구 맙소사."

한시도 입을 가만히 두지 못하는 누나와 나는 시간 가는 줄 모르게 하루를 보냈다. 벌써 노을이 지고 있었다.

"서방님, 이제 내려가셔야겠네요."

누나가 기울어가는 해를 보며 하는 소리다.

"에헴, 그럼 가야지. 험험."

눈을 흘기며 손을 쳐들자 내가 도망을 갔다. 종일 풀을 뜯던 말들도 배를 채운 채, 새김질을 하거나 우리를 쳐다보고 있었다. 길이 난 곳으로 내려가 누나가 "항항항" 하며 아래를 향해 회초리를 휘젓자 말들이 줄 지어 따라 내려오기 시작했다. 우리는 돌 울타리 입구에서 있으니 모두 안으로 들어갔다. 마흔 두 마리 숫자를 확인했다. 입구에서 마을을 향하여 "항항" 하며 회초리를 휘저으니 또 마을로 줄지어 내려갔다.

"참, 신통하네. 사람들보다 말을 더 잘 듣네."

그런 말들이 신기하기도 하고 신통하기도 했다. 초식 동물들이 순하다는 건 알았지만 말들은 영리하기까지 했다. 사람에게 반항하는 법도 없다고 한다. 마을로 내려가는 말들은 골목을 돌고 돌아 각자 자기 집을 찾아가니 사람보다 못하지 않다는 생각이 들었다. 티베트 같은 산악지대에서는 무거운 짐을 운반하는 운송수단으로도 말들이 유용하게 쓰인다. 사람의 교통수단으로도 쓰이는 유용한 동물이다. 큰 말 한 놈 궁둥이를 툭 때리며 누나가 말에게 물었다.

"너 장가가서 기분이 좋으냐?"
"장가 간 그놈인지 어떻게 알아?"

말 두 마리는 갈색 털이었다. 털에 윤기가 흘렀다.

"저놈 발목엔 흰 털이 있잖아…."
"응, 그렇구나. 싸울 때처럼 대들면 어쩌려고 그래."
"즈덜끼린 죽자 살자 싸우지만 사람한테는 꼼짝 못해. 또 요 걸 아주 무서워하지."

누나가 들고 있는 회초리를 흔들어 보였다. 말 뒤를 따라 집으로 들어가니 외양간의 두 녀석이 눈을 끔뻑이며 우리를 쳐다보았다.

"덕분에 풀 잘 먹었다고 인사하네."

그렇게 말하며 누나는 빗장을 걸쳐놓았다. 말은 못하지만 사람과 교감하는 것을 알 수 있었다. 그러던 어느 여름밤이었다. 한창 자고 있는데, 누군가 나를 흔들어 깨웠다. 아버지였다. 아버지는 내게 빨리 옷을 입으라며 재촉했다. 비몽사몽인 채로 주섬주섬 옷을 주워 입고, 아버지를 따라 나섰다. 영문도 모른 채로 말이다. 대문으로 가니 식구들이 모두 나와 있었다. 식구들을 따라 바다 쪽으로 걸었다. 모두가 바쁘고 분주한 걸음이었다. 경황이 없어보였고, 일사분란한 움직임이었다. 그제야 어떤 상황인지 짐작이 갔다. 가는 내내 식구들은 모두 말이 없었다. 그저 빠른 걸음만을 재촉했을 뿐이다. 얼마쯤 내려가니 큰 돌들이 보였다. 아버지는 내게 돌 옆에 엎드려 있으라고 했다. 몸을 숨기라는 소리였다. 곁에 있던 누나가 목소리를 낮추며 말했다.

"폭도들이 내려왔어. 가만히 엎드려 있어.

누나가 가리키는 쪽을 보았다. 마을 곳곳마다 횃불 몇 개가 부산하게 움직이고 있었다. 폭도들이 들이닥친 것이다. 칠흑 같은 어둠 속에서 빛이 나고 있었다. 저 횃불이 우리를 구해줄 수 있을까, 문득 그런 생각이 들기도 했다. 짐승보다 무섭게 생긴 폭도들이 먹을 것을 구하려고 깊은 밤에 마을을 찾아왔다니. 겁이 나고, 불안했다. 초소를 지키던 사람들이 신호를 보냈기에 망정이지, 안 그랬다간 정말 큰일 났을 것이다. 상상조차 하기 싫다. 주위를 둘러보니 식구들 역시 피로와 긴장이 뒤섞인 얼굴이었다. 얼마나 더 숨어있어야 하는 걸까. 아버지에게 물어보고 싶었지만 이상하게도 차마 입이 떨어지지 않았다. 아버지는 긴장과 결기가 뒤섞인 얼굴을 하고 있었다. 한 집안의 가장으로서의 책임의식 같은 걸 나는 그 순간 느꼈다. 바위 뒤에 숨은 지 얼마나 지났을까. 슬슬 다리가 저려오기 시작했다. 그때까지 아무 말 없던 누나가 문득 말했다.
"지금 저놈들이 집을 뒤져 먹을 걸 찾는 거야…."

횃불 움직이는 모습을 가만히 보고 있던 누나가 말했다. 그렇

게 말하는 누나의 옆모습이 왠지 낯설었다. 평소엔 그저 말괄
량이 같은 모습이었는데, 긴장상황에서 마주친 누나의 모습은
정말 누나 같았다. 이내 곧 불빛이 사그라드는 조짐이 보였다.
저 멀리서 밤공기를 가르며 북소리가 들려왔다. 폭도들이 사라
졌으니 집으로 들어와도 좋다는 신호였다. "둥둥둥" 그 소리를
들으니 마음이 한차례 놓였다. 그제야 식구들이 부산거리며 자
리에서 일어났다. 송대목 노인도 일어났다. 사람들은 각자의
집으로 가 집안을 살필 것이었다.

시간이 한참 지나고, 사람들이 송대목의 집으로 모여들었다.
사람들은 마당에 모여 반상회 하듯 얘길 나누었다. 각종 보고
가 날아들었다. 누군가는 좁쌀, 고구마가 몽땅 없어졌다고 했
고, 누군가는 말 두 마리가 없어졌다고 했다. 이런 저런 얘길

나누는 사이, 날이 밝기 시작했다. 모아온 식량을 사람들에게 나누어 주었다. 그래도 그나마 다행이었다. 인명피해가 없으니 말이다. 그들은 총도 가지고 있고, 대창을 무기로 쓰고 있다. 하지만 사람을 일부러 찾아내 죽이지는 않는다고 했다. 과거엔 공포심을 주기 위해 집을 불태우기도 했다. 하지만 최근 들어서는 불태우는 일도 수그러들었다고. 그들의 주된 목적이 식량 탈취이기 때문이다. 그들은 경찰을 검은 개라고 불렀다. 방망이만 차고 있는 경찰을 무서워하지도 않고 민간인들을 해코지하지 않는다고. 과거의 포악함에 비하면 많이 나아진 것이라고 한다.

여름이 되니 곤혹스러웠다. 장마 때문이었다. 습한 날들이 이어졌다. 흐린 날이 많았고 바람도 찐득찐득하게 느껴졌다. 마루에 가만히 앉아 있노라면 바람결에 갯벌 내음이 실려 오기도 했다. 그럴 때마다 목욕을 하고 와야 했다. 목욕탕이 따로 없었으므로 물 받는 곳에 가야만 했다. 누나가 물을 받을 때, 나는 몸을 씻고 나왔다. 하지만 누나가 목욕할 땐 반대였다. 내가 망을 봐야 했다. 목욕하는 곳이 푹 꺼져 있었기에 다행히 보이지는 않았다. 하지만 그렇다고 해서 마음 놓고 목욕하는 건 어림도 없는 일이다. 그럴 땐 나의 도움 없이 안 되었다. 언제나 내가 망을 봐야했다. 그럴 땐 가끔 누나를 골탕을 먹이곤 했다. 옷을 벗고 씻으려고 할 때 작은 소리로, 사람 온다고 하면 씻지도 못하고 젖은 몸 그대로 옷을 입어야 했다. 그렇게 한두 번

속였다. 때론 방법을 바꾸기도 했다. "아저씨 가지 마세요. 지금 목욕해요"라고 그럴 듯하게 말했다. 그러면 누나는 영락없이 속았다. 거짓말이란 사실을 눈치 챈 누나는 약이 오르곤 했다. 약 오른 누나가 날 잡으려고 한바탕 난리를 치렀다. 누나는 얼마나 짜증이 났을까.

"찬물에 물만 끼얹으면 되지 뭐, 우리 각시 감기 들까 봐 그런 거야."

나는 능글맞은 투로 말했다. 그러면 잔뜩 약이 오른 누나가 내 등을 찰싹 때리며 꼬집기 시작한다. 나는 이내 도망가기에 바쁘고, 누나는 나를 쫓아온다. 그렇게 한바탕 술래잡기가 시작된다. 자신이 속았다는 사실을 깨달은 누나는 잔뜩 약이 오른 얼굴이다. 주먹을 쥔 채 나를 쫓아다니곤 했다. 하지만 시간이 좀 지나면 언제 그랬냐는 듯이 다시 명랑해졌다. 이런 것만 봐도 누나의 성격을 알 수 있다. 그의 말 그대로 뒤로 호박씨 까는 사람은 질색이라는 말을 할 수 있는 사람이었다.

66

　주로 스무 살 이전에 결혼을 했다. 하지만 전쟁이 나자, 아이 한둘을 낳고 남자들은 군대를 가야 했다. 젊은이들은 눈을 씻고 보아도 찾아볼 수 없었다. 미군과 UN군이 참전했지만, 중공군이 가세하여 전쟁은 끝날 기미가 보이지 않았다.

　그러던 어느 날, 우리 집에 놀라운 소식이 찾아왔다. 스물아홉 살인 아버지에게 징집 영장이 날아든 것이다.

99

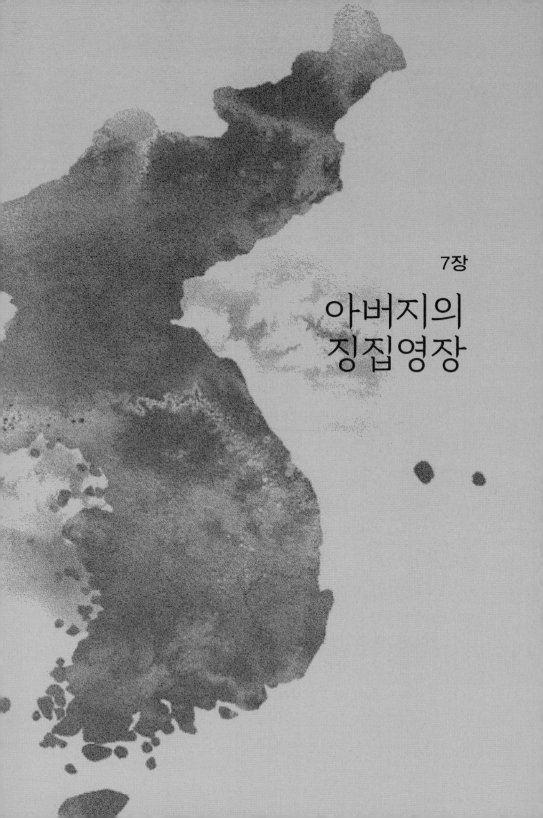

7장

아버지의
징집영장

9월이 되었다. 제주도 날씨는 아침저녁으로 제법 선선했다. 바람에선 갯내음이 맡아지곤 했다. 날이 선선해지니, 물놀이를 할 수도 없었다. 물이 너무 차가웠다. 그저 손발이나 씻고 세수나 해야 했다. 멱을 감을 수가 없어서 아쉬운 계절이었다. 구덕에 물을 지고 집에 오면 그 계곡물이 꼭 필요했지만 아쉬움만 남았다. 물을 지고 집에 도착하면 출출했다. 고구마나 떡이 유일한 간식이었다. 고구마말랭이는 특히 내가 좋아하는 간식이었다. 만드는 방법은 간단했다. 고구마를 쪄서 어슷썰기로 썬다. 썰어낸 조각을 이틀 정도 말린다. 그러면 찐득찐득하고 달착지근한 고구마말랭이가 완성된다. 달달하니 먹을 만했다. 간식이라고는 그것이 유일했다. 서석 죽이나 찐 고구마가 주식인 마을이었다. 먹을거리가 부족했으니, 아이들의 영양 상태도 그리 썩 좋지만은 않았다. 얼굴에 하나같이 검버섯이 피어 있었다. 청결하지 못한 환경인지라, 머리엔 부스럼 달고 다니는 아이들도 흔했다. 그나마도 다행인 점이라면, 근처에 바다가 있다는 점이다. 바다에서 얻는 양식들, 해초와 해산물이 그나마 귀한 먹거리가 되는 셈이었다.

대부분의 사람들이 육지를 동경했다. 가난으로부터 벗어날 수 있는 가장 쉬운 방법은 바로 육지로 올라가는 것이라고 생각했기 때문이다. 바다를 벗어나고자 했다. 그런 이유에서 많은 청년들이 하나둘 마을을 떠났다. 육지에서 새로운 터전을 꾸리겠다는 나름대로의 부푼 꿈을 안고 말이다. 열일곱이나 열여덟 살쯤 되는 소년·소녀들도 좀체 보이질 않았다. 젊은이들이 떠난 마을은 조용했다. 주민들 대다수가 나이 든 사람들뿐이었다. 한적한 마을 어귀에 앉은 노인들은 이렇게 중얼거리곤 했다. "사람은 서울로, 망아지는 제주도로 하는 말도 그래 생겨난 모양이다." 하고 말이다. 한적한 시골 마을, 노인들만 남은 마을은 고즈넉하기 그지없었다. 사람들이 뭍으로 나가려는 데에는 다 그만한 이유가 있었다.

어른들은 평생을 가난에 절어 살았다. 그런 어른들은 자식에게도 가난을 대물림하고 싶지 않았다. 자식들이 성년이 되면, 어떻게든 육지로 나갈 수 있도록 기꺼이 도와주고 싶었다. 그것이 어른들의 바람이고 소망이었을 것이다. 뭍으로 가서 밥이라도 얻어먹고, 기술이라도 배우라는 마음에서 말이다. 제주도에 여자가 더 많은 이유도 이것과 관련이 있다. 먹고 살기 어려운 시절이었고, 게다가 섬이었으니 사는 일이 여간 어려운 게 아니었다. 농사지은 토지가 넉넉지 못하면 남자들은 고기잡이 배를 타야 했다. 뭍에서 구할 양식이 부족하니, 바다로 나가는 것이다. 하지만 고기잡이배라고 해서 일등급 선박이었겠는가. 고기잡이 배 역시 작고 열악한 어선에 지나지 않았다. 어선은 풍랑을 만나면 흔적도 없이 사라졌다. 그런 일이 잦았다. 배를 타고 간 남자들은 바람에 휩쓸려 배와 함께 사라지곤 했다. 자연스레 남편을 잃고 혼자가 된 여자들의 수가 늘어났다. 삼다도라는 명칭도 이런 사정에서 비롯됐다. 과부촌이 생겨난 이유도 거기에 있다. 주로 스무 살 이전에 결혼을 했다. 하지만 전쟁이 나자, 아이 한둘을 낳고 남자들은 군대를 가야 했다. 젊은이들은 눈을 씻고 보아도 찾아볼 수 없었다. 미군과 UN군이 참전했지만, 중공군이 가세하여 전쟁은 끝날 기미가 보이지 않았다.

그러던 어느 날, 우리 집에 놀라운 소식이 찾아왔다. 스물아홉 살인 아버지에게 징집 영장이 날아든 것이다. 피란민 신고를 의무적으로 하게 되어 있었다. 제주 4·3 사건으로 많은 인명이 죽어갔고, 6·25 전쟁이 나기 전에도 남한에는 수도 없이 많은 좌익들이 활동을 하고 있었다. 특히 전라남도 보성, 벌교, 여수, 순천 지역에서는 조계산과 지리산에 근거지를 한 빨갱이들이 밤낮으로 습격을 하고 내려가 시가전도 일어났다. 간첩들을 심어놓고 지주들과 농민, 즉, 소작인들을 이간질하고 있었다. 소작농들은 지주들에게 피땀을 바치면서도 죽을 먹고 살기도 어려운 것을 알았다. 사회주의가 되면 지주, 부자가 없어지고 누구나 똑같이 잘 살게 해준다고 하면서 소작 농민들을 세뇌하는 바람에 분쟁은 끝이 없었다. 그러던 와중에 3·8 전선에서 소련제 탱크로 밀고 내려오니 전쟁 사흘 만에 서울을 뺏기고 말았고 남에서 활동하던 빨갱이들까지 활동하고 있으니 전쟁이 쉽게 끝나지 않았다.

전쟁은 장기전으로 진행되고 있고, 고전을 면치 못하니 서른이 다 된 아버지에게 영장이 나온 것이다. 우리가 마을에서 유일한 피란민이었고, 나를 여수에서 잃어버리고 온 일과 내가 찾아온 일로 40~50호 되는 시골 마을에 대단한 이야깃거리였다. 아버지에게 징집 영장이 나온 판국에 어머니와 아들 소식은 알 수 없으니, 마음마저 편한 날이 없었다. 어깨가 처지고 우울증에 걸린 아버지의 건강은 최악이었다. 한 달도 남지 않은 입대 날짜는 우리 식구의 목을 죄어오고 있었다. 마을 사람들의 동정어린 위로도 고맙기는 했다.

하지만 아무런 도움이 되지 않았다. 열한 살, 네 살 아이 둘을 남의 집에 두고 군대를 가야 하니, 그 괴로움으로 인해 건강은 악화 할 뿐이다. 생각과 고민으로 해결될 일은 아니다. 심사숙고 끝에 관계기관에 진정서를 내기로 했다. 대목 할아버지는 마을 사람 전체에게서 서명 날인을 받아주겠다고 했다.

〈진정서〉

　저는 ○월 ○일 10시까지 나오라는 징집영장을 받은 온평리에 피란 온 김입니다. 아이 둘을 버리고 바다에 뛰어들어야 한다는 생각으로 하루하루를 보내고 있는 중입니다. 마을 사람들의 권유로 이 글을 쓰고 있습니다. 저는 서울 영등포 구로동에서 회사사원으로 재직하면서 구로동 민보단지부 단장으로 있었습니다. 전쟁이 나자 제주도 태생인 공장장 송네 식구와 함께 이천 장호원 내 고향으로 피란을 갔습니다. 그분과는 의형제를 맺고 있었고 제주도가 고향이라서 3일 만에 피란을 가야했기 때문에 같이 갔었던 것입니다. 장호원으로 피란을 가 3일 만에 인민군이 들어오니 밤을 틈 타 처가인 진천으로 몸을 피했습니다. 며칠 후, 진천에서도 떨어진 그곳 시골에도 인민군 손길이 뻗쳤습니다. 더는 갈 곳이 없어 처남의 집 뒤, 야산 짚동가리 밑에 급히 구덩이를 파고 숨어 있었습니다. 그 땅굴은 허리를 꺾고 눕거나 앉아서 생활하는 공간이었습니다. 찐 감자, 옥수수, 주먹밥을 밤중에 날라다 주는 것을 먹고 3개월 가까이 지내다가 목숨만 붙어있는 상태로 처남 등에 업혀 내려왔습니다. 사태 악화를 먼저 알게 되었으나 청년단 책임자로 먼저 피란길에 오를 수 없었습니다. 큰 자식 열 살짜리를 제주도 편에 딸려 보냈습니다. 아내는 6·25 직후 낳은 핏덩이를 데리고 차편이 마련되어 두 번째로 보냈습니다. 또 며칠 후에 네 살짜리 딸을 업고 제주도까지 오게 되었습니다. 자식은 여수에서 떨어져 두 달 만에 이곳까지 찾아와 함께 지내고 있습니다. 하지만 10개월이 다 되도록 핏덩이를 데리고 떠난 아내는 아직도 생사를 모르고 지냅니다. 아내만 같이 있어도 구차한 글은 쓰지 않았을 겁니다. 국가를 위한 충정은 남만 못지않다고 살아온 사람으로 구구한 소리를 하고 있으니 괴롭기만 합니다. 건강도 문제지만, 어린 두 자식을 남에게 맡기고는 도저히 입대 할 수 없는 실정입니다. 입대한들 근무할 의욕도, 자신도 없습니다.

대략 이런 내용의 진정서를 썼다. 온평리 70여 명의 전 주민들이 서명 날인을 했다. 대목 할아버지와 마을 사람들이 해당 관청을 찾아갔다. 진정서를 읽어 본 담당자가 체중을 달고, 키를 재고, 가슴둘레 등을 쟀다. 담당자는 얘길 듣고는 다음과 같이 말했다. "건강상으로 보아도 노무병으로 부적합하다고 생각이 된다. 하지만 내겐 결정 권한이 없으니, 회의를 하고 상부에 보고를 하고 결과를 알려주겠다"라고 말이다. 홀가분한 마음으로 돌아왔지만 초조한 며칠이 흘렀다. 어느 날 징집 면제 통지서가 나왔다. 식구들은 물론이고 동네 사람 모두가 진심으로 축하 인사를 했다.

"아우야, 이보다 다행한 일이 어디 있는고. 이번엔 내가 돼지 한 마리 살 테니, 저번처럼 동네잔치 한번 하자꾸나."

누구보다 반가워하던 할아버지의 제안이었다. 예전에 내가 왔을 때처럼 동네잔치가 벌어졌다. 우리나라 사람들은 마을의 애경사가 생기면 모두가 자신의 일처럼 대했다. 슬픔과 즐거움을 함께 나누는 미덕이 있었다. 이 마을 역시도 그랬다. 북도 치고, 장구, 꽹과리도 치며 제주 민요와 뱃노래를 불렀다. 동네 잔치가 벌어졌다.

11월 초, 겨울을 따뜻한 제주도에서 태평스럽게 지낼 수는 없는 일이다. 전황도 서울 이북에서 소강상태로 멀어지고 있었다. 정부의 결의를 확인한 아버지는 제주를 떠나기로 했다. 어머니의 생사를 모르니 말이다. 태평하게 제주에 있을 수만은 없었다. 장호원이나 구로동으로 어머니가 갈 것 같은 생각이 들었다. 10개월이 다 되었어도 제주도로 찾아오지 않았다. 그러니 어쩌면 제주도 주소를 잃어버린 게 아닐까 하는 생각도 들었다. 부산으로 갔을 리도 없다고, 아버지는 그렇게 확신을 했다. 기꼬짱 누나와 헤어진다는 사실이 아쉬웠다. 하지만 언젠간 서울에서 만나기로 하고 헤어졌다.

목포에선 여관에 묵어야 했다. 아침 두 상, 저녁 두 상의 식사를 시켜서 셋이 나누어 먹었다. 어린 동생은 오랫동안 구경 못하던 밥 한 그릇을 다 먹었다. 아버지와 나는 서로 밥을 덜어내며 나누어 먹었다. 아버지는 아침 식사를 마치면 어디로 출근하는 사람처럼 매일 나가고 점심때는 혼자 먹을 만한 인절미를 사 들고 오셨다.

"물을 많이 마시며 천천히 먹어라."

아버지는 밖에서 먹고 오셨다고 했다. 하지만 나는 알고 있었
다. 아버지가 당신 몫의 식사를 우리에게 내어주기 위해 하신
말이라는 걸 말이다. 어쩌다가 아버지 입에 한 숟갈 넣어 드리
면 천정을 쳐다보며 오래 씹고 계셨다. 어느 땐 두부를 사 오시
기도 했다. 두부를 사 올 때면 철없는 동생이 울음을 터트렸다.
그런 동생을 애써 달래가며 먹이기도 했다. 부모는 자식을 위
해 희생하는구나 하는 생각이 들었다. 주인아주머니는 밥상에
반찬까지 다 비우는 것을 보고 인심을 베푸셨다. 어떤 날은 손
님이 남긴 밥이라고 갖다 주기도 했다. 숭늉을 꼭 갖다 주셨다.
그땐 여관에 투숙하면 밥을 해주던 시절이었다.

전라도는 반찬 숫자가 많은 것도 특이했다. 그래서 아버지가
목포로 오셨는지도 모른다. 우리는 어머니와 지척 간에 있었을
터인데, 또 아버지가 혼자서 밥을 살 리도 없으니 그 밥집에 들
어가는 일이 없었다. 식당 안에만 있는 어머니와 만나지도 못
했다. 우리가 그곳에 와 있다는 것을 알 리도 없고 기적도 일어
나지 않았다. 그때 만났다면 우리 식구들이 마음고생도, 경제
적인 어려움도 모두 해결됐을 것이다. 어머니는 종갓집 며느리
였다. 남들이 알아주는 음식솜씨였고, 그 식당은 점점 소문이
났다. 식사할 땐 자리가 없을 정도로 장사가 잘되었다. 주인 내
외는 어머니에게 옷가지도 사다주었다. 마치 친자식처럼 잘해

주었다. 부산에 찾아가기엔 너무 많은 시간이 흘렀다. 갈 수도 없는 노릇이었다. 전쟁이 끝나 서울로 올라가려고 했지만 바쁜 낮에는 일하느라 바빴다. 그랬기에 올라갈 수 없었다. 잠자리에 들면 식구들 생각에 눈물로 베갯잇을 적시곤 했다. 겨울이 지나도 전쟁이 끝나지 않으면 제주도로 가겠다고 벼르고 있었다. 그렇게 닷새가 지난 어느 날, 떡을 사 들고 오신 아버지 얼굴이 밝았다.

"꼭꼭 씹어 먹어라. 오늘 너한테는 팔촌이구나. 옛날에 할아버지가 장호원 집 옆 땅에 집을 한 채 지어주었다. 그래서 촌수는 멀어도 가깝게 지냈지. 세 딸 중에 가운데 딸이 은행원에게 시집을 갔고 ○○은행 지점장을 지냈다. 혹시나 해서 ○○은행을 찾아가 물었더니 은행도 여기 피란을 와서 지점장을 하고 있더구나. 오후에 회의가 끝나면 이리로 온다고 했으니 그 집으로 갈 거야."

사람이 궁하면 통한다고, 서울 살 때 가끔 만났었기에 그분 이름을 기억하고 있었다. 혹시나 하여 수소문 끝에 찾은 것이다. 여관 잠을 잘 형편이 안 되고, 밥이나 겨우 사 먹고 있는데 그나마 친척이라도 찾아서 다행스러운 일이었다. 어머니를 찾는 기적 대신 그 매형을 찾아낸 것도 크나큰 다행이었다. 매형의 집은 정원이 있었다. 일본식으로 지어진 은행 사택이었다. 우리의 몰골을 본 누나는 눈물을 글썽이며 우리를 맞이했다.

나 역시 잘 알고 있는 누나였다. 우리 이야기를 대충 들은 누나는 작은 사각 통을 내게 건네며 말했다.

"아저씨, 이거 미제 이* 퇴치 약이에요. D.D.T라고 한번만 뿌려도 이가 싹 죽어요. 정원에 나가서 겉옷을 벗고 골고루 뿌리세요. 목욕물도 준비해 놓을게요."

정원에 나와서 내복에 골고루 뿌리고, 겉옷 속에도 뿌렸다. 반응은 즉시 나타났다. 목으로 손목, 발목으로 이가 기어 나왔다. 보리알만한 크기였다. 목을 손바닥으로 훌훌 털어내야 했다. 이가 그렇게 많을 줄은 몰랐다. 목욕도 자주 못 하고, 옷도 자주 빨아 입지 못 했으니 몸은 이의 파라다이스였던 것이다. 겉옷에 기어 다니는 이를 나무에 패대기쳤다. 평화스럽던 이에게는 일본에 떨어진 핵폭탄을 맞은 셈이다. 일본에 떨어졌던 원자폭탄이 이랬을 것이란 생각이 들었다. 목욕물에 몸을 불리고 때를 닦아냈다. 목욕을 하며 부산에서 있었던 대중탕 사건을 이야기했다. 아버지와 동생은 오랜만에 큰 웃음을 지었다.

"아버지하고 대중탕에도 갔었는데, 다 큰 녀석이 여탕엘 들어갔으니 당연히 난리가 났겠지. 맞고 쫓겨나오지 않은 게 다행이지."

---

* 머릿니. 사람의 몸에 기생하면서 피를 빨아 먹는다.

목욕을 하고 나오니 누나가 가까운 시장에 가서 세 벌의 내의를 사다 놓았다. 목욕하고 새 내복을 입으니 날아 갈듯 기분이 좋았다. 푸짐하게 차려진 저녁밥을 오랜만에 배불리 먹었다. 아버지와 매형은 따로 차려진 밥상에서 술을 곁들여 이야기꽃을 피웠다. 아버지 얼굴도 밝고 환해졌다. 5일 만에 대전까지 갈 수 있는 은행 업무용 차로 하루 만에 대전까지 왔다.

하지만 이튿날부터 걸어야 했다. 멀리서 어떤 차가 흙먼지를 일으키며 라이트를 켠 채 달려왔다. 차를 향해 명자와 내가 두 손을 높이 들었다. 어린아이들이 세워서인지 먼지를 일으키며 선 G.M.C에서 색안경을 끼고 마도로스파이프를 문 흑인 장교가 무어라고 했다. 아버지는 차가 가는 쪽을 손으로 가리키며 Go, Go! 큰소리로 외쳐댔다. 흑인 장교가 고개를 끄덕이며 아버지에게 오르라고 했다. 나와 동생을 차례로 올려주고 아버지가 우리 둘을 받았다. 기름이 들어있는 드럼통을 앞으로 밀고 채워진 안전반도에 기대어 있으라는 뜻을 몸짓 발짓으로 해주고는 차가 출발했다. 그렇게 두어 시간을 가니 어두워지기 시작했고 앞에 보이는 시가지에 불빛이 보였다.

"저기가 안성인 것 같은데…."

아버지의 혼잣말이다. 차는 덜컹거리고 먼지가 많았다. 그래도 걷는 것보단 백번 나았다.

"아야아."

차가 큰 돌을 넘자 드럼통이 요동을 쳤다. 내 오른쪽 발등을 찍었다. 아버지가 당황스러운 얼굴로 말했다.

"아이구, 발등을 찍혔구나. 많이 아프지? 큰일이네."
"그냥 참을 수 있어요."

얼마 가지 않아 집들이 보이기 시작했다. 차가 옆길로 좌회전을 하고는 세웠고 미군 장교가 가야 하는 곳을 손짓하며 내려야 한다고 했다. 그들의 부대가 가까워진 듯했다. 우리가 차에서 내리고, 아버지는 고개를 숙이며 연신 땡큐를 외쳤다. 알았다는 듯이 어깨를 으쓱하며 흰 이를 드러내 보였다.

"저-어기 집까지 가자, 업혀라."

아버지가 내게 등을 내어줬다. 하지만 내가 걸을 수 있다고 했다. 부축을 받으며 절뚝거렸다. 집에 도착해 추녀 밑에 앉아 기다리라고 했다. 아버지의 말대로 나는 기다렸다. 그런 나를 잠시 두고 아버지는 시내 쪽으로 뛰어가셨다.

"오빠 많이 아파?"

근심스러운 얼굴로 어린 동생이 묻고 있었다.

"괜찮아. 피도 안 나는데, 뭐."

걱정해주는 동생이 고마워 억지웃음을 지었다. 어두운 곳에
서 30분쯤이나 기다렸을 때, 젊은 남자를 데리고 아버지가 오
셨다. 그 사람의 등에 업혀간 곳은 여관이었다. 여관에 들어서
자, 나이 지긋한 아주머니가 우리를 맞이했다. 아주머니는 내
발등이 부은 걸 보더니, 깜짝 놀랐다.

▲ 미 군용 G.M.C 트럭

"아이구. 딱해라. 어린 것이 얼마나 아프겠니. 에미 소식도 모르고 제주도까지 피란을 갔으니 얼마나 고생이 많았니? 부 잣집 자식으로 태어난 자네 팔자도 참 기박하구나. 어려부터 객지 생활하더니 쯧쯧."

발등이 너무 부어 운동화를 끈을 잘라 겨우 벗겼다. 양말도 조금씩 잘라 벗겼지만 너무 아파 신음 소리가 절로 나왔다. 대 야에 더운물을 받았다. 물속에 발을 담그고 있으니 통증이 가 시는 듯 했다.

"뼈는 괜찮은 것 같으니 다행이네."

멘소래담을 흠뻑 바르고 기름 먹인 창호지로 싸고 수건을 둘 둘 말고는 말했다.

"따뜻한 데서 자고 나면 부기가 좀 빠질 거야. 내일모레가 장 원장이니까 내가 장돌뱅이한테 부탁을 할게. 아저씨한테 마차 라도 보내라구. 기별을 할 거니 고단한데 주무시게."

저녁식사 이후에 이런저런 이야기를 하신 아주머니가 하는 소리다. 집안 친척으로 오래 전부터 안성에서 여관을 했고 아 버지가 누님이라고 불렀다. 장 다음날 마차를 타고 장호원 집 에 도착을 했다. 점심으로는 미숫가루를 꿀물에 타서 먹었다.

털털거리는 마차를 탄 명자는 해맑게 웃었다.

"에미는 왜 안 보이느냐?"

사연을 설명하기도 전에 할아버지가 대노하셨다.

"이놈아. 네 처자식보다 동네 사람이 더 중요하냐? 핏덩이를
업고 여자 혼자 보내다니, 일 년이 다 되도록 소식도 모르다니.
아니구!"

말이 안 되는 짓을 했다며 노발대발하셨다. 해가 바뀌고 봄이
오기도 전에 안절부절 못하던 아버지는 구로동으로 올라가셨
다. 혹 구로동으로 어머니가 올 수도 있다는 생각 때문이었다.

"에미 소식이 궁금하니 올라가 봐야지. 집도 불탔다며 있을
곳이 없을 테니 둘러보고 오너라."
"공장장 형님네도 올라오셨을 것 같으니 회사 사택에라도 있
을 수 있습니다. 우선 거기라도 있겠습니다."

수중에 돈이 없을 것을 아신 할아버지께서 봉투를 주셨다.
한편, 마산 밥집에 계시는 어머니는 추운 겨울도 지냈고 식구
들과 헤어진 지 일 년이 넘었으니 그냥 그 밥집에 무턱대고 있
는 것이 곰탱이 짓이란 생각을 하셨다. 그렇다고 나머지 가족

이 부산엔 있지 않을 것이란 판단으로 노인들의 만류에도 불구하고 제주도로 향했다. 목적지가 제주도였고 아직도 전쟁은 끝나지 않았으니 식구들이 제주도에서 기다리고 있을 것이란 생각이 들어서였다. 못 만나더라도 소식이라도 알 수 있을 것 같았다. 묻고 물어 온평리 송 대목 집을 찾아갔다. 문을 들어서니 노인이 뒷집을 진채 곰방대를 물고 계셨다.

"저—어기 말씀 좀."

뒤로 돌아선 노인이 어머니를 보고는 놀라며,

"명배 어망이요?"
"네. 그렇습니다."
"허—어, 이럴 수가 있나. 목포로 떠난 지가 보름쯤 됐고망."

그 소리에 어머니는 땅바닥에 주저앉아 울음을 터뜨렸다. 진작 오지 못한 후회의 눈물이었다. 식구들이 무사하다니 반갑기도 한 눈물이었다. 밥집에 눌러앉아 세월을 보낸 것이 너무도 후회스럽기도 했다. 인편에 연락을 받은 세창네 엄마가 한달음에 달려왔다.

"아주머니…."

울음 섞인 목소리로 부르짖으며 두 여인은 끌어안고 눈물을 흘렸다. 얼마나 반가운 만남인가?

"아주머니 조금만 일찍 오셨으면 식구가 모두 만났을 텐데, 아저씨도 어깨가 축 처진 채 아주머니를 기다리다 못해 목포로 떠나셨는데. 그래도 식구들이 다 무사하니 다행이네요."

세창네 집으로 가 내가 여수에서 떨어졌던 일과 부산을 거쳐 제주도로 온 이야기, 아버지에게 징집 영장이 나왔던 이야기 등으로 밤 새워 이야기를 나누었다. 어머니가 좀 일찍 오지 못한 것이 한스러웠지만 어쩔 수 없는 일이고 마음이 조급하여 3일을 지내고 부산으로 출발했다. 장호원이나 서울로 갔을 것이고 부산으로 가는 것이 더 빨리 올라 갈 수 있을 것이란 생각에서다. 친정어머니께서 해녀 생활로 어렵게 지내는 것을 알고 얼마의 돈을 주었다.

"아버지도 어머니하고 서울로 떠났으니 자네도 올라와야지? 서울에서 만나자구."
"네. 올라가서 살림이라도 해드려야지요."

전국을 헤매는 피란 생활을 하였으나 가족이 무사한 것을 알고 나니 식구들을 만나지는 못했으나, 그래도 제주도로 잘 왔다는 생각이 들었다. 시골에서 문밖 출입도 못하며 자라고 열여덟 살에 결혼을 하여 세 아이의 엄마가 된 어머니다. 그런 어머니가 출산한 지 몇 개월 된 아이를 업고 혼자서 일 년여 동안 전국을 헤매며 피란 생활을 했다. 몸 고생보다 더욱 힘들었던 건 바로 식구들을 그리워하는 마음고생이었다. 고추보다 더 맵다는 고통스러운 시집살이에서 구해주겠다는 결심을 하고 아버지가 홀로 상경하여 셋방을 얻은 뒤 함께 서울로 올라오게 된 것이 새로운 시작이었다. 행복한 삶이었다. 좋은 회사에 취직도 하고 그림 같은 새집을 짓고 이사 했을 땐 너무 행복하여 서로 껴안고 울기도 하셨다고 했다.

그러나 아름답고 행복했던 것도 하룻밤의 꿈처럼 지나가고 말았다. 한 달도 못 살고 피란을 갔고, 집은 한 줌의 재로 변해버렸다. 서울로 올라 온 후 4년 동안이 부모님의 일생 중에서 가장 행복했던 시간이었다. 그 짧은 행복도 6·25전쟁으로 산산조각 났다. 6·25전쟁은 우리만의 비극은 아니었다. 김일성의 공산 통일을 위한 예고 없는 남침으로 발발한 전쟁으로 온 국민의 비극이었고, 얼마나 많은 도시와 기간산업이 잿더미로 변해버렸는가! 이 전쟁에서 수백만이 생명을 잃고 수많은 민간인들이 죽어갔다. 수많은 사람들이 부모, 형제를 잃었고 생사를 모르는 이산가족들의 한 맺힌 가슴의 응어리는 누가 풀어주어야 하나.

36년 간 일제의 식민지가 되어 참혹한 핍박을 당해 눈을 못

감고 저세상으로 간 영령들. 그들이 해방된 지 오 년 만에 일어
난 6·25 전쟁. 전쟁의 참상으로 다시 통곡할 것이다. 아버지
가 전쟁의 후유증으로 젊은 나이에 돌아가셨으니, 삼십대 중반
어머니도 어린 삼 남매를 데리고 한숨으로 한평생을 살아야 했
다. 아버지, 어머니의 팔자도 박복하고 기구하다.

66

"양담배~"
"껌, 초콜릿"

번갈아가며 기어드는 목소리를 내며 돌아다녔다. 너무 창피하다 못해 말이 잘 나오지 않았다. 닭싸움으로 유명해졌던 우리가 담배, 껌을 팔다니 너무 창피했다. 사람들이 처음 보는 양키 물건에 호기심 어린 눈으로 구경을 했다.

99

8장

오빠!
오빠 나빠

3월이 되자 매서운 추위도 물러가고 기온이 올랐다. 바람도 햇볕도 봄소식을 알리려는 미소를 짓고 있었다. 동생 명자는 세 살 때, 엄마의 품에서 떨어져 아버지와 걷고 타고하며 목포에서 제주도로 피란을 다니다 장호원으로 온 지가 일 년이 넘었다. 아직은 엄마의 품에서 응석을 부릴 나이인데 엄마와 떨어져 아버지 품에서 일 년 넘는 세월을 보냈다. 자나 깨나 아버지 품에서 한 번도 떨어진 일이 없었다. 엄마 품 대신 아버지가 보듬었고, 그런 아버지가 갑자기 서울로 떠나시자 오빠가 엄마, 아빠의 품을 대신해야 했다. 나를 항상 따라다녔고 밥을 먹을 때도 잠을 잘 때도 내 곁에서 자야했다. 내 나이 밑으로도 삼촌 둘과 사촌들이 있었지만 모두가 사내들이니 같이 어울리지도 못했다. 열 두 살 난 그 잘난 오빠가 오직 의지의 대상이었다. 철없는 오빠는 동생의 절절한 눈빛도 외면하고 동갑네기 삼촌과 손짓눈짓으로 신호를 보내고 동생을 떼어 놓고 밖으로 나돌기 시작했다. 아버지도 나를 믿고 서울로 올라가신 것이다. 멀리 떨어져 있는 마을 친척집으로 찾아다니면 도련님이라고 맞아주며 다락에서 강정이나 엿 같은 먹거리도 주고 때로는 점심도 얻어먹고는 했다.

우리는 노란 통 고무줄을 구해 새 총을 하나씩 만들고 개울가에서 공깃돌을 주머니 가득 넣고 다녔다. 변두리로 돌아다니며 전신주나 나무도 쏘고 개나 고양이도 보이는 대로 쏘아댔다. 매일 연습을 하니 실력은 날이 갈수록 늘고 개, 고양이 같은 큰 목표물은 백발백중이었고 까치나 참새도 쏘아댔다. 까치나 참새를 떨어뜨릴 때는 서로 마주보고 만족해했다. 통 고무줄 새 총은 성능도 좋았고 매일 쏘고 돌아다니니 요령도 늘어 실력은 하루하루 날이 갈수록 숙달 되었다. 새 총을 맞고 깨갱거리며 도망가는 개를 보고 재미있어하기도 했으니 지금 같으면 동물학대죄로 법의 처벌을 받아야 할 것이다. 하기야 남이 보지 않는 곳에서 하는 짓이지만, 어느 집 뒤 나뭇가지로 엮어진 울타리 밑에 몇 마리의 암탉과 수탉이 눈에 띄었다. 둘이 수탉을 쏘기로 하고 "하나, 둘" 하며 동시에 발사했다. 수탉이 벌렁 나자빠져 버둥거리고 있었다. 돌멩이가 머리를 빗겨나가 잠시 기절을 한 것 같았다. 쫓아가서, 일어나려고 하는 놈을 붙들고 집으로 돌아왔다. 수탉은 털이 아름답고 묵직했고 꼬리가 길어 더욱 늠름하게 보였다. 식구들 눈을 피해 집 뒤 큰 광에 한쪽 다리를 묶어 넣어두고 아주 맵게 비빈 고추장 밥을 먹였다. 암놈들을 거느리고 왕 노릇을 하던 놈을 독이 오른 훌륭한 싸움닭으로 만들기 위해서다. 광속은 엄청 컸고 창문이 없었다. 짝문만 닫으면 그대로 한밤중이었다. 어둠이 채 가시기도 전에 할아버지는 집 한 바퀴를 돌아다니시면서 "에헴" 헛기침을 하신다. 며느리들을 깨우시는 기상나팔인 셈이다. 새벽에 닭이 울까 봐 제일 걱정을 했는데 스트레스를 받았는지, 아니면 광에 갇혀 있어 낮이나 밤이나 어두워서인지 울음소리를 내지 않는 것이 신통했다. 울음소리가 나면 영어(囹圄)*의 몸에서 당장 풀려 날 터인데, 울지를 않으니 너무 신통했다. 그리고 닷새 만에 장호원장이 돌아왔다. 둘이는 망을 보며 닭을 들고 장터 한쪽에 있는 투계장으로 갔다.

투계장은 장꾼들에게 인기가 있는 곳이고 참전하는 닭 모양을 보고 돈을 거는 사람들도 있었다. 일종의 도박판이다. 순서를 기다리는 우리 닭은 닭싸움하는 것을 보고 깃털을 세우기도 하고 눈에서 빛도 났다. 감옥에 갇혔던 스트레스를 풀어 볼 심산인 것 같았다. 우리 차례가 되자 상대방 닭을 향하여 몇 번 어르니 깃털을 세우고 놓아 달라는 듯이 버둥거렸다. 심판의 신호에 따라 서로 던지니 두 놈이 맹렬하게 싸웠고 불과 몇 분만에 머리에서 피를 흘리며 상대방 닭이 도망쳤다. 두 번째 싸움에서도 이겼고 세 번째에서 지쳤는지 애석하게 졌다. 세 번

---

* 감옥

을 이긴 놈이 둘이면 마지막 결승도 한다. 발톱을 세워 머리를 주로 공격하고 벼슬을 물어 피가 나기도 하며 닭도 치열하게 싸운다. 그런 모습을 보고 사람들은 응원을 하고 즐거워한다. 첫 출전 치고는 잘 싸운 편이다. 둘은 집으로 오며 새로운 작전을 짰다. 고추장 밥만으로는 안 되니 알곡도 먹여야겠고 멸치도 먹이자고 했다. 장독대에 있는 큰 항아리는 높이가 어른의 키만했다. 항아리 안에는 여러 가지 잡곡이 있다. 보리쌀, 수수, 콩, 좁쌀 같은 것들을 몰래 훔쳐다 먹이고 부엌을 뒤져 멸치도 훔쳐다 주었다.

다음 장날이 되자 부푼 가슴을 끌어안고 투계장에 갔다. 3전 전승이었다. 대게는 한두 마리 이기고 세 번 이기는 것은 드물다. 상금은 없지만 심판 아저씨가 이긴 닭을 안은 사람의 손을 높이 들어주며 "오늘의 장원" 이라고 하면 구경꾼들이 환호성을 지르고 박수를 쳐준다. 세 번째 장날에도 우승을 했고 우리는 얼굴이 알려진 유명인사가 되었다. 다음번엔 우리 닭에게 돈을 걸겠다고 벼르는 사람도 있었다. 어느 날 오후 일찍 들어오니 대청에 앉아 계신 할아버지께서 엄한 표정으로 우리를 불러 세운 후 회초리를 가져오라고 하셨다. 바지를 걷고 매운 회초리를 석대씩 맞았다. 광에 들렀던 할아버지께서 닭을 발견하신 것이다.

"이 녀석들 왜 맞았는지 알겠느냐?"

"네네."

"지금 당장 닭은 갖다가 주고 주인한테 잘못했다고 빈 후, 주인이 무슨 말을 했는지 듣고 오너라. 고얀 놈 같으니…."

닭을 들고 2km나 떨어진 그곳으로 가니 암탉들만 모이를 쪼고 있었다. 휙 날려진 닭이 나타나자 암탉들이 서방님을 반기는지 꼬꼬 거렸고 날갯짓을 크게 한 수탉이 목을 길게 빼고는 "꼬꼬오댁" 하고 힘차게 울어댔다. 지옥에서 해방되어 예전의 집으로 돌아왔으니 어찌 반갑지 않을까? 해방의 날갯짓이고 승리의 함성인 셈이다.

"집에 가 봐야지."

"야, 뭘 가냐. 얻어터지기나 하지."

약아빠진 삼촌이 하는 소리다. 집에는 아무도 없다고 하자며 돌아왔다. 집으로 향하는 기분은 엉망이었다. 귀가한 나를 보더니 동생은 팔짝 뛰며 좋아했다. 일찍 들어오는 날은 더욱 좋아했다. 그런 동생을 보면서 마음 한구석이 괜스레 짠했다. 어느 날 우리보다 세 살 위인 삼촌이 박스를 안고 와서 엿장수가 목에 걸고 엿을 파는 엿 목판을 하나 짰다. 상자에 들어있는 미제 물건을 진열하고는 거칠거칠한 송판에 연필에 침을 바르며 이름과 가격을 적어놓았다. 아카다마 썬락타, 팔말 같은 양담배와 껌, 초콜릿, 젤리, 드롭프스 사탕 같은 것들로 처음 보는 물건이다. 내일 모레 장날, 둘이 가서 팔아 오라는 것이다. 그 삼촌은 덩치가 크고 운동도 잘하며 중학교에서도 주름을 잡았으니, 우리에게 삼촌의 말은 그대로 법이었다. 둘이는 장날에 가서 파는 수밖에 없는 일이다.

"양담배~"
"껌, 초콜릿"

번갈아가며 기어드는 목소리를 내며 돌아다녔다. 너무 창피하다 못해 말이 잘 나오지 않았다. 닭싸움으로 유명해졌던 우리가 담배, 껌을 팔다니 너무 창피했다. 사람들이 처음 보는 양키 물건에 호기심 어린 눈으로 구경을 했다. 손자 줄 생각으로 주머니에서 꼬깃한 지전을 꺼내 초콜릿, 껌 등을 사기도 하고 젊은 아저씨들이 봉초 담배 세 봉, 네 봉 값이나 하는 양담배를 흔쾌히 사기도 했다. 동네 가서 호기를 부릴 심산이다. 첫날 치고는 물건을 거의 다 팔았으니 성과가 좋은 편이다.

삼촌은 만족해하며 바둑 껌 한 통씩과 초콜릿 하나씩을 수고비로 주었다. 동생과 나눠 먹는 초콜릿은 입에 넣으면 사르르 녹았다. 세상에 이렇게 맛있는 것도 있다는 걸 알았다. 바둑 껌은 오래 씹어도 입안에서 향기가 났다. 밥 먹을 때는 상 밑에 붙여 놓았다 며칠씩 두고두고 씹었다. 생밀 껌이나 송진 껌도 씹어 봤지만 그런 껌과는 비교가 되지 않았다. 며칠을 씹어도 없어지지 않는 것이 신기했다. 그 주위에는 미군부대도 없는데 삼촌은 어디서 구해오는지, 그 다음 날에도 또 다음 장날에도 팔 것을 가져왔다. 안성에 미군 부대가 있으니 그곳에서 흘러나온 물건일 것이다. 궐련이라고 좀 잘사는 집 어른들이 피우는 담배도 있었다. 하지만 돈 많은 양반네나 피우는 담배였고 집에서는 잘 말린 연초를 구해 작두로 썰어 담배 마는 작은 기구로 권련을 만들어 피웠다.

봉초담배를 피우는 층에선 노인들은 곰방대에 눌러 피우고 젊은이들은 신문지에 말아 혓바닥을 대고 침을 발라 말아 피우던 시절이었다. 솔가루 나무 한 짐을 팔아야 한 갑을 살 수 있으니 고급스러운 양담배를 보고 침만 흘리는 것이 눈에 보였다. 갑을 뜯어서 낱개로 팔아보니 너도 나도 하나씩은 사 피웠다. 눈을 감고 연기를 코로, 입으로 내뿜으며 행복한 미소를 지었다. 낱개로 파니 팔리기도 잘 팔렸고 이윤도 곱이 되었다. 껌을 계속 씹으니 어금니에서 딱딱 소리가 났고, 그걸 본 주변 사람들이 부러워했다.

어둠이 내리면 장은 파하고 우리는 한쪽에 앉아서 계산을 했다. 갑으로 환산한 금액만 채워놓고 남은 돈은 둘이 나누어 가졌다. 우린 서로 마주보고 흡족해 했다. 왕 서방보다는 곱 이익이 더 좋았다. 왕 서방은 자재 값을 치르지만 우리는 한 갑 값이 그대로 몽땅 수입이 되기 때문이다. 그렇게 돈을 버니 장날이 기다려졌다.

장날이 아닌 어느 날 해가 기울어 어둠이 옅게 내린 때 집으로 돌아왔다. 동생이 문지방에 앉아 대문 기둥에 머리를 댄 체 잠이 들었다. 다가가 얼굴을 자세히 보니 흘린 눈물 자국이 뺨에 말라있었다. 마음이 뭉클해졌다. 동생 앞에 쪼그려 앉아 두 손을 잡고 "명자야"하고 불렀다. 잠든 지 얼마 안 되었는지 눈을 동그랗게 뜨고 나를 쳐다보고는 울었다.

"오빠! 오빠 나빠, 으아앙—."

　　울음을 터뜨렸다. 이제나저제나 오빠 오기를 기다리다 잠이 든 것이다. 내가 꽉 끌어안자 더욱 큰소리로 울고 나도 훌쩍거리며 울었다. 동생의 뺨에 흘린 눈물이 마른 채 잠들어 있는 모습은 너무도 불쌍했다. 그제야 동생에게 잘못했다는 미안함에 가슴이 뭉클해졌다. 저녁 날씨도 쌀쌀한데 잠이 들었으니 동생은 몸을 떨며 울어댔다. 엄마 품에서 응석받이로 자라야 하는 동생이 엄마와 떨어진 지 1년이 넘었고, 그 일 년을 엄마를 그리워하며 아빠의 품에서 피란 생활을 했고 아빠마저 떠났으니 의지할 곳이라곤 오빠밖에 없거늘, 그 어린 동생의 마음을 헤아리지 못하고 동생을 떼어놓고 종일 나가 놀기에 정신이 없는 철없는 오빠를 종일 대문 문지방에 앉아 기다리곤 했던 것이다. 동생의 마음을 헤아리지 못하는 무정하고 철없는 오빠, 오빠 자격이 없는 녀석이었다.

"명자야, 오빠가 너무 잘못했어. 다시는 널 떼어놓고 절대로 안 나갈게. 그만 울어."

울음 섞인 목소리로 동생의 등을 두드렸다.

"정말, 정말야. 오빠."
"그래, 정말이야. 약속할게."

새끼손가락을 걸고 약속하며 눈물 젖은 채로 해맑게 웃었다. 희고 동그란 얼굴과 눈이 예쁜 동생의 볼을 두 손으로 잡고 아프지 않게 꼬집어 주고 내 옷 소매로 눈물을 닦아주었다. 뒤로 들어가는 중문으로 돌아가 펌프 물로 얼굴을 씻기고 옷자락으로 물기를 닦아주니 해맑게 웃는 모습이 더욱 예뻐 보였다. 동생을 업고 집 뒷 칸을 한 바퀴 돌아 주니 목을 꼭 끌어안고 털썩이며 좋아했다. 내 팔을 베고 잠든 동생이 잠결에 흐느끼는 것을 보고 더욱 불쌍하다는 생각이 들었다. 다시는 동생을 떼어놓지 않겠다고 마음을 다졌다. 절대로 동생을 외롭게 하지 않겠다는 다짐을 했다. 다음 날부터는 동생을 떼어놓고 나가는 일이 없었고 나갈 때는 동생의 손을 잡고 나갔다. 동생은 다시 명랑해졌다. 그 모습에 나도 행복했다. 아주 많이 사랑해주겠다는 다짐도 했다. 원래 동생의 성격은 명랑했다. 하지만 늘 수심에 찬 아버지와 생활하며 동생도 웃는 일이 없었다. 내가 함께 놀아주니 다시 동생은 활발해졌고 그런 모습을 보니 그동안 너무 무관심했고 잘못했다는 것을 깨달았다. 형제자매 간의 진

정한 우애를 깊이 느꼈다. 항상 오빠, 오빠 하며 불러주는 것이
너무도 행복했다.

▲ 봉초담배

66

너나 할 것 없이 죽이라도 넉넉히 먹는 형편이 못되니 입 하나라
도 덜어내는 것을 다행으로 생각했다. 가끔 미제 물건도 주워오니,
신통하기도 했다. 껌 한통을 주머니에 넣었다가 한 알씩 주는 것도
좋아했다. 어느 날은 동생이 가보고 싶다고 하여 명자를 데려왔다.
통에서 끓이는 것을 보고 동생이 내게 물었다.

"오빠, 이게 꿀꿀이 죽이야?"
"그래, 맛있어. 너두 먹어봐."

99

9장

오빠,
이게
꿀꿀이
죽이야?

1952년, 늦은 봄. 우리 남매도 서울로 올라왔다. 아버지보다 한발 늦게 서울로 올라온 어머니와 아버지가 눈물로 재회를 했다. 방 두개와 부엌, 광이 딸린 철로 변에 있는 집을 어머니가 거의 쓰지 않고 가지고 있던 돈으로 사놓고 우리 남매를 데려온 것이다. 25일밖에 살아보지 않은 새집은 돌아와 보니 흔적도 없이 사라졌다. 우선 거처할 집이 필요해 임시로 장만한 집이다. 앞에 길게 마루가 있고 앞마당도 있는 집이다. 어머니는 헤어진 지 1년 반이 되어 만난 우리 남매를 끌어안고 환희의 눈물을 흘렸다. 명자도 어머니 품에 안겨 슬피 울었다.

　그토록 그립고 그리운 따뜻한 어머니 품이었으니 쌓이고 쌓인 눈물을 토해냈다. 6·25둥이 동생도 세 살이 되어 걸어 다녔다. 하지만 피란길에 제대로 먹지 못해 다리가 가는 약골이었다. 다섯 식구가 세 갈래로 헤어진 채, 생사조차 모르고 일 년

반이란 세월이 흘렀으니 얼마나 반가운 만남인가? 새집은 타고 없어졌지만 새로 지을 때까지 살기 위해 우선 마련한 집에서 살게 되었으니 다행스러운 일이다. 우리처럼 멀리 피란을 가지 않았던 동네 사람들은 진작에 모여 옛 동네 그대로를 이루고 있으며 내 또래 친구들도 모두 만났다.

경인선 철도를 인천 방면으로 1km쯤 올라가면 학교 운동장보다 작은 웅덩이가 있다. 교각 세 개가 있는 철다리 첫째 칸아래는 물이 없고, 기초 돌이 평평하게 깔린 곳이 있다. 웅덩이 옆으로는 일본 강점기에 지어져 피혁 공장으로 사용되던 붉은 벽돌 건물이 여러 채가 있고 그 자리에는 다시 영군 보급 기지창이 자리 잡고 있었다. 부대에는 철조망이 쳐져있다. 맥주 공병이 상자에 담긴 채 가득 쌓여있고, 그 옆에 음식물 찌꺼기를 모아두는 큰 양동이가 있다. 우리 또래 일고여덟 명의 아이들은 매일 아침이면 그곳에 모인다. 철조망을 넘어 양동이 속을 뒤지면 빵 쪼가리, 햄, 소시지, 고기 부스러기 등이 나온다. 담배꽁초나 휴지가 나오면 아이들은 모두 욕을 한마디씩 한다.

"개새끼들, 죄 받아 뒤져라, 총알 맞고 뒤져라."

모두 욕을 한마디씩 퍼붓는다. 통조림을 담았던 4각 깡통을 구해 돌을 고여 놓고 마른 나무를 주워다 끓인다. 물을 적당히 넣고 끓이면 좋은 냄새가 코를 찌른다. 각자 주머니에 넣고 다니는 미제 스푼으로 둘러앉아 먹으면 맛이 일품이다.

"죽이야 죽, 미제 죽이야, 맛이 기가 막힌다. 돼지 먹는 것 같다. 그럼 꿀꿀이 죽이잖아."

그래서 우리는 꿀꿀이 죽이라고 불렀다. 식욕이 왕성한 아이들 입맛에 더없이 맛있는 음식이었다. 돼지죽이지만 영양가 좋은 꿀꿀이 죽이다. 그렇게 아이들이 끓여 먹는 것을 안 식당에서 일하는 동네 아저씨가 영군들에게 설명을 하여 깨끗한 것을 따로 모아 작은 양동이에 담아 주곤 했다. 전쟁고아라고 생각한 영국 신사들이 적극 협조를 해주었기 때문에 깡통에 쏟아 물만 붓고 끓이면 된다.

그 뒤로 마구하던 욕도 사라졌다. 점심 저녁을 그렇게 배불리 영양죽을 먹으니 얼굴에 난 버짐도 벗겨지고 모두 통통하게 살이 올랐다. 전쟁 중이라 모든 회사가 문을 닫은 상태이고 어른들이 돈을 벌수 없으니 보리밥은 고사하고 죽이나 제물국수로 허기를 면하던 때에, 자라는 아이들이 영양죽이라도 배불리 먹으니 효과가 좋았다. 영국은 그 당시 잘 사는 나라였으니 보급이 좋았고 아저씨가 고기가 든 삼각통을 주었기 때문에 무슨 음식에 비해도 손색없는 영양죽이었다. 빵, 고기, 햄, 소시지 등이 들었으니 맛도 좋았다.

죽을 먹다가도 인천 쪽에서 기적이 울리면 비상이 걸린다. 아이들은 철길로 뛰어 올라가고 UN군을 실은 열차가 오면 소리를 지르고 손을 흔들어 댄다. 처음 보는 타국의 이색 풍경에 모두 창밖으로 고개를 내밀고 있다가 아이들을 보면 먹을 것을 던져준다. 소고기나 콩 통조림, 껌, 초콜렛 등을 던져준다. 아이들은 한바탕 소동이 벌어지고, 날쌔고 몸 빠른 놈이 먼저 줍고 많이 줍는다. 어느 때는 C레이션 박스*를 통째로 던져주기도 한다. 박스가 열차에서 떨어지면 터져서 풍비박산이 되어 통조림 같은 것은 둑 밑으로도 굴러간다. 지급받은 보급품이 충분하고 아이들이 전쟁 중에 굶주린다는 생각으로 많이 던져주는 것이다. 그 보급품은 미국에서 거리가 가까운 일본에 발주하여 만들어지는 것으로 그들의 패망 후 일본 경제를 끌어올리는데 밑바탕이 되었다. 우리 전쟁이 그들에게 돈벌이가 된 셈이다. 원님 덕분에 나팔 부는 격이다.

아이들이 아귀다툼을 하며 줍는 모습은 그들의 눈에 불쌍하게 보였을 테고 전쟁이 끝나 고국에 돌아가서도 잊을 수 없는 이야깃거리가 될 것이다. 굶주린 아이들이 먹을 것을 줍느라 한바탕 소동을 벌이는 모습은 전쟁의 참상을 알려준다. 한바탕 소동이 벌어지고 나면 주머니에 넣고 손에 쥔 것을 가지고 아지트로 모여든다. 그들의 주식은 다음과 같다. 콩 통조림, 소고

---

* 전투 식량 상자

기 통조림, 껌, 비스킷, 젤리, 사탕, 우유, 설탕, 커피 같은 1회 용품 봉지도 있다. C레이션이 통째로 떨어질 때 담배도 들어있다. 생전 처음 보는 것들이니 먹어도 되는지 잘 모르는 눈치다. 각자 주워온 것을 앞에 모아 놓으면 내가 설명해준다.

"이건 초콜릿이고 이건 드롭프스 사탕, 이건 껌인데 한 개나 두 개씩 씹다가 밥상에 붙여 놓고 며칠을 씹어두 안 없어지는 거야."

드롭프스 포장지를 뜯어 아이들에게 한 알씩 나눠준다. 초콜릿도 한 쪽씩 나누어 주면 아이들은 그 맛에 눈이 동그랗게 커진다.

"이건 뭐야, 담배 같은데?"
"응. 그건 낙타라고 하는 담배야."
"야, 넌 어떻게 그런 걸 다 아냐?"

▲ 낙타(CAMEL) 담배

"그야 다 아는 수가 있지. 그걸 네 아버지에게 갖다 드려. 담배니까."
아이들은 내가 아는 것을 신기하게 여겼다. 닭싸움으로 스타가 된 이야기는 했지만 양키물건 팔았다는 이야기는 절대 비밀로 했으니, 내가 아는 것이 신기했던 것이다. 설탕이나 우유, 프림 같은 걸 찢어서 입에 털어 넣고 있는 한 녀석이 보였다. 녀석은 커피 봉지를 뜯어 입에 털어 넣고 죽을상을 지으며 캑캑거리고 있었다.

"자식, 저 혼자 먹으려고 그러나 봐."

그 녀석의 커피 가루를 손가락에 찍어 입에 넣은 다른 아이
역시 울상을 지었다.

"야, 이게 뭐냐?"

당연히 내게 물어보았지만 그건 나도 처음 보는 것이었다. 뭐
라고 대답해야 할지 몰라 난감했다.

"이건 나두 모르겠는데."
"박사라더니 모르는 것두 있냐?"

어느 녀석이 면박을 주었다.

"야, 총 맞으면 덧나지 말라고 뿌리는 건가 봐."
"밤에 졸리면 잠 쫓는 거 아냐?"

갖가지 추측이 나왔지만 알 수 없었다.

"야, 이건 설탕이구, 이건 우유, 프림이구…쓴 거 하고 물에

타서 마시는 것 같다."

 어떤 녀석이 그럴 듯한 해답을 내놓았다.

 기적 소리만 나면 쫓아 올라갔지만 여객 열차가 매일 오는 것
은 아니었다. 군수 물자를 실은 화물열차가 지날 때는 실망하
고 내려왔다. 동네 어른들은 아이들이 꿀꿀이죽으로 점심 저녁
을 해결하고 오는 것을 다 알았다. 굶주리는 데 입 하나 덜어내
니, 다행스러운 일이다. 영군들이 먹다 남은 음식 찌꺼기로 끓
여 먹는 것을 알았지만 더럽다거나 위생에 문제가 있다거나 하
는 일은 없었다. 너나 할 것 없이 죽이라도 넉넉히 먹는 형편이
못되니 입 하나라도 덜어내는 것을 다행으로 생각했다. 가끔
미제 물건도 주워오니, 신통하기도 했다. 껌 한통을 주머니에
넣었다가 한 알씩 주는 것도 좋아했다. 어느 날은 동생이 가보
고 싶다고 하여 명자를 데려왔다. 통에서 끓이는 것을 보고 동
생이 내게 물었다.

 "오빠, 이게 꿀꿀이 죽이야?"
 "그래, 맛있어. 너두 먹어봐."

 두어 숟갈을 먹은 동생이 수저를 내려놓았다. 햄과 소시지가
많이 들어가서일까. 입맛에 맞지 않았다. 초여름이 돌아오자
몇몇 아이들은 고추를 내놓은 채 물속에서 놀기 시작했다. 그

곳은 세 칸 다리라고 불렀고 거기서 1키로 미터쯤 떨어진 곳은 아홉 칸 다리라고 불렀다. 지금 구일역이 있는 곳을 아홉 칸 다리라고 했다. 여름만 되면 반두*로 고기도 잡거나 개흙으로 된 진흙 구멍에서 민물 게도 잡고 개구리헤엄을 잘 쳤다. 지금 입시 지옥에서 학원을 전전하는 아이들과는 전혀 다르게, 못 먹고 살 때라도 아이들은 건강했다. 매일 물에서 놀다 보니 모두 수영 선수가 되어 있었다.

물가 철조망 안에 있는 집채만큼 쌓여있는 빈 맥주병에 관심을 갖게 되었고 몇 개씩 갖다 주었다. 튼튼한 맥주병은 인기가 좋았다. 기름병이나 석유병으로 쓰이고 국수 반죽을 밀 때도 쓰이곤 했다. 서로 달라고 주문도 들어왔고 강냉이 장사가 강냉이나 엿으로 바꾸어 주기도 하고 사가기도 했다. 병은 무진장 있으니 점점 간이 커진 아이들은 상자를 물에 띄워 헤엄을 치며 박스 째 가져왔다. 일부 아이들이 철길 넘어 풀밭에 감추어 놓으면 매일 저녁 강냉이 장사가 돈을 주고 리어카로 잔뜩 싣고 갔다.

그 당시 처음으로 오리온 캐러멜을 바꾸어 먹고 동생들을 갖다 주기도 했다. 흑갈색 병은 튼튼하여 1.5인치 약 37mm 못을 박아도 깨지지 않아 인기가 좋았고 아이들은 돈 맛을 알게 되어 돈으로 바꾸었고 돈은 공동 기금이 되었다.

---

* 양쪽 끝에 가늘고 긴 막대로 손잡이를 댄, 물고기를 잡는 그물

돈이 모아지니 쓸 곳을 찾게 되었다. 지금은 다 없어졌지만 종로 2가 '우미관', '명동극장' 두 곳에서는 미군 부대에서 흘러나온 낡은 필름 두 편 씩을 상영했다. 아침 일찍 먹고 영등포까지 걸어가 3원짜리 전차표를 사고 을지로 종로로 가서 조조할인 상영관으로 들어간다. 〈OK 목장의 결투〉, 〈광야의 무법자〉, 〈서부 사나이〉 등 주로 액션 영화를 두 편 씩 상영을 한다. 낡은 필름이라 별이 반짝거리며 끊어지기도 하고, 두 편을 보고 끝나면 찌로롱하고 불이 들어온다. 우리는 모두 의자 밑으로 몸을 숨기고 다시 한 번 씩을 보고 나온다. 빠른 자막을 미처 읽지 못하고 한 번을 보아서는 이해하기가 어려웠다. 말 타고 달리며 장총이나 권총 쏘는 장면이 너무 신기했다. 눈물을 찔찔 짜게 하는 한국 영화는 통 재미가 없었다. 4~5일씩 상영을 하는데 예고편을 보고는 그 날짜를 기억했다가 다시 오곤 했다.

　영화 두 편 씩 두 번을 보면 보통 오후 두 세 시쯤 된다. 그러면 주린 배를 안고 단골 돈가스 집엘 간다. 아가씨들이 돈가스 먹는 법도 알려주고 돈가스 맛도 기가 막혔다. 부잣집 아들 행세를 하는 것이다. 지금도 당시 유명한 많은 배우들 이름이 기억에 남아있다. 버트 랭카스터, 존 웨인, 토니 커티스. 앤소니 퀸, 빅터 마추어, 커크 더글러스, 찰튼 헤스턴, 엘리자베스 테일러, 킴 노박, 오드리 햅번, 모린 오하라, 알랭 들롱 등 지금도 그 당시 명배우들 이름이 기억 속에 남아 있다. 저녁이면 낮에 보았던 영화 이야기를 하기도 하고 하모니카나 기타를 치고 놀기도 했다. 아이들이 집채만 한 공병을 가져가는 것을 알게 된 영국군들은 총을 메고 보초를 서기도 했다. 어차피 병이야 내버리겠지만 아이들이 지나치게 병을 훔쳐내는 것을 그대로 방관할 수 없는 일이었다.

우리는 영국군들 별명을 모두 지어놓았다. 노랑머리, 곱슬머리, 꺽다리, 뚱보 등 별명을 지어놓고 철교 위에서 망을 보는 녀석이 물에서 작업을 할 때는 부대 내부가 한눈에 들어오니 "노~랑~머~리 떠~었다." 하며 노래를 부르는 척하면 얼른 후퇴를 하여 옷을 주워 입고 도망칠 준비를 한다. 어느 때는 철조망 밖으로 나오기도 하지만 우리는 철길 위에 모여서 철길로 올라오면 약을 올리며 침목을 서너 개씩 뛰어 건넌다. 그들은 침목 하나씩 건너오니 우리를 잡을 수는 없다. 영국군들은 공병을 지키기 위해서는 그러는 것이 아닐 것이다. 지나치게 극성부리는 행위들은 도벽으로 이어질 수 있고, 병을 모두 가져가면 그다음은 더 큰 일을 저지르게 될지도 모르는 일이었다.

전쟁이 몇 년 더 계속되었다면 어떨까. 돈 맛을 알게 된 아이들이 무슨 일을 저지를지 모르는 일이다. 물에 못 들어가는 가을이 되자 고척교를 올라가는 미군 G.M.C가 짐을 잔뜩 싣고 검은 연기를 내며 천천히 올라가는 차에 올라 상자들을 집어 던지는 짓도 했다. 그렇게 던진 물건들은 아이들에게 도움이 되는 물건이 아니었다. 그래서 그 일도 포기했고, 꿀꿀이 죽이나 끓여 먹고 여객 열차나 기다리며 지내고 있었으나 날이 갈수록 UN군도 더 이상 오지 않고 중부 전선에서 소강상태를 이루는 1953년 7월 27일 휴전으로 전쟁이 끝이 났다.

그 전쟁 3년 동안 수백만이 억울하게 피를 뿌렸고 137만 명이 죽었다. 도시는 파괴되었고 수를 헤아릴 수 없는 이산가족이 생겨났다. 3·8선은 휴전선이란 이름으로 바뀌었다. 이북은 핵과 미사일로 우리를 협박하고 있는 현실이거늘, 우리 정치인들은 지난 정권이 저지른 일만 적폐 청산이란 이름으로 들춰내느라 정국이 소란스러우니 국민들은 불안하기만 하다. 괌이나 일본에서는 이북 핵무기에 대비한 훈련에 여념이 없으니 국민들은 누구를 믿고 살아가야 할꼬. 한때는 남한에서 북침을 했다고 주장하는 이들도 있었으니 개탄스러운 일이 아닐 수가 없다.

여하튼 휴전은 악동 시절 노랗게 자라던 싹을 싹둑 잘라 놓았다. 내 고향 장호원 읍사무소가 폭격으로 재가 되었고 호적을 다시 만들 때 아버지는 내 나이를 세 살이나 줄여 신고하셨다. 전쟁으로 3년이 흘러갔으니 중, 고등학교, 대학, 유학까지 보내겠다는 당찬 장밋빛 희망으로 나이를 줄여 놓으신 것이다.

66

"엄마, 명자는 안 죽었다구요!"

나는 뒹굴며 울어댔다.

"어제 아침에도 내년부터 오빠 손 잡구 학교에 간다구 했어요. 할
아버지, 쟤를 업구 병원에 가요. 명자는 자구 있는 거예요."
"그래그래. 네 아버지에겐 연락을 어떻게 해야 하나, 어이구."

아버지가 명자를 끔찍하게 사랑했던 것을 아시는 할아버지도 두
눈에 눈물이 주르르 흘러내렸다.

99

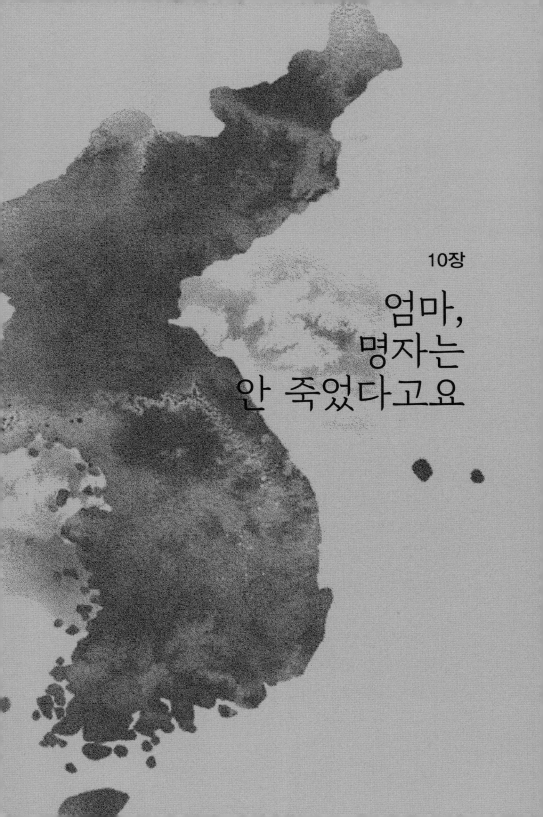

10장

엄마,
명자는
안 죽었다고요

휴전이 되자 나는 구로동 소재 국민학교 5학년에 편입했다.
국민 학교를 세 군데나 다니게 된 것이다. 내가 다니던 학교는
일제 때 지어진 일자형 건물이다. 지은 지 꽤 오래 되어 비가
올 땐 건물 내부에서 빗물이 샜다. 그때마다 양동이로 빗물을
받아야 했다. 그래서 장호원에서 1학년을 다니다 서울로 와서
오류동 국민학교에 보낸 거다. 아버지도 회사에 복직하셨고, 부
서진 철교 고철을 회사에서 불하받아 해체하는 작업장에 출장을
가셨다. 한 달에 한 번씩 현장 근무자들의 월급을 수령하기 위해
오셨다. 오리 가방이라고 부르는 빨간 가죽 가방에 현금을 수령
하고는 밤에도 그 가방을 베고 주무시기도 했다.

　그해 초겨울, 어느 날 누이동생이 감기에 걸렸다. 해가 지기
시작하자 기침을 심하게 하고 밤이 되자 열이 펄펄 나기 시작
했다. 몸이 붉어지고, 불덩이처럼 열이 났다. 아버지는 출장 중

이였고, 겁이 난 어머니가 공장장 할아버지를 모셔오라고 했다. 어머니는 차가운 물수건을 동생의 이마와 볼에 대어 주셨다. 할아버지는 찬 보리차를 입에 떠 넣어 주셨다.

"조금만 참아라. 통금이 해제되면 할아버지가 업고 병원에 갈 거야."

동생은 열이 펄펄 났다. 이를 딱딱 맞추며 떨기도 했다. 전쟁이 끝난 직후였기 때문인지 통금은 밤 열 시였다. 그 동네에 병원이 있는 것도 아니고 고척동에 용하다는 할아버지 한의사가 한 분 있었다.

"조금만 참아라. 명자야 조금만 참자."

그런 소리만 하고 안절부절못하고 시계만 보고 있었다. 그 시절은 해열제도 없었고 가정에서는 겨우 소화제나 갖추고 있었다. 그마저도 없는 집에서는 체하기라도 하면 소금이나 한 주먹씩 먹던 시절이었다. 통금 해제를 얼마 남겨 놓지 않고 아이가 숨을 몰아쉬기 시작했다. 능금 같던 얼굴색이 차츰 창백하게 변해갔다.
아이 가슴에 얼굴을 대고 있던 어머니가 싸늘하게 식어가는 아이를 부둥켜안고 오열하기 시작했다. 할아버지도 돌아앉아 천장을 보고 있었다. 나도 동생의 싸늘하게 식어가는 손을 얼굴에 대고 동생의 이름을 부르며 울기 시작했다. 피란 생활을 함께했던 날들이 한 겹, 한 겹씩 머리에 떠올랐다. 내가 빼내어 준 고둥을 받아먹던 얼굴, 장호원에서 눈물 자국이 마른 채로 잠들어 있던 동생의 모습, 나의 팔베개를 베고 잠들어 있던 모습들이 차곡차곡 떠올랐다. 나는 밖으로 뛰어나가 추운 줄도 모르고 엉엉 울었다. 여수항에서 혼자 떨어졌을 때나 눈물 젖은 밀가루 떡을 먹을 때도 그렇게 서럽지는 않았다.

"나도 내년엔 오빠 따라 학교에 갈 거지."

웃으며 손을 흔들어 주던 동생이었는데 죽었을 리가 없다. 방으로 뛰어 들어가 소리쳤다.

"엄마, 명자는 안 죽었다구요!"

나는 뒹굴며 울어댔다.

"어제 아침에도 내년부터 오빠 손 잡구 학교에 간다구 했어요. 할아버지, 쟤를 업구 병원에 가요. 명자는 자구 있는 거예요."
"그래그래. 네 아버지에겐 연락을 어떻게 해야 하나, 어이구."

아버지가 명자를 끔찍하게 사랑했던 것을 아시는 할아버지도 두 눈에 눈물이 주르르 흘러내렸다. 아버지는 내겐 엄하셨다.

하지만 동생에겐 어리광도 받아주고 특별히 예뻐 하셨다. 먹을 거리도 별로 없었던 때라서 밤을 한 말씩 사다 놓고는 굽거나 쪄서 먹이기도 했다. 얼굴에 통통하게 살이 올랐다고 했다. 그 래선지 얼굴이 희고 통통했다. 눈과 입술이 예쁜 동생이었다.

나는 며칠 동안 학교에도 가지 않고 방구석에서 눈물만 흘리 고 있었다. 동생이 죽었다는 것이 믿기지가 않았다. 학교에 갈 때나 올 때나 동생 생각은 늘 떠나지 않았다. 학교 수업 시간 에도 동생의 얼굴이 아른거려 공부도 되지 않았다. 할아버지는 전화로 슬픈 소식을 전할 수가 없었다. 아버지가 계신 곳으로 가 술잔을 나누며 그 소식을 전해 드렸고 이틀이나 함께 지내 시고 올라오셨다. 가슴속에서 슬픔이 지워지지 않았다. 그래선 지 나는 가끔 어머니의 아픈 가슴을 휘저어 놓곤 했다. 명자가 사경을 헤맬 때, 집에서 2km쯤 떨어져 있는 고척동에 있는 유 명하다는 한의사에게로 갔어야 했다. 사람이 죽어가는 데 통금 이 무슨 대수일까?

"명자는 할아버지 땜에 죽었어. 으아앙."
"너 그게 무슨 소리냐?"
"사람이 죽어가는 데 통금이 무슨 상관이 있어?"
"..."
"할아버지가 안 왔으면 나라도 업고 갔을 텐데."

자식이 죽으면 부모의 가슴엔 평생 못이 박혀 있다고 하는데 그 말뜻도 모르는 철부지가 어머니 가슴에 또다시 못을 박고는 했다.

"아버지가 계셨어 봐, 그러면 명자는 절대 안 죽었을 거라구요. 으아앙."

　동생 생각이 날 때마다 어머니에게 포악질을 하였다. 동생의 생명을 빼앗아 간 것은 급성 폐렴이었다. 아버지만 계셨어도 동생은 죽지 않았을 것이라는 생각이 떠나지 않았다. 그 짧은 생을 전국으로 굶주리며 피란을 다니면서 고생하다가 죽었다. 그랬기에 더욱 슬펐다. 아버지와 어머니의 슬픔만 하지는 못했을 터이다.

11장

아버지의 눈물

아버지는 지방 출장 10개월 만에 서울로 올라오셨고 본사에서 근무하고 계셨다. 그해 초겨울 중학교 시험이 다가왔다. 담임선생님의 추천으로 정동에 있는 배재중학교에 시험을 치르러 갔다. 학교 주변에는 까만 지프차들이 골목을 메우고 있었다. 당시 국회의원이나 고관대작들이나 탈 수 있던 차였다. 그 검정 지프차는 권력의 상징이었다. 미군들이 타던 차를 연한이 다 되자 한국 사람들이 불하받아 손재주를 발휘해 네모지게 새로 만들었다. 힘 있는 사람들이나 큰 사업체를 운영하는 부자들이나 그 차를 탈 수 있었다.

"전쟁을 치르고도 고관대작들이란 자들이 정신을 못 차리고 있으니 나라꼴이 어찌 될라고 하나, 쯧쯧쯧."

교회 목사인 아버지의 친구가 한탄하는 소리다. 당시 배재중

학교는 이승만 대통령이 다녔다고 하여 고관대작들의 자제들이 간다는 소문이 자자했다. 부잣집 자제들, 혹은 특별히 공부를 잘하는 아이들이 아니면 넘볼 수가 없었다. 변두리 학교에서 공부 좀 했다고 해도 뛰어봤자 벼룩이었다. 중학교 입시에서 당연히 낙방했다. 아버지를 실망시킨 것이 너무 죄스러웠다. 시험에 낙방한 충격이 컸는지 나의 엉덩이가 퉁퉁 부었다. 잠도 엎드려 잘 수 없을 정도였다.

그런 이유로 졸업식에도 참석할 수가 없었다. 할 수 없이 변두리 똥통학교라고 소문난 학교엘 들어갔다. 아버지는 지방에서 올라오면서부터 계속 기침을 하셨다. 감기라며 약을 사다 드시고는 했다. 하지만 겨울이 지나고 봄이 되어도 기침은 점점 심해졌다. 보건소에 가서 검사를 하니 폐결핵 판정을 받으셨다. 중증이라고 했다.

그로부터 며칠 후 회사에 사표를 냈다. 당시에도 폐결핵은 법정 전염병이었다. 가족은 물론 남들과 접촉을 하지 말라고 했기 때문에 사직서 제출은 불가피했다. 아버지는 건넌방에 기거하셨다. 어머니는 우리를 건넌방 근처에 못 가게 하셨다. 아버지 식기는 별도로 관리하고 매일 한 번씩 끓는 물에 소독 하셨다. 백오리 피가 좋다는 소리를 듣고 장호원에서 키우고 있는 오리 몇 마리를 자시고 이내 올라오셨다. 많은 식구들 눈치도 보였지만 식구들에게 전염될 것을 우려하여 올라오신 것이다. 병석에 누워계신 아버지 대신 어머니가 보건소에서 약을 타오곤 했다. "나이드라짓*" 이라는 이름의 약이었다. 식후에 하루 세 번 한 움큼씩 먹는 것이 치료의 전부였다. 의사는 갈 때마다 약으로 병을 더 진행시키지 못하게 하고 환자는 고단백 보양식을 섭취해야만 치료가 된다고 했다. 보양식은 고사하고 하루 두 세 끼 보리밥이라도 먹기 어려운 형편이었다. 그러니 어머니 심정은 얼마나 괴로웠을까. 눈물을 달고 다니는 어머니는 나를 볼 때마다 얼굴을 돌리곤 하셨다. 전쟁이 끝나고 1년쯤 회사에 다니셨지만 숟가락, 젓가락 하나라도, 덮을 이불, 옷도 새로 사야 하니 모아놓은 돈이 있을 리 없다. 어머니는 훌쩍거리며 아버지 친구 최 형사를 원망하기도 했다. 아무리 친하다고 해도 며칠에 한 번씩 그 병실에 드나들어 전염된 것이라고 판단했기 때문이다. 3년 피란 생활로 허약해질 대로 허약해진 몸으로 그 친구

---

* 결핵의 화학 요법제의 하나. 이소니코틴산 히드라지드의 상품명이다.

병문안을 다녔으니, 그래서 전염됐다는 것이다.

어머니는 삯바느질을 시작했다. 어머니의 바느질 솜씨는 이미 소문이 나 있었다. 그랬기에 일거리가 종종 들어왔다. 어쩌다 혼수가 들어오면 밤을 새워 바느질을 하셨다. 그럴 땐 약병아리를 한 마리 사고 마른 인삼을 한 뿌리 넣고 달여 아버지께 드리곤 했다. 그것도 몇 번에 나누어서야 드실 만큼 병세는 점점 심해지기만 했다. 그런 와중에 어머니는 임신을 하고 있었다. 아버지가 마지막으로 준 선물이었으니, 마음을 돌리셨다고 한다.

나는 점점 학교에 가기가 싫어졌다. 악동기 시절을 함께 했던 동네 친구들과도 어울리지 않았다. 결핵은 전염이 된다고 하니 친구들과 같이 놀 수도 없고, 학교를 다녀오면 집에만 처박혀 있었다. 친한 친구들은 저녁만 되면 집 앞의 철길에서 "휘익, 휘익" 휘파람으로 나오라는 신호를 보냈다. 그래도 나가지 않았다. 그 친구들은 그렇지 않지만 그네들 부모들은 나하고 놀지 말라고 했을 거라는 판단 때문이었다. 그땐 결핵에 걸리면 무조건 죽는다고 했던 시절이었다.

학교에서는 매일 조회 시간에 출석을 부른다. 선생이 학생들의 이름을 부르며 말한다. "넌 두 달 치야." "넌 석 달 치야" 하며 일어서게 했다. 사친회비가 밀린 아이들 이름을 부르고는 일어서게 했고 일어선 아이들은 고개를 푹 숙이고 있어야 했

다. 학교 사정도 어렵기는 하겠지만 아이들을 일으켜 세워서
까지 밀린 사친회비를 독촉했다. 나 역시 예외는 아니었다. 몇
달 치가 밀린 나도 내 이름을 부를 때까지 가슴을 졸여야 했다.
"일어서" 소리를 안 하고 넘어가니 이상했다. 어머니가 와서 내
고 갔을 리도 없는 일이었다. 선생이 혹시 아버지와 친구 사이
였나 하는 의구심만 들었다. 얼마가 지난 어느 날, 조회를 끝내
고 나가던 담임선생님이 내 이름을 부르며 공부가 끝나면 교무
실로 오라고 했다. 두근거리는 마음으로 교무실을 찾아갔다.

"응. 왔구나. 아버지 병환은 좀 어떠시냐…?"
"네. 점점 더 하세요."

나는 기어들어가는 목소리로 겨우 대답을 했다.

"음…, 큰일이구나. 넌 공부나 열심히 해라. 그래 가봐라."
"…."

일어서서 내 등을 두드리며 그런 소리를 했다. 학교를 그만
두라는 소리가 나올 줄 알았는데, 아니었다. 사친회비에 대해
선 한마디 언급도 없으니, 영문을 통 알 수가 없었다. 내 생각
으로는 아버지와 친구 사이였나 하는 생각만 들었다. 아버지가
죽을병에 걸렸으니 내게 독촉을 해도 소용이 없었다. 그렇다고
해도 학교에서 사친회비를 면제해주는 제도가 있는 것도 아니

었다. 우리 담임선생님은 영어 선생님이었다. 우리 반에서 내가 영어공부는 잘하는 편이었다. 영어 공부가 제일 재미있었다. 영어 공부를 열심히 하게 된 동기가 따로 있었다. 얼마 전 우리 동네에 새로 이사 온 분이 있었다. 그분은 여의도 군용 비행장에 통역 겸 모터풀*이었다. 미군 장교와 영어로 이야기하며 지나고 있는 모습이 내 눈에는 아주 신기해 보였다.

손짓 발짓을 하지 않고 자연스럽게 이야기하는 모습이 부러웠다. 집 안에 평상에서 캔맥주를 마셔가면서 자연스럽게 이야기를 하며 웃고 하는 모습을 문밖에서 한동안 눈여겨보았다. 나도 영어 공부를 열심히 해서 저 아저씨처럼 미국 사람들과 이야기하겠다는 꿈이 생겼다.

알파벳 공부가 끝나고 소문자, 대문자로 줄쳐진 영어 공책에 쓰는 것이 재미있어졌고, 낙서도 영어로 흘림체로 쓰는 것이 재미있었다. 담임선생님은 영어 시간에 줄쳐진 공책에 쓰는 내 영어 홀림체를 보고 등을 두드려 주기도 하고 칠판에 나가서 쓰게도 했다.

글씨는 그 사람의 얼굴이다. 글도 잘 쓰면 보기 좋듯이 영어도 줄을 맞춰 잘 쓰면 보기가 좋다. 처음부터 잘 쓰도록 해야 한다.

---

* 전술차량 주기장. 군용으로 사용될 차량들을 배치하고 정비하는 곳.

선생님이 그런 소리도 했다. 영어를 잘하면 미국 영화를 볼 때도 자막을 보느라 눈을 부릅뜰 필요가 없다. 편하게 앉아 말을 듣고 보면 더욱 재미있을 것 같았다. 그날도 여느 때와 다르지 않았다. 학교에 다녀와서 인사를 했다.

"다녀왔습니다."

집안이 조용했다. 아무도 없었다. 아버지 방에서 무슨 소리가 들리는 듯했다. 분명히 나를 부르는 소리인데 아버지의 목소리가 금방이라도 꺼질 것만 같았다. 의아해하며 아버지 방문을 열고 들어섰다. 소독약 냄새가 확 났다. 어머니가 보건소에서 가져온 소독약과 솜으로 아버지의 손과 뒤처리를 하고 난 후에 닦아주었기 때문에 나는 냄새였다. 아버지의 모습은 다른 사람처럼 변해있었다. 아버지는 내게 물었다.

"너 영등포 3·8시장 아니?"

겨우 알아들을 수 있는 실낱같은 목소리였다.

"네. 시장 안쪽에 있는지 알아요."

영등포 시장 안쪽에 미제 물건을 숨겨 놓고 파는 도깨비 시장이었다.

"저기 가서 코코아 한 통을 사 오너라."

자리 밑에서 지폐 한 장을 꺼내 주시는 것도 힘에 겨운 듯했다. 코코아는 처음 듣는 이름이었다. 잃어버릴 것 같아서 '코코아' 소리를 되뇌었다. 영등포 시장을 향해 뛰었다. 코를 두 번 두드리며 뛰었다. 잃어버릴 염려는 없었다.

"코, 코, 아"

땀을 흘리며 뛰어서 영등포 3·9시장을 두 번이나 돌아다니고 물어보았으나 모두 고개를 좌우로 돌렸다. 코코아라는 게 병에 좋은 건지 기운을 차리게 하는 건지 알 수는 없었다. 먹는 것이라는 사실은 분명했다. 하지만 구할 수가 없으니 나로선 방법이 없었다. 할 수 없이 어깨가 처진 채로 집에 돌아왔다.

"아버지, 다 없다구 해서 못 샀어요."
"할 수 없지. 내 뒤나 좀 보아줄래."

기운 없이 겨우 내뱉는 목소리다. 모로 누운 아버지의 뒤로 갔다. 얇은 이불을 걷어냈다. 나는 하마터면 소리를 지를 뻔했다. 아버지의 어깨뼈가 툭 튀어올라와 있었다. 앙상한 갈비뼈는 그대로 드러나 있고, 허리는 거의 없었다. 앙상한 엉치뼈는 조심스럽게 뼈만 겨우 맞추어 놓은 듯 했다. 항문에서 팥죽 같

은 변이 조금 흘러내려 있었다. 아버지의 모습이 이러리라고는
꿈에도 생각하지 못했다. 몇 겹으로 접힌 기저귀 위로 흘러내
린 것을 빼내고 어머니가 소독하여 빨아 놓은 흰 천으로 닦고
또 닦아냈다. 너무 큰 충격을 받았다. 손을 덜덜 떨어가며 닦아
냈다. 나도 모르게 흘러내린 눈물이 아버지 몸에 떨어졌다. 이
불을 올려드리고 앞으로 돌아와 아버지의 얼굴에 갈퀴 같은 손
을 쥐고 울었다. 그러자 아버지는 자신의 손을 매정하게 빼내
시고는 말했다.

"명배야. 나는 이제 더는 살 수가 없다. 불쌍한 네 엄마, 어린
너희들을 두고 갈 수가 없으니 눈을 못 감을 뿐이다. 엄마에게
잘 해드려라. 휴우~."

그 말을 하는 것조차도 힘겨워 보였다. 숨을 몰아쉬며 간신히
말을 이어나갔다. 말을 다 끝마치기까지 5분쯤은 걸린 것 같았
다. 아버지의 눈물이 베개를 적시고 있었다.

"이제 나가거라."
"….."
"어서 나가?"
그렇게 큰 소리가 나오시니 깜짝 놀라 일어서 나왔다. 가녀린
아내와 어린 자식들을 두고 목숨이 거의 다했고, 정신은 말짱
한 상태이니 차마 눈을 못 감을 뿐이다. 그렇게 처참한 모습으

로 살아 있다는 것을 믿을 수가 없었다. 뼈를 조심스럽게 맞춰 놓은 것만 같았고, 건드리기만 하면 와르르 무너져 내릴 것 같았다. 나는 부엌 바닥에 쪼그려 앉아 울기 시작했다. 내 울음소리를 아버지가 들을 것 같아 크게 울지도 못했다. 동생이 죽었을 때처럼 뜨거운 눈물이 한없이 쏟아져 나왔다. 밖에서 놀다 온 네 살짜리 동생이 울음소릴 듣고 부엌으로 들어왔다.

"형아~, 왜 울어. 성-아야?"

내가 무슨 대답을 할 수 있나.

"성아, 왜 울어어. 으아앙~."

동생이 내게 기대 울기 시작했다. 끌어안고 한동안 울었다. 동네 잔치준비 일을 도와주러 갔던 어머니가 저녁에 들어오셨다. 내 눈이 부어있는 걸 보더니 어머니가 내게 물었다.

"너 울었구나. 왜 울었어?"
"…."
"엄마. 성아가 부뚜막에 이렇게 앉아서 울었어. 많이 울었어."

내가 쪼그려 앉아 있는 것을 흉내 내며 동생이 하는 이야기였다. 어머니는 더 이상 묻지 않았다. 그렇게 누워있는 아버지를 매일 대하는 어머니 심정은 오죽할까.

"엄마. 나 내일부터 학교 안 갈 거야."
"뭐라구? 학교에 안 간다니 그게 무슨 소리냐?"
"가기 싫어요. 공부도 하기 싫어요."

나는 거의 소리 지르다시피 하며 집을 뛰어 나갔다. 어두운 밤 철길에 혼자 앉아 이런저런 생각에 잠겨 있었다. 어머니도 아버지가 살지 못하는 걸 아실 테고, 삯바느질을 하는 형편이다. 먹고 살기 어려운데 학교를 다닌다는 건 아무리 생각해도 불가능한 일이었다. 내가 사친회비를 내지 못하는 중이라는 것도 어머니는 모르시는 것 같다. 마음속으로 학교는 다닐 수 없다는 다짐을 하고 집으로 돌아왔다.

"너, 다신 학교 안 간다는 소리 절대 하지 마라. 내가 삯바느질을 해서 네 학비 댈 테니, 다신 그런 소리 하지 마."

너무도 단호한 말에 아무런 말도 할 수 없었다. 고개를 숙이고 있는 내게 어머니가 말했다.

"너, 황 통역처럼 된다구 했잖아."

322

내가 대답했다.

"엄마. 중학교 나와서 영어를 할 수 있는 게 아녀."
"그래두 중학교라두 나와야 한다."
"그까짓 똥통학교 나가서 뭐해요?"
"이 녀석이 못하는 소리가 없네."

이튿날 어머니에게 등을 떠밀려 집을 나섰다. 한 시간 반쯤 부지런히 걸어야하는 거리인데 터덜터덜 걸어오니 운동장은 비어있었다. 수업이 시작됐다. 선생님에게 찾아가 이야기라도 해야 하는데 그럴 용기가 나지 않았다. 나는 발길을 돌려 터덜거리며 이리저리 돌아다니다 집으로 돌아왔다. 전에 없이 아침마다 이른 밥상을 차려주시는 어머니의 표정은 냉정했고 할 수 없이 가방을 들고나왔지만 갈 곳도 없었다. 책가방을 들고 시내를 다니면 땡땡이치는 놈이라고 할까 봐. 사람이 없는 안양천 둑을 걷는 시간은 왜 그리도 안 가는지, 야속했다.

점심 도시락이나 까먹고 집에 오는 하루가 반복되었다.
닷새쯤 지난 어느 날, 점심을 먹고 난 후에 가랑비가 부슬부슬 내렸다. 방법 없이 집으로 돌아갈 수밖에 없었다. 문에 들어서려다가 멈칫 놀랐다. 어머니가 소복을 하고 아버지 방문 앞에서 울고 계신 모습이 보였다. 아버지가 돌아가신 것이다. 아버지의 나이 33세. 젊은 나이고, 내가 열다섯 살일 때였다. 어머니는 죄라도 지은 듯 큰 소리도 울지도 못했다. 소리죽여 흐느꼈다. 나도 한참을 울었다.

"엄마. 내일 첫차로 장원을 갔다 올게요."

"장원? 장원은 왜?"

"할아버지한테 알려야지요."

"그만두어라."

단호하게 내던지듯 하셨다.

"왜요?"

큰 자식이 객지에서 죽을병에 걸렸는데 이제까지 들여다보는 건 그만두고 편지도 한 장 없다. 뭐 하러 알리냐. 내 손으로 묻어주고 발길을 끊을 거다."

또 비장한 표정으로 하는 소리다. 이튿날 아침 첫차로 장호원에 갔다. 지금은 한 시간 반이면 가지만 그때는 비포장도로였기 때문에 대여섯 시간 씩 걸렸다. 중문을 지나 안마당에 나타난 나를 본 할아버지가 담배를 피우고 계시다 깜짝 놀랐다.

"아니 네가? 애비가?"

방학에 오던 내가 나타났으니 아버지가 돌아가신 것을 아신 것이다. 내가 절을 하고 무릎을 꿇었다.

"휴…, 언제냐?"

"네, 어제요."

"집안이 기우니 대들보마저 부러졌구나."

나는 속으로 할아버지가 아버지를 대들보라고 생각하고 계시진 않았을 것이란 생각이 들었다. 할머니와 되짚어 서울로 올라왔다. 집에 오자 할머니는 흰 봉투 하나를 마루에 내던지듯 하고는 말했다.

"장례에 보태 써라."

냉랭한 한마디를 하고는 핑 돌아나갔다. 어머니는 넋이 나간 사람처럼 한참을 서 있다가 봉투를 집어 마당으로 내던지며 오열을 하기 시작했다.

"세상에, 세상에 이런 법도 있나. 아무리 자기 속으로 낳은 자식이 아니라고 해도 이럴 수가 있느냐고. 아이고, 원통해라. 아이고, 아이고. 죽은 사람만 불쌍하지, 세상에 이런 일도 있나요. 아이고."

마룻바닥을 치며 대성통곡을 그칠 줄 모르셨다. 보건소에서 나와 집 안팎으로 얼마나 소독약을 뿌렸는지 숨을 쉴 수가 없었고, 아버지 시신도 소독하고 입관까지 하고 갔다. 그래선지 동네 아주머니 몇 분도 길가에 서서 수군대고 있었다. 아무리 전염되는 병이라고 해도 그렇지, 할머니의 냉랭한 모습은 동네 사람들조차 이해할 수 없었다. 보건소에서 완벽하게 소독을 했으니 출입을 해도 무방하다고 했다고 한다. 동네 사람들 모두 지나쳤다고 수군댔다. 나도 장호원에 갔던 것을 후회했다. 자신이 낳은 자식이 아니라고 해도, 아는 사람이 조문을 왔었더라도 그러지는 않았을 거다. 걸리면 죽는다고 했던 병에 옮을까봐 그랬을 것이고 문에 들어서는 것도 께름칙했을 것이다. 그 병에 걸린 것은 아버지의 실수이기도 하다. 아무리 친한 친구라고 해도 결핵으로 입원을 하고 있는 최 형사에게 자주 병문안을 했기 때문이다. 며칠 전에 보았던 아버지의 처참한 모습이 떠오른다. 아버지는 내게 이렇게 말했었다.

"눈을 못 감을 뿐이다. 어머니에게 잘해라."

그건 아버지의 유언이었다.

이튿날 아버지의 시신은 동네 사람의 지게에 얹혀 1km쯤 떨어져 있는 공동묘지로 향했다. 지게에 올려진 관 뒤를 내가 홀쩍이며 따라갔다. 10여명의 동네 어른들이 뒤를 따랐다. 창을 특별하게 잘하시는 노인의 뒤에서 고인을 추모하는 상엿소리가 마을에 울려 퍼졌다.

"어허, 어어허, 어야뒤야. 어~어허. 가네. 가네. 나는 가네. 어~허. 어어허. 산천초목 멀리 하고 나는 가네 나는 가네. 인생 70 고래흰대 절반도 못 채우고 뭐가 급해 먼저 가나. 인제 가면 언제 오나 북망산천 춥고 어둔 곳에 뭐가 급해 그리 가나. 젊은 아낙, 어린 자식 험한 세상 어찌 사나. 어~허 어~허 무정하고 매정하네. 자네 자리 빈 자리 술잔은 어찌하나 그림자라도 남겨 놓고 가셔야지 한 번 가면 못 올 길을 알고도 남을진대 뭐이 급해 그리 가나."

목소리가 구성지고 한 소절이 끝날 때마다 고개를 숙인 엄숙한 표정이었다. 마을 사람들은 후렴구를 따라 부르며 노인의 뒤를 따랐다. 아버지와의 추억을 되새기는 마음으로 말이다. 한나절 만에 붉은 흙으로 덮인 작은 봉분이 하나 생겨났다. 나는 한쪽에서서 눈물만 훌쩍이고 서 있었다. 가난한 사람만 묻혀 있는지, 모든 봉분이 애장묘* 같았다. 어른들이 시키는 대로 절을 하고 내려왔다. 3일째 되던 날, 포 한 장과 술 한 병을 사서 어머니와 동생을 데리고 산소에 갔다. 어머니는 저 멀리서 붉은 흙으로 만들어진 봉분을 보더니 그만 울음을 터뜨렸다.

"아이고. 아이고. 당신이 왜 여기 묻혔어요. 아이고."

오열하는 어머니를 부축하며 산소에 도착했다. 술을 따르고

---

* 아이들의 무덤. 아이가 죽었을 때 치르는 장례, 혹은 그 무덤을 이르는 말. 흙으로 봉분도 잘 만들지 않아 볼품없는 묘.

절을 하는 나와 함께 이마에 두 손을 얹고 절을 한번 하셨다.
그러고선 산소를 끌어안고 울음을 토해내시기 시작했다.

"아이고오오. 여보오. 당신이 왜 여기 있느냐고 오오."

어머니는 붉은 흙이 덮인 산소를 부둥켜안고 흐느끼며 말했다.

"불쌍해라."

천지가 떠나갈 듯 울었다. 집에서는 웅크린 목소리로 우시던
어머니가 딴사람이 된 것만 같았다. 어찌나 서럽게 우는지, 거
기에 묻힌 영령들이 다 깨어날 듯 처량하고 애간장이 찢기는
듯했다. 나도 엎드린 채 한참을 울었다. 어린 동생도 제풀에 내
목을 끌어안고 울기 시작했다.

"어머니 그만 우세요."

내가 말려도 소용이 없었다. 나는 봉분 끝자락에 구해온 병을
묻으려고 나무로 흙을 팠다. 허리가 잘록하고 붉은 글씨가 씌
어 있는 콜라 병을 병 바닥이 보이도록 묻었다.

"병은 왜?"

그새 어머니 목소리는 잔뜩 쉬어 있었다.

"풀이 나면 못 찾을까봐."
"으응, 그런 생각을 다 하다니."
"엄마 이제 내려가요."
"그래, 내려가자. 아무리 운다고 네 아버지가 살아날 것두 아
니구."

흙이 묻어있는 옷을 수건으로 털어내려고 했지만 좀체 털어
지지 않았다.

"아이고. 불쌍해라. 네 아버지처럼 불쌍한 사람이 이 세상에
또 어디 있겠니. 어려서 부터 천대받구."

몇 번이나 뒤를 돌아보며 내려왔다. 어머니는 당신이 앞으로
살아갈 걱정보다도 돌아가신 아버지에 대한 연민이 더욱 강했
다. 아버지가 어려서부터 방황하며 살아온 것을 너무 불쌍하다
고, 연신 되씹으며 내려왔다. 삼우제를 지난 다음 날, 어머니와
나는 실랑이를 했다. 어머니는 바느질품을 팔아서라도 학비는
댈 테니 가라고 했다. 나는 그런 어머니의 손길을 뿌리치고, 학
교를 안 다니겠다고 했다. 그리하여 벌어진 일이다. 어머니도
완강하셨다. 어머니가 하도 고집을 꺾지 않자 나는 결국 사실
대로 말했다.

"엄마, 이제 겨우 몇 달 다닌 학교 사친회비가 우리 반에서
제일 밀렸다구요."

그 말에 어머니는 울음을 토해냈다. 두 손으로 얼굴을 감싼
채였다. 미처 그 생각까진 못하고 계셨기 때문이다. 그대로 나
는 집을 뛰쳐나왔다. 하지만 갈 곳이 없었다. 터덜거리며 간 곳
이 아버지 산소였다. 산소를 보며 생각에 잠겼다. 학비가 제일
많이 밀렸다는 이야기를 꺼낸 것이 문득 후회 됐다. 학교를 안
다니면 돈을 벌어야 했다. 아버지의 유언을 되씹으며 내가 가
장 노릇을 해야 했다. 아무리 생각해봐도 돈을 벌 수 있는 방향
이 생각날 리가 없었다. 그 당시 길거리에서 자주 보이는 건 구
두닦이였다. 밑천도 얼마 들지 않고, 제일 수월할 것 같았다.
하지만 그것도 기술이 필요했다. 손질을 하고 천을 손가락에
말아 구두약을 찍어 바르고 곤로* 불에 쬐어 침을 뱉어가며 반
짝반짝 광을 내야 했다. 여기저기 알아보았으나 그것도 구역이
정해져 있었다. 아무데서나 자리 잡을 수 없다는 것을 알았다.
처음엔 왕초 밑에서 이런저런 허드렛일을 하며 기술을 배워야
한다는 걸 알았다.

3일 후에 어머니는 두부찌개와 빈대떡을 부치고 동네 어른들
을 오라고 했다. 마당에도 둘러 앉아 술을 마시며 아버지에 대
한 덕담을 나누셨다. 얼마 후 술이 거나하게 취하자 땅바닥을

---

* 석유 따위를 이용하는 취사용 도구. 풍로

330

치며 우는 분도 계셨고 할아버지를 성토하는 자리로 변했다.

"이천 군내에서 갑부였다는데 큰 자식이 객사해도, 들여다보지도 않는 게."
"지금은 가세가 기울었다잖아."
"부자가 망해두 삼 년은 먹구 산다는 데 그게 말이나 돼?"

목소리가 점점 커졌다. 아버지가 오지 않았다는 것을 어찌나 막말로 떠드는지, 그걸 듣는 내가 다 민망하여 슬그머니 집을 나왔다. 해방 전에는 대지주였고 해방이 되어 토지 개혁법으로 소작농에게 땅을 모두 강제로 분배되어 남은 논 몇 마지기와 밭을 일꾼 한 사람을 두고 손수 김매기를 다닐 정도로 가세가 기울어져 있었다. 해방 전에는 우리 집 들어오는 길목에 추수가 끝나면 우마차들이 줄을 이었다. 대문에서 볏섬을 달고 서사가 적고 했었다. 할머니가 재취*로 시집을 오고 열이 넘는 자식을 낳았다. 그중 아버지를 포함해 팔 남매를 키우셨다. 새 할머니가 아버지 밑으로 첫아들을 낳았다. 그 숙부가 성장해서 또 첫 아들을 낳자 할머니가 업고 다니며 "우리 장손"이라고 해도 뒤로는 쑥덕거렸지만, 누구 한 사람 바른말을 하는 사람이 없었다. 힘이 있는 부잣집이었기 때문이다. 세상이 그랬다.
철길에 앉아 아무리 생각을 해봐도 돈벌이할 일이 생각나지

---

* 아내를 여의었거나 아내와 이혼한 사람이 다시 장가가서 아내를 맞이함.

않았다. 그 당시 4면으로 된 신문 한 장이 있었고, 신문 배달을 해도 학비를 낼 수 없었다. 내가 할 일이 생각나지 않았다. 그 뒤로는 학교에 가라는 소리는 하시지 않았다. 어느 날 집에 들어오니 어머니가 방바닥을 치며 울고 계셨다. 어머니가 고민을 하시다가 결국 마지막 부탁을 한다고 할아버지에게 편지를 하신 모양이다. 식구들은 많고, 먹고 지내기도 어려우니 아버지가 다니시던 회사에 찾아가 기술을 배우게 하는 것이 좋겠다는 답장을 받으신 것이다.

"내가 미친년이지. 내가 미친년이야."

아버지는 생전에 말씀하셨다. 나를 끝까지 공부시키겠다고 말이다. 하지만 꿈을 이루지 못하고 돌아가시자 그게 내내 마음에 걸렸던 모양이다. 하다못해 결국 할아버지에게 도움을 청했던 것을 후회하셨다.

"너의 아버지가 서울에 혼자 올라오면서 말하셨다. 나는 이 집 자식이 아니라고 말이야. 그런 말을 내게 했는데, 내가 얼이 빠졌나보다. 휴…."

"엄마, 그만두세요. 다 잊어버리세요. 아버지가 돌아가신 것을 보면 내가 공부할 팔자가 아닌 거지, 뭐."

"그래, 알았다. 당신 자식들은 중·고등학교에 다니면서 내 자식은 중학교 졸업이라도 시켜달라고 했으니 내가 얼빠진 짓을 했구나."

아버지가 이 집 자식이 아니라고 했던 것처럼 나도 이름만 장손이었다. 증조할아버지께서 내가 태어났을 때, 춤을 추었다는 소리를 들었다. 내가 여섯 살 무렵엔 내 머리를 쓰다듬으며 말했다.

"이놈이 나 죽으면 물 떠줄 놈이다"

그 이야기가 내 마음 속에서 떠나지 않았다. 군에서 제대하고 어머니의 반대를 무릅쓰고 내가 제사를 모셨다. 오십 여 년이나 제사를 지냈다. 장손 취급은 받지 못했다. 하지만 왜 그랬을까. 그것은 내가 태어난 곳, 나의 고향이고, 내 머릿속에 박혀 있는 뿌리였나 보다. 삼촌들이나 사촌들은 모두 서울로 이적을 했다. 하지만 여섯 살 때 제일 먼저 서울에 온 나의 호적은 아직까지 그대로 장호원에 있다. 고향이란 단어는 다정다감하고 잊을 수 없는 느낌을 준다. 어느 날, 동네 끝자락에 있는 철공소를 지날 때 아주머니들이 일하는 모습이 눈에 띄었다. 우리는 그곳을 대장간이라고 불렀다. 조그마한 화로에 석탄을 넣고 풀무질을 하며 쇠를 달궈서 사람 하나를 데리고 망치질로 무엇을 만들던 곳이었다. 세월이 지나면서 제법 큰 건물이 들어섰고, 종업원도 늘었다. 철공소란 간판이 붙어있는 곳이었다. 평소에는 관심도 없이 지나치던 곳이다. 그곳에서 일하는 아주머니들이 눈에 띄었다. 자세히 보니 열처리된 삽날을 닦고 있었다. 정문 옆에 있는 사무실에 들어가니, 사장이 있었다. 인사를 하곤 쭈뼛쭈뼛하며 말했다.

"저도 여기서 일을 하고 싶은데요."

사장은 만나면 인사를 했다. 사장도 나를 알아보았다.

"네가 ○○씨 아들이 아니냐?"

"네."

"그럼 내일부터 나와라. 공장장님 무얼 좀 시켜보세요."

나는 꾸벅 인사를 하고 나왔다. 회사는 나중에 법인으로 규모가 커졌다. 당시는 철공소였다. 시키는 일은 이것저것 열심히 했고, 한 달 월급으로 만 오천원을 받았다. 쌀 한 가마니가 3만원 정도 했을 때, 쌀 반가니 값이었다. 삽을 비롯한 농기구와 망치, 해머 등을 두 사람이 해머질로 만들었다. 2년쯤 뒤에 무동 해머라는 큰 단조 기계와 스프링 해머로 곡괭이를 만드는 조수가 되었다. 큰 용광로에서 허옇게 익은 쇳덩이를 들어서 모루 위에 올려놓기도 하고 집게로 잘려나가는 쇳덩이를 잡기도 하는 일이었다. 공장 안은 엄청난 기계 소리로 가득했다. 손짓·발짓을 하며 얘기해야 겨우 소통이 될 정도였다. 여름이면 땀범벅이 되어 옷은 허연 소금물로 얼룩지곤 했다. 200kg쯤 되는 해머가 3미터 위에 있는 롤러를 타고 오르락내리락하면 쇳가루가 튀었다. 긴 옷에 토시까지 해야 되니, 땀에 범벅이 되어 얼룩지는 것이다. 소금기에 절은 그 옷을 집에 가져가니 어머니는 빨래를 하면서도 훌쩍이셨다. 그 모습을 보면 마음이 좋지 않았다. 그런 이유로 옷을 집에 가져가지 못하고 물통에 흔들어 옆에 걸어 놓곤 했다. 하지만 아침에 입을 때는 쉰내가 코를 찔렀다. 그래도 집에 가져갈 순 없는 노릇이었다. 일급제가 도급제로 바뀌었다. 월급은 배가 되었다. 영어와 한문을 공부하기 위해 영등포 중앙 학관에 등록을 했다.

어떤 날은 그런 적도 있었다. 밤 열시에 집으로 걸어오다가 문래동에서 깡패들에게 이유 없이 몰매를 맞았다. 코피가 터지고 얼굴이 잔뜩 부었다. 다리 밑 개울물에 씻고 왔다. 만신창이가 된 모습을 보고 어머니가 깜짝 놀라셨다. 장난을 치다가 다쳤다고 대충 둘러댔다. 궁리 끝에 나는 보이스카우트에 들어갔다. 소년단 단복은 보기도 좋았지만 깡패들이 절대로 시비를 걸지 못했기 때문이다. 그러나 두 달도 채 안 되어 학원을 포기해야 했다. 주문이 밀리자 열두 시간씩 일주일 주야 2개 조로 맞교대를 해야 했다. 나는 기계를 관리하는 기술자가 되었고, 한 달에 버는 돈은 쌀 세 가마니 값이 되었다. 틈틈이 바느질을 하시는 어머니에게 미쓰비시 미싱도 한대 사드렸다. 우리네 식구가 먹고 살며 어머니도 고생을 면하시게 되었다. 미싱은 어머니 손때가 묻은 유품이라 지금도 보관하고 있다.

그러나 나는 항상 허전했다. 아무리 궁리를 해도 배울 수 있는 방법이 없었다. 책을 구할 수도 없고 독학이라도 하여 무식하단 소리는 듣지 않아야 했다. 생각하다 못해 신문을 보기로 했다. 4면짜리 한 장으로 된 신문은 한문이 섞여 있었다. 한문을 알 리가 없었다. 모르는 자는 뛰어 넘고, 매일 신문은 모두 읽었다. 그것이 나의 공부 방법이었다. 신문 한 장은 모두 읽었고, 모르는 한자는 앞뒤로 글을 연결해가며 읽고 또 읽었다. 그랬더니 한문도 조금씩 알게 되었다. 유일한 내 공부 방법이었다. 나중엔 광고까지 모두 읽었다.

어느 날은 반상회를 하러 통장 집엘 갔다. 어머니 대신 간 거였다. 통장의 집엔 책이 많았다. 서가에 꽉 차 있는 책들을 보고 깜짝 놀랐다. 반상회가 끝나고 조금 머뭇거리다가 아저씨에게 물었다. 책을 좀 빌려다 볼 수 있겠느냐고 말이다. 아저씨는 흔쾌히 승낙해주셨다. 책은 약 3백 권쯤 된다고 했다. 나는 서가에 꽂힌 순서대로 읽기 시작했다. 도스토예프스키의 『닥터 지바고』, 『죄와 벌』, 『까라마조프가의 형제들』을 읽었지만 너무 어려웠다. 뜻을 이해하지 못했다. 재미가 없어도 무조건 읽었다. 그중에는 『괴도 루팡』, 『검은 별』 같은 재미있는 책도 있었다. 『젊은 베르테르의 슬픔』을 아주 인상 깊게 읽었다. 『채털리 부인』이나 『무정』 같은 책은 얼굴을 붉히며 읽었다. 안 읽어 본 책 한권 있었는데, 바로 『소설 작법』이었다. 나중에 알았지만 통장 아저씨는 젊을 적에 소설가 지망생이었다고 한다. 어쨌든 그분 덕택에 일 년 만에 그 책을 모두 다 읽었다.

끊임없는 독서 덕에 제법 머리가 깨었다. 그러나 식자우환(識字憂患)이랄까? 스물두 살 때, 회사에서 해고를 당했다. 내가 노조를 설립했고 노조 간판을 정문 기둥에 단 다음 날이었다. 전쟁을 치르고 세상은 빠르게 변화했다. 사람들 의식도 많이 달라졌다. 노동자가 하루 여덟 시간 이상을 일하면, 별도의 수당을 받아야 한다는 기본적인 것을 알기 시작했다. 퇴직금 같은 것도 없었다. 일이십 년씩 다닌 사람들이 노동조합을 만들자는 이야기가 오래전부터 있었다. 젊은 내가 총대를 메고 밤일을 할 때는 노총 사무실을 드나들며 이것저것 알아보곤 했다. 위원장인 조광섭 씨도 만나보았다.

"자네 같이 젊은 청년들이 노동 운동을 해야지."

이와 같은 격려도 받았다. 조광섭 씨, 그 분이 노동계에선 처음으로 국회의원이 되신 분이다. 서른 명도 채 되지 않는 인원이지만 암암리에 서명 날인도 받았다. 당시 을지로 2가에 있는 내무부에 서류를 접수하고 설립인가를 받아 간판을 달게 된 것이다. 내가 노조의 주도자라는 사실을 알게 된 사장이 나를 해고했다. 설립하기 전에는 해고가 되면 동맹 파업을 하자고 운운하던 사람들이었다. 하지만 며칠이 지나도 아무 일 없는 듯 회사는 돌아가고 있었다. 결기 있는 몇 사람을 만나 보기도 했다. 하지만 그들 역시 자식을 거느린 한 집안의 가장이니 파업을 못하고 있었다.

배신감도 들었지만 어쩔 수 없는 노릇이었다. 나이가 어려 군대도 갈 수 없는 형편이었다. 해병대에 지원을 해보려 했으나 어머니가 펄쩍 뛰셨다. 해병대는 곧 깡패들이나 가는 곳이라고 했다. 그것이 어머니의 말씀이었다. 내가 입대를 하면 어머니와 어린 두 동생이 살아가기 어렵다는 생각이 들었다. 백만 원짜리 계를 들어 놓은 것도 곗돈을 여섯 달 더 부어야 했으니 마냥 놀 수도 없었다. 자전거 행상 노릇을 했다. 행상이란 이리저리 돌아다니면 물건을 파는 일을 말한다. 여기서 말하는 물건들이라 함은 주로 조미료 종류를 말한다. 미원, 깨소금, 고춧가루, 참기름 같은 것을 대용량으로 샀다. 그런 재료를 집에서 비닐 소포장하는 집이 있었다. 또, 그 집에서 양념을 떼어다가 구멍가게에 파는 집이 있었다. 여러 지역을 돌아다니며 물건을 팔았다. 하루는 수원, 또 하루는 인천의 부평까지 자전거를 타고 다녔다. 구멍가게에 도매로 파는 것이지만 단골이 잡혀 있었기에 판로를 개척하기가 쉽지가 않았다. 비나 눈이 오면 넘어지기도 했다. 점심은 주로 풀빵으로 때웠다. 풀빵은 다섯 개에 백 원이었다. 하지만 그것만으론 기별도 가지 않았다. 곗돈을 타게 되자 행상은 그만두었다. 곗돈으로 어머니에게 구멍가게를 차려드렸다.

구멍가게는 남의 집 헛간을 개조하여 꾸린 공간이었다. 헛간에 선반을 매고 유리 문짝을 달았다. 아이들의 먹거리부터 시작하여 비누, 고무신 등을 구비해놓았다. 모든 물품은 영등포 도매상에서 떼어다 놓았다. 막걸리도 팔게 했다. 제법 큰 동네였지만 그동안 구멍가게가 없었던 지라 물건이 곧잘 팔렸다. 어머니의 생계수단을 마련해 준 셈이다. 조금은 가벼워진 마음으로 군대에 입대했다.

훈련소에서 검사한 아이큐 점수가 좋았다. 덕분에 병기학교에 가서 병기 보급 기록병 교육을 받았다. 포병부대에서 병기계를 거쳐 병기과 서무계를 보았다. 다행스런 일이었다. 너트나 볼트는 수백 수천 가지의 종류다. 열 한자리 연방재고 번호와 '분류 기호', 일곱 짜리 숫자의 부품 번호로 필요한 너트나 볼트를 송장 한 장으로 수령하는 군 행정은 참으로 기가 막힌다. 배운 것도 많고 알찬 군 생활은 내가 사회생활 하는 데도 큰 도움을 주었다.

제대 후엔 공장에서 연락이 왔다. 다시 일을 해줄 수 없겠느냐는 제의였다. 마음이 살짝 흔들리기도 했다. 하지만 이내 결기를 다졌다. 다시는 남의 밑에서 월급쟁이로 살지 않겠다고, 입대 전에 스스로와 약속했기 때문이다. 제대 이후에 열 가지가 넘는 직업을 전전했다. 열심히, 지독하게, 치열하게 살아왔다.

걸어온 길 발자국을 한번 돌아보니 어느덧 내 나이 여든이 되었다. 서른세 살에 돌아가신 아버지를 떠올린다. 아버지에 비하면 나는 너무 오래 살았다는 생각이 든다. 아버지가 돌아가신 지가 벌써 60년이 넘었다. 문득 아버지를 불러본다.

"아버지, 죄송합니다. 보고 싶습니다."

인생 70 고래희

김명배

지나고 또 지나 성상이 흘렀구나.
팔십 세 오래도 살았구나.
그 오랜 세월은 물같이 흐르고
8·15 광복도
6·25 참상도
겪고 살아온 세상.
세월 속에 추억으로 묻혀가누나
갈 길은 서서히 다가오고
올 때도 빈손
갈 때도 빈손
인생은 무소유 아니더냐
무엇을 남기고 갈꼬
무엇을 남기고 가야 하나
그저 한 줌의 흙으로 돌아갈 지어다

"

    평생을 고생하시며 젊은 나이에 돌아가신 아버지, 그런 아버지를 그리워하는 어머니의 마음이다. 어머니는 58세 때 암 수술을 하시고, 23년을 더 사시고, 81세에 돌아가셨다. 어머니의 팔자도, 아버지의 팔자도 참으로 기구하구나.

    보고 싶습니다.

    아버지, 어머니….

"

12장

어머니의 마음

思夫曲, 생각 사, 지아비 부, 노래

어머니 마음

김명배

정녕 당신은 가셨나요
다시 올 수도 없는 그 먼 길을
언제 오시려 갔습니까
당신께서 가신 그 길은
한번 가면 영원히
돌아올 수 없다는 것을,
알고나 가셨나요
꿈인가요 생시인가요
생시가 아닌
꿈이면 좋으련만 꿈이 아니군요

망망대해를 건너갔던 제주도
그곳까지 왜 가셨나요
삶을, 새로운 꿈을 접을 수 없어 갔던 그 길은
돌아올 수 있던 길이었지만
당신이 가신 그 먼 길은

돌아올 배도 없습니다
영원히 돌아올 수 없다는 것을
모르고 가셨단 말입니까
당신은 바보였던가요
원통하고 야속합니다

여려서 천대 받던 일도
방황하며 마음고생 했던 일도
지나간 세월 속에 아픔도 묻혀
상처도 아문 과거가 되었거늘,
돌아올 수 없는 그 길을 가시다니
나는, 자식들은 어쩌라고
돌아올 수 없는 그 길을 가셨나요
가실 때 이 몸도 데려가셨다면
당신도 외롭지는 않았을 텐데
혼자 가시다니 너무 합니다

젊음이 억울하지도 않나요
반평생도 못 살고 가시다니
억울하지도 않나요
모두를 버리고 가시다니

우리가 생각 날땐 어쩌지요
보고파도, 후회해도 올 수 없고
그 길은 그토록 멀고 먼 길이잖아요
흐르는 세월 속에 아픈 과거는 묻어두고
환하게 웃음지을 날이 다가오는데
그걸 모두 버리고 바보같이 가시다니

당신은 할 일도 많고 꿈도 있었잖아요
추운 겨울 벌벌 떠는 거지, 노인은 어쩌지요
털옷도 벗어주어야 하고
자식 공부시킨다는 꿈도 있었잖아요
왜 다 가져가셨나요
포기하고 가기엔 너무 이르잖아요
꿈이나마 두고 가시던지
그 꿈마저 가져가다니
십 년 세월을 기다려
그 꿈이나 이루고 가시던지, 바보

그곳은 어데인가요
어딘가도 모르고 가셨잖아요
아이들이나 내가 보고 싶을 땐

어쩌지요 어쩌지요.
우리 꿈속에서라도 만나요
돌아올 수 없는 그 먼 길을 가셨으니
모두 잊고 편히 지내세요
부처님께 무릎 꿇고 기도 드릴게요.
행여 당신이 돌아올지도 모르니
그 꿈이나마 지니고 살렵니다.

　평생을 고생하시며 젊은 나이에 돌아가신 아버지, 그런 아버지를 그리워하는 어머니의 마음이다. 어머니는 58세 때 암 수술을 하시고, 23년을 더 사시고, 81세에 돌아가셨다. 어머니의 팔자도, 아버지의 팔자도 참으로 기구하구나.
　보고 싶습니다.
　아버지, 어머니….

대한민국 국민으로 자라날 세대가
함께 공유해야 할 기억.
70여년 전, 11살 김명배 어린이의 추억을
되짚어보는 회고의 여정.

권선복
도서출판 행복에너지 대표이사

휴전선 GP 남북 경계초소가 허물어졌습니다. 분단 70년 동안 살기어린 눈으로 노려보던 상징적 공간이 파괴되었습니다. 통일의 길은 멀다 하나 서로 총부리를 겨누는 일은 잠시나마 멈춘 것 같아 다행이기도 합니다.

하지만 총부리를 거둔 것은 거둔 것이고, 수백만의 사상자를 낸 민족사의 비극을 상기하고 역사적으로 기억하는 것은 별개의 문제입니다. 역사를 잊은 민족에게 미래는 없습니다. 동족상잔의 피비린내 나는 역사를 기억하고 반성하는 것 역시 다시는 같은 실수를 반복하지 않기 위해 꼭 필요한 일입니다.

이 나라는 자유민주주의를 수호하기 위해 공산주의에 항거해 목숨을 바친 분들의 피와 땀으로 지켜졌음을 그 누구도 부인하지 못합니다. 그리고 이는 대한민국 국민으로서 일체성과 유대감을 갖추기 위한 집단기억으로 우리들 스스로가 지켜가고 보존해야 할, 슬프지만 지울 수 없는 역사입니다.

이 책 『잃어버린 고향길을 찾아서』의 의미와 가치는 바로 이점에서 더욱 빛을 발합니다. 11살 어린 나이에 전쟁의 참상을 온몸으로 겪은 김명배 옹(翁)은 노구(老軀)에도 불구하고 자신의 전쟁 체험을 생생하고 또렷하게 기억해 기록으로 남기셨습니다. 그리고 이를 정리해 한 권의 책을 만들어 내셨습니다. 실로 감탄해 마지 않을 기억력과 부단한 정리를 통해 우리는 그분의 생생한 체험담을 눈앞에서 바라보듯 접할 수 있습니다. 이점 다시 한 번 고개 숙여 감사드립니다.

더욱 감사한 것은 이 책을 출판하여 자라나는 학생들을 위해 대한민국 방방곡곡 학교와 도서관에 기증하시겠다는 포부를 밝히신 점입니다. 전쟁과 가난을 극복해내고 열심히 살아오신 인생을 돌아보며 더욱 의미 있는 삶의 족적을 남기시려는 뜻있는 분들이 최근 들어 출판사를 찾아오는 경우가 많아지고 있습니다. 가뜩이나 독서율 저하로 인해 불황에 시달리는 출판사로서 소중한 역사의 기록으로 책을 만들어 도서기증까지 하시는 이런 어른들께 더욱 감사하지 않을 수 없습니다.

아울러 자라나는 세대들이 70여 년 전 그날로 돌아가 친구의 일기장을 들여다보는 심정으로 이 책을 꼭 읽어보기를 간절히 바랍니다. 그들의 마음과 기억 속에 대한민국의 아픈 역사도 함께 간직되기를 바랍니다. 그리고 이를 바탕으로 우리 미래 세대의 앞날이 더욱 찬란하고 행복하게 빛나기를 기원합니다.

출간후기

■ 저자연보

- 성 명 : 김명배
- 주 소 : 경기 군포시 대야 2로 63-1 (대야미동)
  대야빌라 B동 202호
- 본 적 : 경기 이천시 장호원읍 장호원리 65

1939. 01. 06 장호원에서 출생

1954. 05 (주)승훈철공소 입사

1961. 07 상기회사 퇴사(노동조합 설립자로 해고)

1962. 06. 02 육군입대(포병대대 병기과 서무계)

1965. 01. 30 만기제대

1965. 07 친구와 함께 결혼상담소 개설(현재 대한체육회 자리)

1967. 10 결혼상담소 폐쇄

1968. 07 자영업(신흥건재 개업)

1973. 06 동생에게 건재상 넘겨줌

1973. 07 남강개발(주) 상무이사 취임(경기주택건설 면허 5호)

1982. 10 남강개발(주) 파산으로 퇴사

1983. 10 자영업으로 건축(진천, 상산 연립, 음성감무연립, 제천하소연립, 진학사 신문로 제2사옥, 사법행정학회 신사옥 등

2005. 07 영업용 택시운전 7년

2018. 08 위의 회사 퇴임 후 현재에 이름

하루 5분 나를 바꾸는 긍정훈련
행복에너지

**'긍정훈련' 당신의 삶을
행복으로 인도할
최고의, 최후의 '멘토'**

'행복에너지
권선복 대표이사'가 전하는
행복과 긍정의 에너지,
그 삶의 이야기!

인터파크
자기계발 분야 주간
베스트 1위

권선복 지음 | 15,000원

권선복

도서출판 행복에너지 대표
영상고등학교 운영위원장
대통령직속 지역발전위원회
문화복지 전문위원
새마을문고 서울시 강서구 회장
전) 팔팔컴퓨터 전산학원장
전) 강서구의회(도시건설위원장)
아주대학교 공공정책대학원 졸업
충남 논산 출생

책 『하루 5분, 나를 바꾸는 긍정훈련 - 행복에너지』는 '긍정훈련' 과정을 통해 삶을 업그레이드하고 행복을 찾아 나설 것을 독자에게 독려한다.

긍정훈련 과정은 [예행연습] [워밍업] [실전] [강화] [숨고르기] [마무리] 등 총 6단계로 나뉘어 각 단계별 사례를 바탕으로 독자 스스로가 느끼고 배운 것을 직접 실천할 수 있게 하는 데 그 목적을 두고 있다.

그동안 우리가 숱하게 '긍정하는 방법'에 대해 배워왔으면서도 정작 삶에 적용시키지 못했던 것은, 머리로만 이해하고 실천으로는 옮기지 않았기 때문이다. 이제 삶을 행복하고 아름답게 가꿀 긍정과의 여정, 그 시작을 책과 함께해 보자.

『하루 5분, 나를 바꾸는 긍정훈련 - 행복에너지』